U0599021

本书为陕西省社会科学基金项目“霍耐特社会自由理论向马克思主义的回归及其启示研究（立项号：2021A028）”的最终成果

本书受国家社科基金重点项目“法兰克福学派主体与主体间性问题的源流与意义研究（项目编号：19AZX003）”资助

·政治与哲学书系·

霍耐特社会自由思想的当代解读

何海涛 | 著

光明日报出版社

图书在版编目（CIP）数据

霍耐特社会自由思想的当代解读 / 何海涛著 . 北京：光明日报出版社，2025. 1. -- ISBN 978 - 7 - 5194 - 8471 - 2

Ⅰ. B516. 6

中国国家版本馆 CIP 数据核字第 2025FT0446 号

霍耐特社会自由思想的当代解读

HUONAITE SHEHUI ZIYOUSIXIANG DE DANGDAI JIEDU

著　　者：何海涛

责任编辑：许　怡　　　　责任校对：王　娟　李佳莹

封面设计：中联华文　　　　责任印制：曹　净

出版发行：光明日报出版社

地　　址：北京市西城区永安路 106 号，100050

电　　话：010-63169890（咨询），010-63131930（邮购）

传　　真：010-63131930

网　　址：http://book.gmw.cn

E - mail：gmrbcbs@gmw.cn

法律顾问：北京市兰台律师事务所龚柳方律师

印　　刷：三河市华东印刷有限公司

装　　订：三河市华东印刷有限公司

本书如有破损、缺页、装订错误，请与本社联系调换，电话：010-63131930

开　　本：170mm×240mm

字　　数：237 千字　　　　印　　张：16

版　　次：2025 年 1 月第 1 版　　　　印　　次：2025 年 1 月第 1 次印刷

书　　号：ISBN 978 - 7 - 5194 - 8471 - 2

定　　价：95. 00 元

前言

阿克塞尔·霍耐特（Axel Honneth 1949— ）是法兰克福学派“第三代”领军人物，20世纪90年代，他因承认理论奠定了其在批判理论传统中的独立地位，从21世纪初开始，霍耐特不断深化和拓展其思想，并开始思考承认与自由的关系问题，最终在其著作《自由的权利》中，霍耐特系统地阐述了自己的政治哲学构想，试图在承认意义上探寻实现个人自由的社会机制，提出个人自由的实现乃是现代社会正义的标准。霍耐特以黑格尔的法哲学思想为基础，通过消极自由（法定自由）、反思自由（道德自由）和社会自由这三个不断推进的层次，用主体间的相互承认机制对现代以来的诸多历史事件进行社会分析，用社会病理学的分析方法来探寻自由的发展进路和实现机制，建构起一种批判的自由体系，代表了西方自由理论发展的一种新形式。霍耐特社会自由理论的形成过程可以分为提出、深化和完成三个阶段。这三个阶段勾勒出霍耐特社会自由理论从诞生到发展、从成熟到深化成型、再到体系化的理论发展图景。

社会自由理论的构建使霍耐特的理论深入了政治哲学领域，他以当代政治哲学与社会分析脱节的问题为出发点，以承认理论为基础，以规范性重构为实现机制，探寻自由的可能性与现实性，把个人自由的重要性在当代资本主义的背景中全方位地呈现出来。由于霍耐特对社会自由理论的研究深入整个西方自由理论发展的历史，其理论博采众长、涉及哲学、伦理学、政治学以及社会学等多个领域，是一个宏大的理论集合，给我们呈现了当代西方自由理论发展的新特点。更重要的是，他从对社会现实的关注与分析中，能将自由理论与当代社会现实中的一些关键问题相结合，并从中捕捉到个人自由发展的新动向，并提出实现个人自由的新思路，从而引领了当前社会批判理论思潮的发展。因此，霍耐特的社会自由理论凸显出其在当代政治哲学发展中的重要地位，也丰富了西方马克思主义，为社会批判理论应对当今时代的社会问题和挑战做出了自己的理论贡献。

当然，霍耐特的社会自由理论在论证过程中也存在一些问题，比如，对马克思生产劳动范式的背离，对社会自由领域的重构缺乏整体性思考，对社会自由的实现途径缺乏具体的操作思路，等等。虽然这些问题可能超出了霍耐特社会自由理论本身所能解决的范围，但这并没有掩盖社会自由理论的重要性。我们要对霍耐特的社会自由理论持一种批判态度，将其作为继续探索马克思主义自由理论的重要借鉴。

目　录
CONTENTS

绪　言

一、社会自由的理论意义

阿克塞尔·霍耐特（Axel Honneth，1949—　）曾为德国法兰克福大学社会研究所所长，是当前法兰克福学派第三代领军人物。1986 年，霍耐特以《权力的批判：批判社会理论反思的诸阶段》一书在学术界崭露头角。1992 年，因《为承认而斗争》一书而声名鹊起，在该书中，他借助米德的社会学对黑格尔的承认思想进行改造，奠定了其思想体系的基础。如今，他的承认学说在国际学术界颇具影响，引起了众多学者的关注和讨论，而且探讨其有关学说的学术会议也不时召开，其中，以霍耐特与美国学者弗雷泽（Nancy Fraser）从 1996 年开始的以承认与再分配为核心问题的旷日持久的论辩最为著名。近年来，霍耐特先后出版了许多专著和文集，这些都标志着其承认理论的深化和拓展。作为国际黑格尔研究学会会长，霍耐特的思想深受黑格尔的影响，早在 2001 年的《不确定性之痛》中，他就认为黑格尔法哲学就是要探索实现个人自由的正义理论，此时，他开始思考自由与承认的关系问题。10 年之后霍耐特出版了《自由的权利》，实现了其对黑格尔《法哲学原理》再现实化的计划。在该著作中，他在《法哲学原理》的基础上系统地阐述了自己的自由构想，试图在承认意义上探寻实现个人自由的社会机制，以实现自己的社会自由思想的构建。而社会自由理论的构建使霍耐特的理论深入了政治哲学领域，他以当代政治哲学与社会分析脱节的问题为切入点，以承认理论为基础，以规范性重构为实现机制，来探寻自由的可能性与现实性问题。而霍耐特对社会自由的探讨把个人自由的重要性在当代资本主义的背景中全方位地呈现出来。他在《自由的权利》一书的开篇就提出："所有在现代社会中上升到主导地位，并且自那以后又相互争夺统治权的伦理价值中，只有唯一的一种伦理价值确实做到了对现代社会的机制性秩序发生着持久的影响，即在个人自主意义上的自由。"① 个体自由是指个体自主或个体自决，它在个人与社会之间建立起一种系统性的关系。霍耐特正是以个体自由为基础，展开了对实现个体自由的社会机制的研究，进而在社会性的机制中论述个人的社会自由。当然，社会自由的概念不是一开始就有的，它是由各个历史时期人们对"自由"价值的体验和反思逐渐形成的。而自由的概念本身也是异常复杂的，英国史学家阿克顿在19世纪末就认为自由具有200种定义，要给自由下一个为所有人公认的确切定义是不可能的。因为，不同时代和不同社会，人们对自由的理解都是不同的。阿克顿认为："自由，与宗教一样，一直既是善行的动力，又是罪恶常见的借口，二千四百六十年前雅典播种，至今方被吾民收获成果。"② 而且，自由在每个时代的发展和进步，总要受到贪婪、无知和权力等各种"敌人"的阻挠，可见，自由理论的发展不是一帆风顺的。从自由发展的历程来看，古希腊的自由是一种城邦至上的共同体自由，这种共同体自由，与古希腊的民主政体相匹配；而古罗马的自由注重对私人个体权力和利益的法律保护；在中世纪神权统治下，所谓的自由就是服从上帝；文艺复兴时期宣扬的是人性论和人道主义，要求个性的自由和独立，以此来批判宗教的禁欲主义，强调人的个性发展和思想自由，此时，自由、平等、博爱就是人文主义者所竭力宣扬的观念；在随后的宗教改革中，路德强调的是信仰自由和自由思想，为自由主义开辟了道路。所以，

① 霍耐特．自由的权利［M］．王旭，译．北京：社会科学文献出版社，2013：27.

② 阿克顿．自由与权力［M］．侯建，等，译．南京：译林出版社，2014：27.

从古希腊经罗马时代到文艺复兴和宗教改革，这期间的民主理念、法学思想和关于自由平等的权利原则，都在一步步突出个体的权利和探索个性解放问题。从这个过程中我们能够发现自由思想发展的历史轨迹，也可以看出，自由概念的产生和发展不是一个突然的事件，而是具有深厚的思想根源，且经历了漫长的演变历程。

对霍耐特来说，他关注的是自由概念在当代政治哲学中的建构性作用，尤其关注人们的个体及群体自由权利的实现问题。他基于哲学人类学的规范性前提和资本主义社会各方面的历史发展情况，对资本主义“破碎的社会世界”进行了社会分析和时代诊断，全面地考察了多元社会中消极自由和反思自由及其病理学①特征和逻辑问题，并且阐发一种基于承认的社会自由理论，以为当今社会的自由理论注入新的思想及提供新的解决方案。

如果说承认理论是霍耐特思想的基石，那么社会自由学说则是他承认理论发展的新阶段和最重要成果。霍耐特的自由思想主要反映在《自由的权利》一书中，他以黑格尔的《法哲学原理》为基础和典范，通过消极自由（法定自由）、反思自由（道德自由）和社会自由这三个不断推进的层次，用主体间的相互承认机制对现代以来的诸多历史事件进行社会分析，建构起一种批判的自由体系。霍耐特的自由学说的独特之处在于他通过立足于主体间的相互承认学说，用病理学的社会分析来探寻自由的发展进路和实现机制，体现了西方自由理论发展的新形式。在讨论自由问题的时候，霍耐特深入了西方自由传统的理论核心，从自由思想发展演变的过程中梳理出了自己对自由的独特看法。他在《自由的权利》中从否定性的角度对卢梭和康德的自由理论进行了批判，指出了消极自由和道德自由在当代的理论困惑及病理特

① 社会病理学（social pathology）是研究社会因素所致疾病的发生、发展、结局和转归的规律的一门科学。从社会病理学的观点来看，所谓的社会问题就是违背了道德期望。造成社会问题的最大原因即社会化过程的失败，并认为社会问题是由社会环境造成的。社会化失败的结果造成道德腐蚀，而解决办法则是施以道德教育。参见百度百科社会病理学词条。霍耐特的社会自由理论正是基于社会病理学这个概念，对当今资本主义社会进行分析的。

征，从而启发了他的社会自由概念的生成。

霍耐特自由思想的主要和直接来源是黑格尔的自由观，同时他还借用了黑格尔法哲学的理论框架来建构自己的社会自由理论。他在《不确定性之痛》中对黑格尔的自由理论进行分析，指出黑格尔自由理论的缺陷，提出了要将黑格尔法哲学再现实化的意图，以在现实的社会中探寻保障社会自由的关系机制。所以，他是在现代性背景下对黑格尔自由观进行重建。哈贝马斯也认为，"霍耐特为了对从黑格尔到马克思的思想发展纲领做新的调整，把历史的脚步从马克思退回到黑格尔"①。而且，霍耐特受到了哈贝马斯的话语信息交流模式的影响，因为，后者提出的个人自由概念暗示了反思领域中已经存在着的社会自由思想，在话语机制的指引下，霍耐特遂走向了黑格尔法哲学语境中通往自由的社会理念。

由于霍耐特的思想深入整个西方自由理论发展的历史，其理论贯通古今、博采众长，亚里士多德、霍布斯、康德、卢梭、黑格尔、哈贝马斯、米德、伯林、泰勒、罗尔斯等人的学说都对其产生过影响，尤其他的社会主义理念深受马克思的影响。他的社会自由涉及哲学、伦理学、政治学以及社会学等多个领域。他将古代人的自由和现代人的自由进行对比，把个人自由和社会自由加以综合，从而对历史上自由理论的主要发展脉络进行了充分的罗列和清晰的梳理，形成了一种高度综合的自由理论。所以，霍耐特的社会自由理论成为一个宏大的理论集合，标示了自由理论发展的新高度，也给我们呈现了当代西方自由理论发展的新特点。

更重要的是，他能从对社会现实的关注与分析中，将自由理论与当代社会现实中的一些关键问题相结合，并从中捕捉到个人自由发展的新动向，并提出实现个人自由的新思路，从而引领了当前社会批判理论思潮的发展。这一方面表明霍耐特继承了法兰克福学派的批判特色，但又补充了前期批判的

---

① 霍耐特．自由的权利［M］．王旭，译．北京：社会科学文献出版社，2013：封底．

社会性缺失的缺陷①；另一方面，霍耐特的社会自由思想既体现出了马克思的历史唯物主义的实践特色，又有其与众不同的特点，是具有马克思主义倾向的政治哲学，也是我们发展马克思主义政治哲学的重要借鉴。因此，霍耐特的社会自由理论凸显出其在当代政治哲学演进中的重要地位。

今天，对霍耐特社会自由理论的研究不仅有利于我们把握当代社会批判理论的发展动向，也有利于拓展我们对马克思历史唯物主义的认识视域，从新的角度理解马克思的思想。同时，解读霍耐特的自由思想，使我们有可能跻身于世界政治哲学的前沿，我们如果能借鉴霍耐特提出的社会自由思路，继续推进自由理论的发展，概括出这种自由精神的实质，那么就可以充分理解马克思主义在当代哲学中的地位，以及自由理论在当代政治哲学当中的重要性，并以此为借鉴来考察和构建我国社会主义自由理论，以便继续推进马克思主义自由理论的发展。

二、霍耐特研究现状

（一）国内霍耐特研究状况

随着霍耐特在国际学界影响的扩大，国内学界从 21 世纪初开始对其承认学说进行介绍和研究，曹卫东教授在《法兰克福学派的掌门人》② 一文中最早对法兰克福学派和霍耐特的理论进行了介绍。从此以后，霍耐特逐渐引起了国内学者的关注。尤其是 2005 年胡继华翻译的《为承认而斗争》出版之后，马上引起了国内研究霍耐特的热潮。而在国内真正全面系统且持续不断关注霍耐特的是王凤才教授。他近几年出版的有关霍耐特的著作，使国内

① 霍耐特认为，在早期批判理论中，“自然支配批判的历史哲学模型”一直未变，所以在对文化工业的批判中，认为自然支配占主导地位，而把文明历史过程化约等于人对自然支配的历史，所以没有从社会劳动、社会支配和个体社会化这三个维度考察社会行为过程，这样他们就只注重生产劳动维度，社会行为的其他维度就被粗略地对待或忽略。这就是他试图借助黑格尔的承认理论、哈贝马斯的交往行为理论重构早期批判理论、创立承认理论的原因所在。

② 曹卫东. 法兰克福学派的掌门人［J］. 读书，2002（10）：102-106.

学者对霍耐特有了一个全面的认识。至今，王凤才教授先后发表有关霍耐特研究的论文和翻译文章20余篇，分别从霍耐特的承认理论、正义思想和自由学说等方面入手，全面深入地探讨了霍耐特的思想及其学术进路。2013年4月初，霍耐特应邀来北京进行学术访问，其间，霍耐特以其研究的重点“自由、公正与认同”为主题展开叙述，先后在中国社会科学院、北京大学和中央党校举办了学术讲座，与中国学者及学生围绕现代资本主义条件下实现自由和社会公正的可能途径展开了讨论。

但是，国内关于霍耐特思想研究的学术专著不多，而且其关注点主要集中于对承认理论的翻译、介绍和研究上。在著作方面，除了王凤才的《蔑视与反抗》外，王晓升的《为个性自由而斗争》在对法兰克福学派发展历程的论述中也介绍了霍耐特的思想，但其中也只是介绍了霍耐特及其与法兰克福学派的关系。韩立新教授的《〈巴黎手稿〉研究》中有一节是站在黑格尔耶拿时期承认理论的立场上对霍耐特《为承认而斗争》思想的批判，指出了霍耐特对黑格尔的误解，以便为黑格尔耶拿后期意识哲学的转向进行辩护。前面提到霍耐特的诸多著作，国内学者不断对其翻译出版①，2021年，南开大学谢永康研究团队联合上海人民出版社与霍耐特本人达成意向，在国内翻译出版《霍耐特选集》和《霍耐特文集》②，后续将会持续翻译推出霍耐特其他著作并跟进译介霍耐特最新思想。此举将对国内相关学者研究霍耐特思想提供极大的便利。

近年来，国内关于霍耐特思想研究的关注点首先集中于承认理论上，其

---

① 这些译作分别是：《为承认而斗争》（胡继华译，上海人民出版社，2005）、《再分配还是承认？——一个政治哲学对话》（周穗明译，上海人民出版社，2009）、《分裂的社会世界：社会哲学文集》（王晓升译，社会科学文献出版社，2011）、《权力的批判》（童建挺译，上海人民出版社，2012）、《自由的权利》（王旭译，社会科学文献出版社，2013）、《不确定性的痛苦：黑格尔法哲学的再现实化》（王晓升译，华东师范大学出版社，2016）、《我们中的我：承认理论研究》（张曦、孙逸凡译，译林出版社，2021）、《承认》（刘心舟译，上海人民出版社，2021）。

② 其中已经出版的有《理性的病理学》（2022）和《时代的活体解剖：20世纪观念史肖像》（2023）两部著作。

中，介绍和研究霍耐特承认理论的研究占大多数 其次是论述霍耐特思想与黑格尔、马克思、弗雷泽等人思想关系的文章。也有学者对霍耐特的正义思想、物化思想、伦理思想以及承认理论中的人类学思想进行研究。如王凤才《作为社会分析的正义论——霍耐特对〈法哲学原理〉的诠释与重构》、刘光斌的《论霍耐特对物化批判的承认理论范式》。个别学者也阐述霍耐特的承认理论的实践意义，以解决具体的社会问题。如张秋燕在《当今社会冲突的道德解释》中提出将承认理论应用到解释现实的社会冲突中去的观点，她试图用承认理论解决社会中因贫富不均引起的社会冲突等具体问题。卢迎安在《承认理论与媒体对他者的负面建构研究》一文中，以霍耐特的理论分析了当前媒体对他者负面建构的几种模式及其影响。另外，张新国在《真实的自由如何可能——霍耐特自由观及其意义》中，肯定了霍耐特的自由观，认为自由观的理论意义可以通过阐释其主张自由从心灵向社会的回归得到揭示。

在对社会自由理论的研究上，一是关于对霍耐特社会自由理论的概念和发展动力的探讨。这也许与《自由的权利》的影响有关，首先是王建斌、徐若楠等人认为个人自主并非为纯粹个人的东西，而是一种主体间的量，单个人要想获得自由，必须在相互承认关系中了解、表达和追求，个人自由被理解为承认关系的产物。陈良斌认为，霍耐特虽然构建了自由实现的层层递进体系，为社会自由的实现奠定了现实经验和批判基准，但霍耐特对于如何达成自由、自由的动力等核心议题还是语焉不详。王凤才通过《〈自由的权利〉精粹》① 三篇文章对霍耐特《自由的权利》一书进行系统的概括，对我们理解这本书提供了便利。而且他认为，对黑格尔《法哲学原理》的阐释和重构是霍耐特社会自由思想发展的重要一环。贺翠香对霍耐特社会自由的正义构想进行了批判，她在《论霍耐特的社会自由概念及其正义论构思》中论述了卢曼的自由观对霍耐特的影响。值得一提的是，台湾学者周明泉也对霍耐特的《自由的权利》一书进行了高度的评价。他认为，霍耐特以社会哲学为立

---

① 王凤才.《自由的权利》精粹 [J]. 学习与探索，2016：1-3.

场，历经5年完成这本令人耳目一新的跨学科大作，着实补足了在黑格尔的法哲学中所欠缺的有关民族发展与社会制度的讨论，可以将该书视为21世纪黑格尔版的“法律社会学”，更重要的是，读者通过该书也可以对霍耐特的承认理论有更深层的理解与体悟。不过，他也看出霍耐特自由理论的缺陷，他说：“比较遗憾的是，霍耐特透过社会分析的研究实验，如同早期的批判理论前辈一般，仅限于西方世界甚至德国而已。对于全球治理的民主化过程、国际恐怖分子的自杀工具与对自由现代社会的威胁，以及在后民主格局之中针对公共议题的讨论等，其着墨甚少。”① 周明泉还认为，尽管该书名为《自由的法权》，但该书写作目的既不是提供一套自由理论，也不是建构新的法律或人权哲学理论，对正义概念的社会分析，最终也不是为读者提供一套可遵循的规范性原则。最后，李和佳认为，霍耐特回到马克思，重新认识“劳动”价值论，使霍耐特自由思想能在当代“社会冲突”诠释中具有更大的政治实践价值，这正是当代政治哲学努力的方向。

二是对霍耐特社会自由理论建构的现实的思考。学者们从多角度对霍耐特的社会自由的实现路径进行阐述，而马克思的“生产（或劳动）”理论成为当下社会自由研究的中心。周爱民发现霍耐特在不同时期对劳动解放做出的不同阐释，有助于拓展和深化马克思主义的劳动批判。李猛认为，霍耐特借助马克思“合作生产”的概念，真正超越以孤立个体为基础的反思自由，是实现社会自由的实践路径，对这一认识，王凤才给予了高度肯定。宋建丽认为霍耐特通过对“劳动解放”的道德重构，对社会自由的实现提出了一种新的思路。总之，目前国内对霍耐特社会自由理论的研究不断扩展，对其进行阐述性的研究较多，但鲜有深入探讨具有批判性的研究，这就有待于对这一思想进行深化和批判以发现其时代价值，这也是本书的研究使命。

总之，从目前国内对霍耐特思想的研究情况看，对其承认学说的研究已

① 周明泉．书评：Axel Honneth《自由的法权》［J］．哲学与文化，2016（4）：131-136.

经进入整理深化阶段，但对其社会自由思想的研究还处于介绍起步阶段。总体来说，对霍耐特的研究中，已出现的研究著作也都是在以不同的方式介绍霍耐特的思想，深入的思考和批判比较少。这些问题主要表现在以下几个方面。首先，由于过分依附于霍耐特的几本著作或一些特定文本，研究不能拓展和深入，难以提出独立的论断，缺乏批判的能力。如大多数学者将研究视野集中在霍耐特的承认理论上，只从积极的方面予以理论上的肯定，而忽略了霍耐特的其他思想及其各种思想之间的关系，从而提不出有针对性的批判建议。其次，霍耐特思想的核心问题的问题域并没有得到充分呈现和突出，如其自由理论及其意义并没有被重视和获得深入研究。再次，对霍耐特思想发展的跟进程度不足。霍耐特将正义和自由进行耦合，在承认理论的核心关照下研究个体自由的社会实现机制，而国内的学者对此变化的捕捉和反应不够及时，所以，对霍耐特自由理论的研究至今未达到全面深入。笔者认为，问题在于，国内学界一方面对霍耐特思想体系的发展逻辑把握不够，另一方面对霍耐特思想发展的最新成果跟进不足，这就影响了对霍耐特思想研究的质和量。因为，以往的研究未能把握霍耐特思想发展的核心线索即承认，而且对作为其思想核心的承认理论与社会自由思想的关系理解有误。霍耐特是将承认理论贯穿于其整体思想之中，在此基础上展开对各种社会问题的论述，而自由思想就是其承认理论发展的最新阶段，承认的目的就是实现个体的自由，霍耐特是要在承认的意义上实现自由，其社会自由更是以承认为核心，即用承认实现自由。而在《自由的权利》中，霍耐特在批判以往理论与社会现实脱节造成的病理学原因的基础上，欲重构一种规范性的批判理论，即社会自由思想。尽管他以自由为主题，但其承认理论是暗含于其对自由论述的始终的。对承认与自由之间的这种关系，多数学者对其认识是比较模糊的，所以，就有必要将问题引入霍耐特思想发展背后的核心线索中去，从正义、承认和自由三者的关系中去把握他的理论，一方面弥补承认理论研究的缺陷，另一方面挖掘其自由思想的实质，把握他的社会自由思想的核心逻辑，并将其贯穿到对他的最新成果的认识当中。①

（二）国外霍耐特研究状况

国外学者对霍耐特的研究较早，而且研究的视角涉及霍耐特思想的各个层面。首先，将霍耐特的文章和著作翻译为多国语言；其次，展开对霍耐特的承认理论和相关学说的研究和讨论；同时，国际学术界开展了一系列关于霍耐特的专题学术交流会。其中，最具影响力的是霍耐特与美国学者弗雷泽关于承认与再分配关系问题的长时间论辩。从1996年开始到2003年，两个人进行了多轮对话。而他们论辩的焦点是如何理解当代社会正义与非正义的本质，尤其是承认正义与分配正义的关系。弗雷泽批判霍耐特的道德一元论，同时她要用“观点的二元论”分析模式，将承认和再分配两种价值诉求重新进行正义论的整合，但是，霍耐特固守承认理论的一元论立场，将承认构想为基础性、统摄性的道德范畴，而将分配视为派生物。最后，两个人的辩论内容整理在《再分配，还是承认？政治哲学对话》一书中并已出版。尽管两个思想家的观点存在分歧，但他们的理论交锋却为我们反思社会批判理论和研究社会现实提供了独特的视野。

国外学界对霍耐特的承认理论研究较多，且成果丰富，同时在研究方法上更多地体现为比较研究。如祖恩（Zurn）将霍耐特与泰勒、弗雷泽的有关观点进行了详细的比较②；美国的艾伦（Jonathan Allen）将霍耐特与玛格丽特（Arad Margalit）进行比较，认为他们二人都对道德和政治理论的规范状

---

① 关于霍耐特的承认、正义与自由之间的理论关系，目前学界形成这样几种看法：一是以承认理论为核心的“一中心论”；二是从承认理论到多元正义构想的“两阶段论”；三是由承认、多元正义构想、政治伦理三个方面组成的“三成分论”；另外，还有人将霍耐特的正义思想设为主线，认为承认是正义的实现途径，认为存在着从承认正义到自由正义的演进过程；等等。本文比较倾向于第一种观点，因为虽然霍耐特的自由理论经历了几个阶段，从早期自由思想与承认理论联系，到通过对黑格尔法哲学的认识深化，再将自由理念与正义相耦合，但这些过程始终还是贯穿着承认这条线索，同时也包含了正义等其他理论维度。

② ZURN C. Identity or Status? [J]. Constellations, 2003, 10 (4): 519-537.

态进行了研究，都采用了消极的道德心理学来反思蔑视的规范意义①；而保罗·利科（Paul Ricoeur）则站在霍耐特的立场上，支持霍耐特的承认理论，他认为霍耐特所从事的重新现实化从平衡的信念中得到力量，他在对黑格尔主题的忠诚和绝对形而上学的拒绝之间保持这种平衡，这种绝对形而上学将耶拿时期的黑格尔接近谢林，然后重新接近费希特。他说自己如同霍耐特一样论证在主体间的和解中人的多样性的不可超越性，不管涉及的是斗争还是不同于斗争的其他事物，霍耐特维护黑格尔的，是建立一种具有规范内容的社会理论的计划。② 另外，在霍耐特承认理论的应用方面，许多国外学者也做出了他们的尝试。澳大利亚的德兰蒂的《超越沟通：对霍耐特社会哲学的批判性研究》（*Beyond Communication* ：*A Critical Study of Axel Honneth's Social Philosophy*）一书被誉为对霍耐特的《为承认而斗争》和《我们中的我》进行了最彻底的研究，这本书“旨在为霍耐特的理论项目提供广泛的图景”③。也有学者将承认理论与教育学相结合，研究教育实践中承认的关系结构。尽管对霍耐特承认理论的研究有了丰富的成果，但国外学术界并没有学者系统地阐述霍耐特承认理论在当代政治哲学中的重要地位。

近年来，霍耐特的自由思想也引起了不同国家学者的广泛讨论。研究的重点集中在《自由的权利》一书上，对此，学者们众说纷纭、褒贬不一，有的大加赞赏，有的却表现出激烈的批判。荷兰学者克莱森（Rutger Claassen）讨论了霍耐特的自由思想是否提供了一个有希望替代主流自由主义理性的理论。他认为，在《自由的权利》中，霍耐特提出的“历史重建”太脆弱，无法支持他实质性的规范立场，同时社会自由的概念在他理想的反思自由的概

① ALLEN J. Decency and the Struggle for Recognition［J］. Social Theory and Practice, 1998, 24（3）：449-469.

② 保罗·利科．承认的过程［M］．汪堂家，李之喆，译．北京：中国人民大学出版社，2011.

③ LAITINEN A. Beyond Communication：A Critical Study of Axel Honneth's Social Philosophy, Written by Jean-Philippe Deranty［J］. Journal of Moral Philosophy, 2015, 12（5）：664-667.

念中已经崩溃，从而这个概念非常具有争议性。① 多伦多大学教授钱伯斯（Simone Chambers）在关于《自由的权利》的述评中指出，霍耐特的自由理论提供了有关我们的社会历史的丰富而有价值的东西，是“深邃的原创”，他认为霍耐特将自由视为现代性的中心问题，从中能深深体会到黑格尔法哲学的基本精神。但是，他又批评霍耐特过分依赖亚里士多德式的社会完美主义，认为社会自由只不过是现代世界价值观中不可或缺的一个，而不是唯一的。② 挪威安格德大学（University of Agder）的莱森克尔（Odin Lysaker）教授认为，“霍耐特可能被批评为将政治哲学降低到道德心理学”，他将霍耐特的立场重新定位为激进民主的多维度版本，来讨论民主审议、文化和冲突的三个方面。他声称，这三个维度结合在一起构成了理解为承认而斗争的激进民主的认识基础，而且认为这是制度上的激进。③ 芬兰于韦斯屈莱大学（Jyväskylänyliopisto）的汉斯（Hans Arentshorst）比较了皮埃尔·罗桑瓦隆（Pierre Rosanvallon）和霍耐特的民主理论，揭示他们的理论如何形成政治哲学中“重建主义”方法的基础，以恢复 19 世纪的思想家如黑格尔关于把政治哲学同历史学和社会学结合的好处。汉斯指出，虽然政治哲学中主流的程序性方法往往会使规范理论与实际的社会学研究及其历史失去联系，但罗桑瓦隆和霍耐特都认为，为了了解今天我们民主社会面临的问题，我们需要理论与实践之间更密切的联系，并提出一种方法，以确定已经在现代社会发展的某些病态现象。④

---

① CLAASSEN R. Social Freedom and the Demand of Justice [J]. Constellations, 2014, 21 (1): 67-82.

② CHAMBERS S. Honneth, Axel. Freedom's Right: The Social Foundations of Democratic Life, Book Reviews, Ethics January 2016 [M]. New York: Columbia University Press, 2014.

③ LYSAKER O. Institutional Agonism: Axel Honneth's Radical Democracy [J]. Critical Horizons, 2017, 18 (1): 33-51.

④ ARENTSHORST H. Towards a Reconstructive Approach in Political Philosophy: Rosanvallon and Honneth on the Pathologies of Today's Democracy [J]. Thesis Eleven, 2016, 134 (1): 42.

也有学者针对霍耐特自由理论中的社会病理学概念进行剖析，来评价其自由理论的，如英国埃塞克斯大学（University of Essex）的弗雷叶哈根（Fabian Freyenhagen）回顾了霍耐特和祖恩对社会病理学概念的各种认识后，根据自己的目标对社会病理学概念进行了批评，认为自由的权利在社会病态与不发达之间变得不可能。[①] 伊戈尔·肖赫布罗德（Igor Shoikhedbrod）通过一种内在的批判表明，霍耐特无法贯彻他对资本主义市场作为社会自由的制度表达的看法。维克托·肯普夫（Victor Kempf）则认为霍耐特的社会自由理论已经被新自由主义霸权的回归所阻断，他却主张，只有“被霍耐特的社会主义理念排除在外的那些政治主体主动参与，社会自由才能成为主导性理念”。通过对霍耐特研究的这些成果，我们发现，学者们对霍耐特的社会自由理论是持保留性态度的，许多学者认为霍耐特的自由理论没有实现他最初提出的理论目标，其自由理论的构建比较模糊，他最终并没有提供一个规范性重建的具体方案。

综上所述，国内外学者对霍耐特的承认理论和社会自由思想的研究有一定的深度和广度，而且解决了关于承认及自由的一系列基本问题，所以对本文的研究和写作具有十分重要的基础性意义。国内外的研究之间还是存在很大差距，国内学者研究的不足之处也是显而易见的，但二者都有一些共同的问题。一方面，对霍耐特思想发展的跟进程度不足。霍耐特目前着重研究个体自由实现的社会机制，并在此基础上重构社会主义原初概念，并进行社会自由的构建，而国外学者对此变化的捕捉和反应比较慢。另一方面，对霍耐特社会自由理论向马克思主义的再度接近这一倾向及其现实启示鲜有关注。因此就有必要将问题引入霍耐特社会自由理论发展的核心线索中去，从承认和自由的关系中去把握其思想转向，不但挖掘社会自由思想的实质，而且研究这一思想对批判理论的推进和引领，更重要的是，从中挖掘对我国社会主

① FREYENHAGEN F. Honneth on Social Pathologies: A Critique [J]. Critical Horizons, 2015, 16 (2): 131.

义新时代自由价值观建构的现实启示。

三、本书的写作思路及结构

为了使对霍耐特研究的视野更为广阔，本书将尽可能多地占有霍耐特的相关资料。首先是他的专著，这里面包括他已出版的几本汉语译著和所有英语译著；其次是他的大量文章，包括翻译成中文的和英文的，以及一些他的访谈录。另外，国内外关于霍耐特研究的大量资料也是本书写作的参考重点。当然，本文研究的核心是《自由的权利》，在此文本的基础上拓展到霍耐特的其他理论，尤其是其承认思想和正义学说，以对霍耐特的思想有一个全面的把握，并在此研究的基础上提出我国社会主义自由理论的建构问题。

本书分为七章。第一章是对自由的历史追问，因为对自由的研究须首先厘清自由的概念及其来龙去脉。该章主要分析了自由概念的演化历程，介绍了两种典型的自由观，及其对霍耐特社会自由思想的影响，为进入霍耐特的社会自由思想做好理论准备。第二章描述霍耐特社会自由思想的生成轨迹，从前期对承认理论的关注到对自由的关注，霍耐特的思想有着一个不断深化和社会化的过程。该章先分析了霍耐特承认理论的得失，随后从《为承认而斗争》《不确定性之痛》和《自由的权利》三部主要文本入手，描绘了霍耐特自由思想从提出到发展再到成熟的过程。第三章介绍霍耐特对两种自由的认识，该部分对霍耐特的两种自由观进行分析，从他对消极自由和积极自由的态度入手，描述其怎样从自由的可能性过渡到自由的现实性。第四章是本论文的重点，阐述霍耐特社会自由的内容构架。该章从他对黑格尔自由观的批判开始，明晰其对黑格尔法哲学再现实化的思路，然后揭示霍耐特社会自由的主要内容，同时在把他与马克思的相关思想进行对比的基础上，分析霍耐特社会自由在个人领域、市场经济领域和政治领域的表现及特征，全面展现霍耐特社会自由理论的基本思想及其现实状况。第五章揭示霍耐特社会自由思想的本质是向马克思主义的再度接近，主要表现在他对当代资本主义的病理诊断、“共同体思想”和“社会主义理念”三个方面，表明他的社会自由理论越来越具有明显的社会主义特征。第六章分析霍耐特社会自由理论的主要特征及其得失。霍耐特站在社会实践的基础上讨论自由，其社会自由理论是对批判理论的引领和推进，这种推进是在对资本主义病理诊断的基础上进行的现实批判，提出一种个体自由发展的新取向，但是由于社会自由理论自身的缺陷致使社会自由成了一种理想的口号，霍耐特最终并没有提出明确的达致社会自由的解决方案。第七章讨论我国社会主义自由理论的构建问题，通过对霍耐特社会自由理论的研究启发，探讨中国特色社会主义进入新时代语境下，马克思主义自由观的价值取向与当代意义，在此基础上讨论中国特色社会主义自由价值观的价值诉求，最后提出社会主义自由观的实践路径。

总之，霍耐特对传统的自由理论进行了深刻的批判，并据此指出了当今社会中存在的各种病理学特征。在这种全新的批判态度下，他关注的社会自由思想抓住了自由与正义的关系，紧紧依托社会的发展及主体间性的承认关系而阐发了符合当代社会特征的自由要求，尽管他对这个问题的论证有不足之处，但是在当代自由理论的视域中，我们不能忽视霍耐特社会自由思想的整体旨趣和最终指向，以及其对我国社会主义自由价值构建的借鉴意义。

第一章

自由的历史追问

自由概念不是一开始就存在的，它是在经过人类思想长期的发展变化，从诸多的价值观念中逐渐演化而来的。我们需要从自由的发展史中去梳理历史上各个时期的自由思想及其对霍耐特社会自由理论形成的影响。尽管不同历史时期人们对自由的理解是不同的，但在通常意义上，它的本义是指“没有限制或不受阻碍”。围绕这个核心，在探讨自由问题的理论中形成了诸多不同的态度。如现代政治哲学中既有对古代人的自由的向往，也有对现代的个体自由的追求；既有对消极自由合理性的论证，也有对积极自由的认同。而围绕这些不同的看法，人们对自由理论的关注和讨论日趋激烈，而且形成了更多新的见解和主张。霍耐特在其社会自由理论的生成过程中也暗含着两条线索：一是古代的共同体自由和近代的个体自由之辩，二是个人自由和社会自由之辩。围绕这两条线索，霍耐特以他的承认理论为主题，从中逐渐引申出其社会自由思想。

第一节　自由的古今之辩

一、古希腊的城邦自由观

自由或争取自由是人类历史的主线。对自由的追求伴随着人类社会的发展，而对自由思想的真正探索在古希腊就已开始。最早表达自由理想的是古希腊人，而且，古希腊的辉煌成就是与其当时的自由思想分不开的。最初，古希腊人通过神话故事将其自由思想以文学艺术的方式展现出来，在古希腊神话中，诸神奔放不羁的享乐生活和无拘无束的生命追求流露出鲜明的个体意识，反映人的个体精神和生命的自由本性。古希腊神话通过诸多优美的故事传说和一个个鲜活的艺术形象，来展现古希腊人在追求幸福的生活和完美的人生过程中与命运抗争的自由精神。这种抗争，一方面来自现实的外在束缚，通过对外在束缚的反抗，表现古希腊人自我追求、自我肯定、自信自强的反抗精神；另一方面，这种抗争体现的是古希腊人冲破内心的痛苦和冲突的精神抗争，要求灵魂摆脱肉体束缚的精神自由。随后，随着古希腊奴隶制的发展，奴隶制下的经济与民主政治的高度发展和融合进一步为古希腊的自由思想从物质和制度上奠定了良好的基础，使得古希腊人的自由精神贯穿于古希腊的政治社会生活中。当时希腊城邦的社会和政治生活就由一些自由的政治理念所支撑。正是这种自由精神成就了古希腊哲学、文学和艺术等多方面的自由发展。英国历史学家伯里视古希腊人的自由精神为“他们在哲学上的思辨、科学上的进步、政治制度方面的实验的条件，也是他们在文学艺术领域创作出优秀作品的条件”以及“文学艺术上的优美”的根据。① 同时，古希腊的自由思想又促进了城邦政治制度的发展和完善，使得以雅典为首的许多城邦具有民主自由的社会政治氛围。这从伯里克利在《阵亡将士国葬典礼上的演说》一文中体现出来，其中，伯里克利说：“我们的制度是别人的模范，而不是我们模仿任何其他的人的，我们的制度之所以被称为民主政治，因为政权是在全体公民手中，而不是在少数人手中。解决私人争执的时候，每个人在法律上都是平等的：让一个人负担公职优先于他人的时候，所考虑的不是某一个特殊阶级的成员，而是他们有的真正才能。任何人，只要他能够对国家有所贡献，就绝对不会因为贫穷而在政治上湮没无闻。正因为

① J.B. 伯里. 思想自由史［M］. 周颖如，译. 北京：商务印书馆，2012：10.

我们的政治生活是自由而公开的，我们彼此间的日常生活也是这样的。”① 有这样的自由民主制度，每个希腊人都对自己的城邦有一种发自内心的热爱。因而，他们对城邦的崇尚是高于对个体自我和家庭的推崇的，城邦高于一切，一切要在城邦光芒的关照下才有意义。对于个人来说，最高的幸福就是能够参与城邦集体的生活和活动，这种活动赋予个人以认同感和归属感，在城邦中个人能体会到自由和平等。当然，这种自由是有法律界限的自由，希腊人视法律为最高权威，一切活动在法律的范围内行使。希腊人的民主政治与城邦的集体生活是紧密相关的，同时，又享受着法律所保障的自由。而在雅典人看来，自由就是尊重法律、认可和接受多数人通过的法律。由于对自由的最早阐述和践行，希腊的制度成为人类民主自由制度的最早楷模，亦成为近代人文精神复兴之后许多资产阶级思想家怀念和模仿的范本。而霍耐特认为，黑格尔在当时对古希腊城邦的自由民主制度格外眷恋和赞赏，面对当时德国社会发展的相对落后和市民社会的兴起，黑格尔以古代的共同体为蓝本，计划构建一种整体性的共同体，即“绝对伦理”，同时这也是他用以抨击当时德国专制体制的参考样本。因为，霍耐特认为，“只有在古希腊城邦（polis）或古罗马公民社会（civitas）这样的伦理共同体中，人类本质的社会性质才真正得以确立”②。

但是，希腊民主自由生活的重要特点是把私人生活领域与公共政治区别开来，而且又必须把个人选择的自由与尊重公共法律和道德联系起来，在公民的生活中必须以城邦共同体的利益为先。“在伯里克利时代，一个人要是倾全力去办私事，那就会受到雅典人的蔑视。即使是工匠，如果不抽出余暇来关心政治，那也会对自己的生活感到厌倦的。”③ 亚里士多德认为“所有城邦都是某种共同体，所有共同体都是为着某种善而建立的……共同体所追

---

① 修昔底德．伯罗奔尼撒战争史［M］．谢德风，译．北京：商务印书馆，1960：130.

② 霍耐特．为承认而斗争［M］．胡继华，译．上海：上海世纪出版集团，2005：11.

③ 顾肃．自由主义基本理念［M］．北京：中央编译出版社，2005：184.

求的一定是至善”①。所以，在作为实体的共同体中，公正和友爱引领着希腊城邦伦理生活的统一性，使得城邦共同体具有最高的价值秩序，个人作为城邦的一部分通过遵守城邦的秩序而从属于城邦。同时，亚里士多德预设了城邦对个人和家庭的先在性，“因为整体必然优先于部分”②。在城邦面前，个人是微不足道的，只有依靠城邦，个人才能存在。“不能在社会中生存的东西或因为自足而无此需要的东西，就不是城邦的一个部分，它要么是只禽兽，要么是个神。”③ 从个体与城邦的关系中，亚里士多德把人规定为政治的动物，他说：“人天生是一种政治动物，在本性上而非偶然地脱离城邦的人，他要么是一位超人，要么是一个鄙夫；就像荷马所指责的那种人：无族、无法、无家之人……这种人就仿佛棋盘中的孤子。”④ 由此可见，古希腊城邦中的自由精神是一种以城邦共同体为条件的共同体自由，而在城邦中，缺乏的是个人的主体精神，因为个体只有成为城邦共同体的公民才有人所具有的权利，所以在希腊城邦里只有城邦的“公民”而无“个人”。如此一来，个体与共同体处于一种不平等的状态中，每个个体都是被动地接受共同体的价值秩序，个人与城邦处于一种包含与顺从的关系之中，个人永远也离不开城邦，个人的主体性无从发挥，只能顺应共同体的伦理生活。由此可以说，古希腊的城邦自由只是一种有限的共同体自由，而没有形成系统的个体自由思想，而且当时的一些思辨哲学家也反对个体自由而为城邦共同体的民主自由进行辩护，如亚里士多德就说“最恶劣的政府的标志，就是让人们按其意愿自由地生活”⑤。因为柏拉图和亚里士多德关注的不是无须向导的自由，而是

---

① 亚里士多德．政治学［M］．颜一，秦典华，译．北京：中国人民大学出版社，2003：1.

② 亚里士多德．政治学［M］．颜一，秦典华，译．北京：中国人民大学出版社，2003：4.

③ 亚里士多德．政治学［M］．颜一，秦典华，译．北京：中国人民大学出版社，2003：5.

④ 亚里士多德．政治学［M］．颜一，秦典华，译．北京：中国人民大学出版社，2003：4.

⑤ 阿克顿．自由与权力［M］．侯建，等，译．南京：译林出版社，2014：40.

城邦的政治统治，他们从苏格拉底之死中看到错误地争取自由所导致的灾难性后果，决定最好不要去争取它，而是满足于一个强有力的政府，谨慎地运用它，给人们带来繁荣和幸福。这一时期的共同体及其自由民主政体是其繁荣发展的基础。

同时，在涉及这一时期的自由问题时，以塞亚·伯林的《希腊个人主义的兴起》一文是非常有力的，他在这篇文章里进一步论证了希腊社会的自由本质。伯林从古希腊人的个体和城邦的关系中引出了“人是社会的存在”这个命题，在古希腊城邦中是没有个人这个概念的，一切以社会关系为先，因为“人天生就是生活在城邦中的”。所以柏拉图与亚里士多德的共同观点在于，离开社会，人便无法也不可能生存。伯林认为，柏拉图也坚决反对的是这样一种社会，“在其中，人人被允许做他们喜欢之事”①，因为柏拉图在《法律篇》中声称，城邦中的个人“不管平时还是战时，他都必须依他的上司的眼色生活、接受他的领导，在很小的事情上也要接受他的指导。一句话，他的心灵甚至必须被训练到这种地步：他不考虑作为个体而行动，也不知道怎么去行动”②。从这段话中更能体现出古希腊城邦生活的政治性，个体几乎没有自由去从事个人的事情，一切都在城邦的管理和控制中，唯城邦的法律是从。同样，在《克里同篇》中，柏拉图描写苏格拉底在临近死亡之时，狱卒向他宣读法律，告诉他，他是法律的儿子与奴隶，而他属于那些僭越了法律的人之一，一旦法律被制定，执行就是公民的义务而别无选择，因为“公民欠法律的比欠他父母的还要多”③。苏格拉底对此没有疑义，认为这是当然的，道德把你整合到社会之中，特别是，你不能因为法律欠公正、你在它们下面受到不公正待遇而不遵守它们，从而破坏它们。因为社会机体的要求是至高无上的。伯林认为这种说法是站得住脚的，因为柏拉图感兴趣

---

① 以赛亚·伯林．自由论［M］．胡传胜，译．南京：译林出版社，2003：303.

② 参考柏拉图．法律篇［M］．张智仁，何勤华，译．上海：上海人民出版社，2001：942a-c.

③ 参见柏拉图．柏拉图全集：第1卷［M］．王晓朝，译．北京：人民出版社，2015：申辩篇51a.

的是“人之为人所能过的唯一生活，即城邦生活，如何必须受到负责任者的指导”①。正是从这些著作当中，我们能体会到古希腊城邦生活的真正本质所在，也就是说，古希腊的民主自由是公民参与城邦政治的自由，是过集体生活的自由。同样，伯林对古代希腊共同体的自由认识得比较深刻，他认为，古希腊社会还没有真正开始考虑自由意志的问题。分析其原因，伯林说：“个人自由的更加复杂的形式之所以没有进入大众意识，可能仅仅是因为他们尚处于贫穷与受压迫的境地，处于吃不饱、穿不暖、没有充足居处和起码安全状态下的人，鲜少能关心契约与出版自由。”② 由此可见，应该是当时奴隶制生产力的落后导致的普遍的贫穷，使人们没有更多的精力去关注生存以外的事情，以致自由对他们来说是一种奢侈品。

二、伊壁鸠鲁的原初个体自由观

随着社会的发展和历史的变迁，到古希腊晚期，社会失去了繁荣时代的蓬勃朝气和全面发展的生命力，城邦的奴隶制也逐渐衰落，与此相适应，这时的哲学从对国家、社会、自然的关注转向研究人生哲学和社会伦理，尤其是到了罗马时期，受东方享乐文化的影响，人们开始追求声色犬马的快乐生活，发起了对自身幸福生活的追问。对这种变化，黑格尔也颇为感叹，他说：“在光辉的希腊世界里，主体和它的国家、它的世界有较大的联系，比较更现实地存在在世界里。”③ 而在希腊后期，进入罗马世界，人们“被迫从外面的现实世界退回到自身，只是在自身内、为着自己个人而寻求合理性——只关心自己，正如呈现的基督徒只关心自己的灵魂的拯救一样”④。所

① 以赛亚·伯林．自由论［M］．胡传胜，译．南京：译林出版社，2003：303.

② 以赛亚·伯林．自由论［M］．胡传胜，译．南京：译林出版社，2003：33.

③ 黑格尔．哲学史讲演录：第3卷［M］．贺麟，王太庆，译．北京：商务印书馆，1996：5.

④ 黑格尔．哲学史讲演录：第3卷［M］．贺麟，王太庆，译．北京：商务印书馆，1996：5.

以，这时候个人主义思想逐渐开始酝酿，特别是在伊壁鸠鲁学派的思想中，关于个人权利和个体自由的学说得到了发展。他把个人道德问题作为研究的中心，企图在社会危机和动乱中寻求个人安身立命的行为准则。

伊壁鸠鲁学派从德谟克利特的原子论中偶然性的观点出发，阐述了个人自由的理论。伊壁鸠鲁认为，除了直线运动，原子还具有因自身原因的偏斜运动。做直线运动的原子和做偏斜运动的原子互相碰撞结合，形成了多种多样的事物。这样，他既肯定原子运动的必然性，也承认了偶然现象的存在。从原子自动偏斜的思想出发，伊壁鸠鲁引出了自由的观念。他针对当时的伦理学中的宿命论思潮指出，一个有好的信念和禀赋的人应当不要相信命运，认为每个人都拥有决定事情变化的主要力量，因为人的行动是自由的。同时，伊壁鸠鲁提出了必然、机遇、自由、责任等概念。认为人不能一味相信必然，否则就会把一切都归结为命运，而取消了道德责任。实际上，许多事情取决于人自身，取决于我们的自由选择。只有承认人的自由，才能谈论责任等其他价值。所以，伊壁鸠鲁在肯定必然的同时，从偶然出发，强调了人的自由和能动性，从理论上克服了宿命论。

同时，伊壁鸠鲁提出以理性为基础的快乐主义，主张这是一种积极的个人主义。在他看来，认识人生，就是要克服对死亡的恐惧，以求得幸福。在他看来，人的本性就是趋乐避苦，快乐和幸福是人们生活的目的，也是判断一切行为的标准，是人生的基本原则。当人们有了快乐和幸福，便拥有了一切，快乐和幸福是一切道德的基础。除了物质快乐以外，伊壁鸠鲁更看重的是精神的快乐。所以，他既反对禁欲主义，又不同于后来的罗马人的纵欲主义，而是要求达到身体的健康和灵魂的宁静，这才是人快乐的最高境界，也是一种人生的自由状态。他要求依此而建立起来的国家和社会也必须以满足个人的这种理性的快乐主义为准则，国家和社会的建立完全是为了保护个人的安全，特别是防卫别人的掠夺和侵害。总之，从亚里士多德开始到伊壁鸠鲁这里，在对待城邦、国家与个人的关系问题上有一个反转，亚里士多德一开始强调共同体先于个人，而且高于个人，而伊壁鸠鲁则认为追求个人的幸福才有意义和价值。伊壁鸠鲁在希腊哲学史上最先明确强调要打破命运的束缚，并意识到了人的自由，这是西方哲学史上重大的突破。但是，他把自由和必然绝对地对立起来，把自由完全建立在偶然性的基础上，则是有问题的。

通过对古典政治哲学的回顾，我们看到，在古希腊，人们以城邦公共伦理为基础、以国家为核心，作为个体的个人，依附于城邦或国家，尽管伊壁鸠鲁提出了最早的个人主义，但是这种理论立刻遭到了当时包括斯多亚学派在内的诸多反对，最终仅仅停留在理论上，而整个社会的政治制度并没有多大改变。在随后漫长的中世纪，人的一切行动都是在上帝控制之下进行的，人根本没有自由可言。所以，霍耐特认为，“从亚里士多德的古典政治学说到中世纪基督教自然法，人基本上都被看作一种能够结成共同体的存在物，也就是说，被看成一种‘政治动物’，为了实现其内在本质而必须依存于政治共同体的社会构架”①。所以，在古代社会中，在城邦国家的“关照”之下，个人被牢牢地束缚于共同体之中，个人精神和自由难以凸显，而共同体自由就是个人自由的代言，实际上个人是无自由可言的。但是，个体自由对共同体自由的抗争意识却早已萌发，随着社会的发展而不断地成熟，到近代社会，当社会结构转型以后，传统的政治道德已无法继续对社会的变化和人的需要进行解释，于是个体开始独立，而个体意识和个人自由就成为哲学研究的重点。

三、近代的自由观

从中世纪后期开始，社会结构开始转型，社会状态不断变化，直到文艺复兴时期达到最高点。霍耐特看到，这一变化过程在根本上剥夺了传统政治学的道德因素和价值力量。因为，新的贸易方法的出现、各种生产活动的快速发展，还有许多小的公国的独立以及一些商贸城市的壮大，等等，这些都

① 霍耐特．为承认而斗争［M］．胡继华，译．上海：上海世纪出版集团，2005：11.

不同程度地带动了社会经济、政治各领域的长足发展，极大地超越传统道德的规范要求和保护框架，对旧的道德秩序产生了颠覆作用。于是，这种社会结构的变革使得古典政治哲学向现代社会理论转变。而这一转变的结果就是个人意识的凸显和个体自我持存能力的增强。伯林也认为，个人自由问题是近代以来，伴随资本主义发展而产生的，其在古代并没有清晰地出现。他说，“在我看来，个人自由的问题，即公共权力——不管是世俗的还是宗教的——通常都不得逾越的那个边界，在那个时代（古希腊时代）还没有清晰地出现”①。由此，在近代西方社会的现代转型中，对个人的自由与权利的认可和保护乃是资产阶级革命的理想，并且构成近代以来资本主义社会思想价值的核心要素，也逐渐成为现代政治哲学的基石，于是，个人自由成为近代以来资产阶级至高无上的追求。

随着西欧资本主义的兴起和工业的发展，以及自然科学的建立，人类如何去认识自然并利用自然的问题被突出地提了出来。弗兰西斯·培根首先提出了客观必然性和人的主体能动性的问题，他在《新工具》中提出的方法，既指导人们认识自然的客观必然性，又让人们去学习怎样利用这种客观必然性去改造自然，从而要把人从自然的统治中解脱出来并获得自由。之后，霍布斯与洛克开始涉及社会领域内的自由问题。而在18世纪，法国的进步思想家们则将自由和平等作为反封建的政治口号，用自由理论向封建专制宣战，为法国大革命做了充分的理论准备。在德国，康德、费希特、黑格尔等哲学家从法国大革命的现实中吸取营养，将自由理论与观念论结合起来，从道德、社会、伦理的角度来谈论自由，使自由在理论上和实践上都更加充实和饱满。

（一）基于自然法的自由观

马基雅维利的政治思想讨论的就是人所应有的自然状态，强调了人的自然人性，以区别于古代共同体的政治状态。霍耐特说：“马基雅维利认为，

① 以赛亚·伯林．自由论［M］．胡传胜，译．南京：译林出版社，2003：34.

人是一种只关心一己私利、以自我为中心的存在物，这就与传统的哲学人类学前提彻底决裂了……他们始终处于一种可怕的互不信任状态，为了自我持存而不断地进行斗争，策略互动形成了一个漫无边际的网络，由此，马基雅维利发现，这一切是社会生活中的自明状态。”① 在这里，霍耐特从马基雅维利的理论中，发现他第一次确立了一种社会哲学观念，即“社会行动领域处于主体间为保护肉体认同而永恒斗争的状态之下”，这就是自然状态下的人性特征。② 在马基雅维利之后，随着自然科学的发展，霍布斯从个人的权利入手，通过契约学说，构建了现代国家观念。他虽然拥护并论证专制主义，但其理论基础却是个人主义、人性论、功利主义和契约论。他首先从个人入手，认为人类在自然意义上就像一个自我运行的机器。人类的特殊性在于他们不断努力关心未来的幸福。只要遇到另一同类，他们每个人就都必须事先扩大他们的潜力，以便能够抵御未来可能来自对手的攻击。由此，霍耐特认为霍布斯进一步扩展了马基雅维利的理论，并假设了“自然状态”下的一种人际关系，就是“人对人是狼”的野蛮竞争。这一假设为霍布斯构筑一种主权国家学说奠定了哲学基础。在《利维坦》中，他提出要消除这种自然状态的消极后果，只有通过契约的约束，使所有人都遵守最高规则的权力，只有契约才能结束一切人对一切人的战争，于是，在契约中人们推举产生了掌握最高主权的国家统治者。虽然国家建立之后，个人对权威的反抗被认为是没有道理的，但社会的最终立足点是个人自我持存的天然权利。因为，个人交

① 霍耐特．为承认而斗争［M］．胡继华，译．上海：上海世纪出版集团，2005：12.

② 但是，对于马基雅维利的自由观，斯金纳持有不同于霍耐特的看法，他指出：“平心而论，虽然马基雅维利绝口不谈利益，但他相信，我们的义务和利益完全是一回事。而且，他还因为冷峻地强调了这样一种思想而大受称道：人皆有邪恶之心，除非能看到事关自身利益，否则决不会在任何事情上善始善终。他的这一结论不仅使表面上自相矛盾的义利观宣示了一个明确的真理，而且像他的古代权威一样，他还相信，最为幸运的是，这一结论说出了全部道德真理。因为，对于大多数邪恶之人来说，如果不能为高尚行为提供利己的缘由，那就根本不可能做出任何高尚行为。”参见达巍，王琛，宋念申．消极自由有什么错［M］．北京：文化艺术出版社，2001：106.

出自己的权利是为了自身的安全，主权者在道义上却要受契约宗旨的限制。在此基础上，霍布斯讨论了人的自由问题，他认为，“自由一词就其本义来说，指的是没有阻碍的状况。不论任何事物，如果由于受束缚或被包围而只能在一定的空间之内运动、而这一空间又由某种外在物体的障碍决定时，我们就说它没有越出这一空间的自由”①。从自由概念中，霍布斯引申出“自由人”的概念，其是指不受阻碍和限制地发挥自己能力和智慧去行动的人。他指出，人们为了取得和平并保全自己的生命，制造了国家和国法，并用相互订立的契约来维系自身。这些是人为的锁链，那么人民的自由就是与这些“锁链”相对而言的。因此，霍布斯的自由观念不是无视法律的自由，不是为所欲为，而是在法律限制下按照理性去做符合自己利益的事情的自由。但是，霍布斯的自然法的学说是脱离社会历史的主观臆想，他企图离开人的社会性、离开社会实践，仅从人的自然本能和人的理性中寻求永恒不变的人性和道德原则，这显然是有问题的，正如恩格斯所言，“当君主专制在欧洲处于全盛时代，并在英国开始和人民进行斗争的时候，他（指霍布斯）是专制制度的保护者”②。所以他的国家学说具有反历史反人民的倾向，表现的是自由与被统治之间的内在矛盾，而对于这个矛盾，霍布斯是没有办法解决的。

随后，洛克也用社会契约思想论证人的自由问题，他在《政府论》中批判了“君权神授”论，以社会契约论为基础系统地论证了君主立宪制度的合理性。但是与霍布斯不同的是，洛克认为自然状态是和平、自由和平等的美好状态，政府权力的作用就是保护人民，使其和平与安全。国王不像霍布斯认为的要凌驾于契约之上，而要参与契约的签订，并且遵守它。如果国王违反契约的规定或违反人们尚未转让的自然权利，那么人们就有理由使用武力推翻他。由于契约受法律保护，是要保障个人的自由而不是限制它。洛克在《政府论》中说：“在一切能够接受法律支配的人类的状态中，哪里没有法

---

① 霍布斯．利维坦［M］．黎思复，黎廷弼，译．北京：商务印书馆，1985：162.

② 马克思恩格斯选集：第4卷［M］．北京：人民出版社，1995：703.

律，哪里就没有自由。”① 虽然个人在法律范围内，可以自由地听从他自己的意志，但是这不意味着主体的外部不受限制，一个人在行使自己自由的同时必须考虑到他人的私有财产等合法权益不受侵犯，这样才不会有自由的冲突，从而实现每个人的自由与社会自由。可见，洛克比马基雅维利和霍布斯对自由的认识更加深入和全面，能够把自由与法律结合起来，将自由理论的发展向前推进了一步。而且，他的国家学说对资产阶级政治学说的发展有很大影响，为英国 1688 年革命所建立的君主立宪制度做了理论上的论证。当然，他的理论既具有资产阶级反封建的革命精神，也具有向封建贵族妥协的特点。

（二）卢梭的道德自由

在启蒙时代的法国，卢梭在英国的传统自由观念的基础上，对自由问题做了更全面深刻的阐释。卢梭认为，人类的“自然状态”既不是霍布斯所说的那种人与人之间像狼一样的关系，也没有洛克所说的私有财产，而是社会和国家出现之前人类按照自己的“天然本性”生活的美好的自然状态。在此状态下，人们没有私有财产和私有观念，也没有奴役、统治、法律和道德上的善恶观念，而且人们具有自爱心和怜悯心这两种天赋的感情来调节人与人之间的关系。更重要的是，自然人享有天赋的自然权利即自由和平等。卢梭在《社会契约论》中讨论了社会、国家和个人关系的问题。他认为，要创建一种联合形式来维护和保证社会中个人和财产的自由与安全，这样每个以这种联合形式与整体联合的人就服从于他自己，并且他和以前一样，是自由的。这就是社会契约需要解决的基本问题。由此可见，卢梭用社会契约来调整个人利益和社会之间的关系，人类由于社会契约而丧失的，乃是他的天然的自由，而他收获的，是一种社会自由。在这里，卢梭的自由理论引出了新的思想，就是社会自由和道德自由，他说：“还应当在收获中加上得自社会状态的道德的自由；只有这种自由才能使人真正成为他自己的主人，因为，

---

① 洛克．政府论：下［M］．瞿菊农，叶启芳，译．北京：商务印书馆，1964：36.

单有贪欲的冲动，那是奴隶的表现，服从人们为自己所制定的法律，才能自由。”① 这样，卢梭的自由理论表现出了与英国传统自由观的区别，他一方面否定了霍布斯的个人自由与被统治之间存在的内在矛盾，另一方面认为只有在社会生活中个人才能获得一种最真实的自由生活。卢梭认为，人们在订立契约时，应该把自己和自己的一切权利全部转让给整个集体。按照这种原则建立的国家或主权就是全体成员的“公意”。“公意”不同于代表个别利益的“众意”，它是指导国家和全体人民行动的最高原则。在卢梭这里，“公意”既抽象又具体。它体现的是一项法律，保证人人平等，允许人人享有自由。公意既是社会一般的，又是个人具体的，它的个体形式为每个人的合法权利，每个人既是自由的主体，又是自由的受体。同时，公意既自由又顺从，公意解决了传统社会中个人自由与社会秩序的问题，所以，对卢梭来说，人既可以是自由的，同时也是被统治的，他把自由引向了更宽更深的精神境界。他的自由在契约之后已经改变成为道德的自由、社会的自由。这种自由就是后来伯林所指的“积极自由”，其核心是自主。卢梭的自由理论也为欧洲大陆自由理论的发展开辟了另一条道路，直接影响了康德的自由观和善良意志学说，而且对黑格尔、贡斯当等人的自由思想也有影响。当然，卢梭的历史观和关于自由、平等的思想具有明显的资产阶级性质。他曾经强烈地谴责私有制，认为私有制是造成社会不平等的根源，但在通过社会契约建立起来的合理的社会中，又提出私有制是保证公民自由和平等的基础，于是，他的契约思想具有明显的资产阶级性质。

（三）康德的个人自律的自由观

康德的道德哲学深受卢梭道德自由观的启示。黑格尔曾指出，卢梭的自由“提供了向康德哲学的过渡，康德哲学在理论方面是以这个原则为基础

① 卢梭．社会契约论［M］．李平沤，译．北京：商务印书馆，2011：25.

的"①。受卢梭的《爱弥儿》影响，康德的思想发生了很大变化，他从这本书中得到的最大启发是"学会了尊敬人"。他因此也摆脱了传统自由理论的偏见，继而开始研究人的本性的自由问题，提出要维护个人自由和法治的基本理论。康德接受卢梭是从其自律原则开始的。霍耐特认为，康德借助卢梭的思想来构思其自我决定的概念，"对康德来说，卢梭所做的那些评论，特别是将自由表现为一种自律的结果，对他有着重要意义"②。

康德的自由概念是贯穿于其三大批判的一条主线，他先从对先验自由的讨论开始，逐渐过渡到道德自由的实践哲学中。在《实践理性批判》中，康德赋予自由概念以至高的地位和作用，他说"自由的概念，就其实在性通过实践理性的一条无可置疑的法则得到证明而言，如今构成了纯粹理性的甚至思辨理性的一个体系的整个大厦的拱顶石"③。实践自由被康德分为自由的任性和自由意志。人与动物都有任性，但人的任性不同于动物，因为人身上具有一种独立于感性冲动的强迫而自行规定自己的能力，康德说，"那种不依赖于感性冲动，因而能够由仅仅为理性所表现的动因来规定的任性，就叫作自由的任性"④。"自由的任性"能超出人的感性欲望，超越眼前直接的利害和欲求而去追求间接的、对于整体更为有利的东西，使一切感性都服从于纯粹实践理性自身的要求。但自由的任性最终还是为了主体的利益，因而是"片段地"使用理性。而"自由意志"则不受感性的干扰而在逻辑上一贯地使用理性，使理性超越一切感性欲求，最终获得真正的永恒的自由。所以，真正的自由就是意志自由，就是道德律。于是，康德就把人的真正的自由建立在他在自己的实践活动中命令自己遵守的道德法则即自律的基础之上，而

① 黑格尔．哲学史讲演录：第 4 卷［M］．贺麟，王太庆，译．北京：商务印书馆，1981：234.

② 霍耐特．自由的权利［M］．王旭，译．北京：社会科学文献出版社，2013：52.

③ 康德．康德著作全集：第 5 卷［M］．李秋零，译．北京：中国人民大学出版社，2013：4.

④ 康德．康德著作全集：第 3 卷［M］．李秋零，译．北京：中国人民大学出版社，2013：512.

自律就是“意志所具有的自身是自身的法则的特性”，其独立于属于意愿对象的一切特性。

对康德来说，人具有实现自由的能力。人作为感性的存在者，受自然必然性的制约，在自然面前人没有自由可言，但人又是理性的存在者，能通过对自然的认识而摆脱自然必然性的制约，能够思考和争取自由。在康德看来，凡是理性的人就是具有自由意志的人，他知道道德行为的最高法则并能按照它的要求去行动。为了证明人在他的意愿中所能遵守的只能是自律的道德法则而不可能是任何别的，康德提出了著名的绝对命令，“要只按照你同时能够愿意它成为一个普遍法则的那个准则去行动”①。这一命令具有普遍性（或合法性），它同时也表达了一种普遍尊重的立场，当人问自己，所选择的行为准则是否能得到所有其他同类主体赞同的时候，他就已经把他人作为有理性的人而尊重他们，并且将他们作为自己行动的目的。在实践命令的目的论公式中，康德最简洁地表达了他论据中的道德律：“你要如此行动，即无论是你的人格中的人性，还是其他任何一个人的人格中的人性，你在任何时候都同时当作目的，绝不仅仅当作手段来使用。”② 这样，人在他的意志运作中，以他给予自己的道德法则，来作为他行动的准则，使个人的自我决定与理性道德法则的履行相结合。人愈自由便愈能遵循道德法则去行动，而道德愈发展，人自身就更自由。所以，康德把个体自由与道德法则结合在一起，要人们通过获取纯粹善良的意志来实现自身的自由，以达致“至善”最高的自由的和道德的境界。

从康德道德自由的思路中，可以看出，他的道德自由完全建立在理智的基础上，即个体具有一种自律的道德义务，将所有别的人都看作自主的主体，以我自己期待别人对待我的方式那样，来对待他们，而最终实现自我及

① 康德．康德著作全集：第4卷［M］．李秋零，译．北京：中国人民大学出版社，2013：428.

② 康德．康德著作全集：第5卷［M］．李秋零，译．北京：中国人民大学出版社，2013：437.

他人的目的与自由。而且，康德以后为了讨论自由的实现问题还提出了“灵魂不朽”和“上帝存在”的假设，并从审美判断力的角度讨论了自由主体的感性活动，论述了“自由感”的问题。但是，不管怎样，其道德自由的自律问题使人们对道德自由的认识更加深刻化，区别于英国功利主义的古典自由观，深深地影响了以后思想家对自由的理解，也成为以后诸多思想家讨论的一个哲学重点问题，以至于20世纪的罗尔斯、德沃金等著名的自由主义思想家都是在康德思想的基础上讨论自由概念的。但是，我们还应该看到，康德的自由思想，乃是法国革命的德国理论，因为他把法国资产阶级的革命要求当作“不过是一般‘实践理性’的要求，而革命的法国资产阶级的意志的表现，在他们心目中就是纯粹意志、本来面目的意志、真正的意志的规律”①。他与法国启蒙思想家们一道在追求自由，然而，他却把自由看成是一种基于道德的假设，认为自由就是自由意志，就要否定和排除个体的感性物质欲望。如马克思和恩格斯在《德意志意识形态》中批判康德时指出：“他把法国资产阶级意志的有物质动机的规定变为‘自由意志’、自在和自为的意志、人类意志的纯粹自我规定，从而就把这种意志变为纯粹思想上的概念规定和道德假设。”② 这样看来，康德对自由的看法反映了当时德国市民阶层矛盾的精神状态，既幻想自由，又不敢在实践中争取现实的自由，而追求的是纯粹精神上的自由和解放。对此，黑格尔对康德的自由观进行了批评和修正。

（四）黑格尔的自由观

尽管康德对道德自由的认识使自由理论前进了一大步，但是，黑格尔从一开始就发出了对康德哲学的批判，尤其是批判康德对自由的道德阐述。在黑格尔看来，康德的自由只是道德神学的“公设”，因为康德的先验逻辑不能担负起证明自由的任务，只能处理有限的事物，一旦面对无限的事物就会

① 马克思恩格斯选集：第1卷［M］. 北京：人民出版社，1995：298.
② 马克思恩格斯选集：第1卷［M］. 北京：人民出版社，1995：142.

出现矛盾，所以自由在康德那里无法达到真理或知识的“确定性”，而只能是一种“确信”。黑格尔通过对“绝对精神”的演绎来对自由进行证明，就是要使自由成为真理。相对于康德的个体道德学说，黑格尔是从社会伦理开始讨论其自由思想的。在思想的前期，他十分向往古希腊城邦的共同体自由，并试图回归古希腊的精神家园，这表现在其哲学思想中，就是他计划对古希腊哲学特别是亚里士多德思想进行再阐发，重新建立起古希腊时代对世界的统一性解释。这一点，霍耐特在《为承认而斗争》中对黑格尔进行了深刻的剖析。他认为，在讨论自然法的文章中，只要是在一种规范意义上谈到社会“伦理总体性”，黑格尔心中想到的就是古代城邦中的各种关系，并对其表现出赞叹和向往之情。但是，黑格尔通过历史的考察注意到，现时代的一个根本特征就是个人的凸显。如果说在古代，城邦被视为一个共同体，而个人还不具备个体性的话，那么，现代的一个关键事件就是个人作为个体的兴起。通过教化和启蒙，个人现在被视为一个更高的、因而优先的个体。所以，时代已经不同，随着认识的深化，黑格尔并不是要直接回归古希腊的城邦时代，也不是对城邦共同体进行简单模仿，而是从古希腊城邦理念中所发现的具体理想那里提取了一个理想共同体的一般特征，来与现代社会的个体的人进行比较和互为参照，以作为他对“伦理总体性”社会进行描述的基础。霍耐特将其概括为三点：

第一，这种社会的特异性类似于有机体，可以在“普遍自由和个别自由”的“生命一体性”中看到特异性。这就意味着，一定不要把社会公共生活当作对个人自由的限制和约束，相反，要把公共生活看作实现个体自由的条件机制。第二，黑格尔认为，一个社会共同体内部交往所使用的风俗和习惯是普遍自由和个体自由一体化得以实现的社会媒介。为了清楚地阐明不是国家的成文法，也不是孤立主体的道德信念，而仅仅是主体间的实践立场，才能为普及了的自由提供可靠的基础，黑格尔十分精心地选择了“风俗（sitte）”这一概念。出于这一理由，公共“立法体系”，如黑格尔的文章所说的那样，常常仅被认为是“现有风俗”的表达。第三，黑格尔把财产和权利体系纳入绝对伦理的制度性组织，最终完全超越了亚里士多德和柏拉图。同时，通过个人的活动和个人利益，经由市场作为媒介来揭示财产和权利的制度，从而构成了伦理总体性的领域，这就是“市民社会”。黑格尔的社会理想中的实在论转变也在他的文章中表现出来，第一次介绍了作为非自由阶级的公民的生产和贸易，从而远离了古典国家学说。①

这里就清楚地表明了黑格尔对个体与社会共同体的关系的看法，他既没有否定共同体自由，也没有否定个体自由，而是将二者结合起来。他首先提出共同体相对于个人的优先性，将共同体看作实现个体自由的条件；同时，他又站在新的历史起点上，肯定了市民社会的意义和作用，认识到市民社会中个体的私有权利的正当性。这样，从伦理社会开始，用主体间的社会伦理关系范畴取代了原子式的个体道德说教，用伦理超越了道德。因为，他看到古典社会已经成为过去，不可能重现，而且现代国家中市民社会的出现和发展是历史的规律，面对古代城邦的实体性缺陷和近代个人主义的泛滥，黑格尔计划结合二者，构建一种整体性的共同体，即“绝对伦理”。所以，他是立足于现代社会去构思他的共同体理论的，他的共同体是一种有关民族整体的自然法，表现为绝对伦理和民族国家。他说“绝对伦理总体不过是一个‘民族’（Ein Volk）”②，民族承载着绝对伦理的精神，“绝对精神就是绝对伦理”③，它是古代共同体的现代化身。通过将个人放置在共同体之中，并通过与社会的互动，使之成为一个真正的完整的个人。黑格尔认为绝对伦理如同希腊城邦一样，在本质上是个实体，是不可分割的，个人只有身处于国家的共同体中，才能实现自己的自由。这样，他在理论中把个体自由与共同体完美地结合起来。后来，他的伦理思想在《法哲学原理》中通过市民社会的发展和国家学说的建构而趋于完善，从而将自由应用到国家的领域，在这一

① 霍耐特．为承认而斗争［M］．胡继华，译．上海：上海世纪出版集团，2005：18.

② 黑格尔．论自然法［J］．程志民，译．哲学研究，1997（3）：1-11.

③ 哈贝马斯．作为意识形态的技术与科学［M］．李黎，郭官义，译．上海：学林出版社，1999：28.

领域里，黑格尔认为，个人在国家中享有自由，但是他必须承认、相信和情愿承受那种为全体所共有的东西即国家制度与法律，否则便不能得到自由，换句话说便是告诫人们不得去触动现实存在的普鲁士国家制度。黑格尔认为法律、道德、政府是自由的积极的实现，只有在法律、道德、政府的制约下，才能够有自由，而排除这一切的无限制的自由就是放纵。他还告诉人们，只有在国家里，自由才获得了客观性，而且只有服从法律意志才是自由的，这就是说意志在自然界应以必然性为界限，在国家中则应以法律为界限，国家作为一种强制的力量对于个人来说便是外在的必然性，它是对个人自由的限制，个人需要服从国家，当个人自觉地服从这种外在的必然性时，便获得了自由。在现实中，普鲁士国家在黑格尔看来就理所当然地成为自由的保障了。

四、古代人的自由与现代人的自由

针对古代人的自由观与近代以来的自由思想的特征及其关系，黑格尔同时代的法国思想家贡斯当（Benjamin Constant，1767—1830）在对古希腊以及近代以来卢梭、康德、黑格尔等人的思想进行评注与反思之后，对古代人的自由观和现代人的自由观进行了区分。他认为，“20 世纪末提供给人类的自由来自古代的共和国”，“那种自由在于对集体权力的积极参与，而不在于和平地享受个人独立。为了确保那种参与，公民甚至必须牺牲大部分这种享受；但是要求现阶段的人民再去做出这种牺牲，不但荒唐，而且是不可能的”①。贡斯当注意到，古代人所理解的自由主要是一种公民资格，即参与公共事务辩论与决策的权利。古代的城邦国家是一些较小的共同体，古代人生活的主要内容是公共生活，他们几乎把全部精力与时间投入军事与公共服务之中。在古代，全体人民都在参与立法、宣判、决定战争与和平，每个人的

---

① 贡斯当．古代人的自由与现代人的自由［M］．阎克文，刘满贵，译．上海：上海人民出版社，2003：337.

意志都有真正的影响力，行使这种意志是一种活生生的、能够一再体验到的快乐。因此，古人随时准备去保护他们政治上的重要地位，保护他们在管理国家上的参与权，并随时准备放弃他们私人的独立性。但是，在现代生活中有着与古代不同的两个现象。一是现代人愈来愈注重个人生活的领域，要求一个不受政治权力干预的私人空间和强调个人权利的不可侵犯性；二是现代人愈来愈少地直接参与政治事务，诉诸代议制作为既保障个人对政治的影响力，又维持个人其他生活方面的手段。现代人的自由是由一系列的法律保障的、不受政府干预的个人权利。所以，贡斯当看到，随着社会的变迁和进步，古代人和现代人的价值观不同，他们对自由的理解更是差距很大。古代人注重的是公共政治生活，在对国家公共事务的关注和参与中实现自己的自由。而在现代生活中，人们越来越看重个人私生活的领域，欲求一个没有社会政治影响的个人空间，要求的是个人权利的独立性，而且，现代人很少去参加社会政治，甚至由于对个人生存状况的关注而远离了政治。这样，现代人的自由是在法律体系的保障之下实现的。于是"自由是只受法律制约，而不因某一个人或若干个人的专断意志而受到某种方式的逮捕、拘禁、处死或虐待的权利"①。对此，霍耐特认为，在17世纪和18世纪的欧洲，逐步地形成了一种对法制体系的肯定，并利用法律体系来克服等级利益规范中不合理的特权，创建一个国家保障和惩罚规则的网络，保障每个公民都享有同等的私人自治。② 总之，贡斯当的论述，是把古代自由定义为公共自由，而将现代自由定义为私人自由，他用一系列的历史、社会变化来描述现代自由的产生以及两种自由之间的交织关系，同时也说明，他对自由的理解是一种经验性的理解，而不认为这两种自由观是具有先验的价值论体系的基础的。贡斯当还强调，无论是重返过去的乌托邦，还是对现代资本主义环境下部分人的生存无力的麻木感，都是无法容忍的。这表明贡斯当是站在历史发展的高度

---

① 贡斯当．古代人的自由与现代人的自由［M］．阎克文，刘满贵，译．上海：上海人民出版社，2003：46-47.

② 霍耐特．自由的权利［M］．王旭，译．北京：社会科学文献出版社，2013：114.

来客观看待这两种自由的，他既不迷恋古代的共同体自由，也不否定现代的个体自由，这一点与黑格尔的自由观有相似之处。

通过贡斯当的总结，我们更加清楚了自由从古代到近代的两种不同的形态，一是古代的共同体自由，一是近代的个体自由，而这两种自由并不是截然分开、彼此对立的，而是在古代的共同体民主政治中也有对个体自由的讨论，同时，在近代以来的以个人独立为主的个体自由意识中，也有人在论证古代城邦共同体自由的益处。另外，如果用以赛亚·伯林的消极自由和积极自由的标准来衡量，霍耐特认为，消极自由思想在古代和中世纪的思想界中几乎并没有什么先驱者，而反思自由思想的根基却一直可以追溯到古希腊自亚里士多德以来的思想史。可以说，古代人大多体现的是积极自由，而现代人则要求的是消极自由。所以，佩迪特在文章《第三种自由观念：无支配的自由》中提道："贡斯当所说的现代人的自由就是伯林所说的消极自由，而他所说的古代人的自由——属于一个民主自治共同体的自由——则是伯林所说的积极自由最突出的变种。现代人的自由在于让你自己个人的意志实现统治，而古代人的自由在于分享公共的、民主决定的意志之统治。"① 这些都对霍耐特自由思想的发展产生了直接或间接的影响，他的社会自由思想也是从对古代自由观的认识开始，逐步过渡到对现代社会的自由理论的新看法。近代以后，随着认识论的转向，哲学对作为个体的现实的人的关注成为中心，同时，资本主义的发展为个人的自我意识和自我发展提供了必要的条件。所以，个体自由与资本主义社会的关系逐渐成为自由理论的新的关注点，而霍耐特的自由思想与这个过程也是同步的。

第二节　当代自由理论的主要问题

在资本主义早期，自由就是指促进个体发展，追求并实现幸福的生活，

① 参见何怀宏．自由［M］．北京：生活·读书·新知三联书店，2017：376.

并在此基础上去推动社会进步，这时的国家与个人自由的关系如同阿克顿所描述的，指的是“个人能在尽其信奉的义务时，皆应受到保护，不受权力和多数、习惯和意见的影响”①。阿克顿的这段话是对个人和国家关系的一种经典的自由主义态度。以这个标准，他在评论古今的自由时认为：在古代，国家攫取了不属于它自己的权力，侵入了个人自由的领地；在中世纪，它拥有的权威太微弱，任凭他人侵入那一领地；现代国家则往往陷入前面两个极端。只是个体与国家之间的极端关系乃是在近代才逐渐变得清晰起来。19 世纪后期，由于自由竞争资本主义逐渐暴露出发展的各种弊端，于是在对自由的认识上也发生着转变。以往传统的以个人为中心的自由意识已经不能保证整个社会的协调发展，人们所拥有的自由应该是顾及他人与社会和国家的积极的自由。这样一来，个人的自由依赖于国家和社会提供的基本条件，个体自由与社会自由的关系就成为自由理论的一个新的研究方向，尤其是 20 世纪以后，涌现出了一大批思想家，他们从不同的角度，以不同的理论基础共同探讨自由的这个问题。由于对自由概念所体现出的价值的理解不同，在当代形成了自由主义与社群主义两种价值观，它们成为当代西方政治哲学中相互对峙的两个主要学派。当然，霍耐特对自由理论的研究，是绕不过这两派之间的纷争的。或者说，他的自由理论直接承接的是自由主义与社群主义的相关思想。

一、当代自由主义

自由主义最早可以追溯至文艺复兴时期人文主义对于基督教权威的对抗，霍布斯、洛克、孟德斯鸠等都是自由主义的先驱。从霍布斯开始，早期的个体自由观念表明的是，个人在追求自己的既定目标时，完全不受阻碍，它不考虑社会美德和个人对共同体或者社会的贡献及服务。这种自由也可以理解为，自由就是独立于其他社会成员，去追求个人的目标，就是对“个人

① 阿克顿．自由与权力［M］．侯建，等，译．南京：译林出版社，2014：29.

权利”的主张，而保障个人自由的最好方式，就是视自由为一种权利和财富，要自由，就是要反对外在的任何干预。在自由主义的认识中，没有考虑个人对社会的义务、个体对社会的贡献和个人美德等因素。对这种消极自由，古代共和主义理论家是极力批判的，认为这种看法不仅集中表明了公民品德的败坏，而且抛弃一切社会义务，说明其鲁莽轻率已经到了无以复加的地步。

当代自由主义（new liberalism）是从古典自由主义脱离出来的，以个体为本的政治哲学范畴，它强调的是个人自由的优先性，认为构成一个社会的基本单位是个人，自由首先是个人的，其次才构成社会自由，社会自由要以个人的自由为前提。围绕这个性质，自由主义分为功利主义和契约论两个传统，功利主义传统被称为“自由至上主义”（或自由放任主义、极端自由主义），契约论传统被称为“自由平等主义”（或权利自由主义、义务论自由主义），它们都在研究及讨论当代的自由、平等、民主、正义这些自由主义的基本价值问题。

自由主义认为，个体具有独立的社会地位和道德准则，个人不属于任何集体，也不必为他人和集体负有某种义务。社会也要承认个体的多元性，而且社会不应该对人们的自由做任何的限制。因为我们无法比较各种不同的人生理想之间的高下，所以我们对一个人想要追求什么样的理想人生没有干涉的权力，也就是说，“每个人应该有自由去追求及实现他所认为的理想的人生”①。自由主义坚持人人平等，每个公民都是自主的个体，都有平等的道德地位，而且，自由主义肯定个人的理性能力和道德诉求，旨在建立一个公正的社会。但是，自由主义哲学并不鼓吹原始的利己主义，他们认为，个人主义的价值取向并不必然导致唯利是图和不顾社会和国家利益的倾向。相反，一个在理论上完全否认个人价值取向的社会很难实现政治自由主义。而重要的是建立一定的社会规则，来确保个人追求自身利益，只要他的行为不妨害

① 石元康．当代自由主义理论［M］．台北：经联出版事业公司，1995：6.

他人的自由。自由主义观念要求赋予个人以不受他人限制和干涉而追求自身生活的最大机会。米尔顿·弗里德曼指出，“自由主义哲学的核心是：相信个人的尊严，相信根据他自己的意志来尽量发挥他的能力和利用他的机会，只要他不妨碍别人进行同样的活动的话”①。所以，在自由主义的理解中，个人永远是有限的，与社会相比，最高的价值、尊严都应该属于个人。自由主义的兴起也表明了自由是人类不懈追求的价值目标，证明了在当今资本主义社会中，人并没有获得充分的自由，而追求自由就表明资本主义的“不自由”。

二、社群主义

与自由主义概念相对应，另一种对自由的认识认为，个体自由只有在一种特定的共同体中才能得到保障，因为人性只有在一定的社会形态中才能得到充分展现，这就是社群主义（Communitarianism）。社群主义又被称为共同体主义或共和主义，指的是在认同、自我意识和共同利益方面具有同感的社会群体。德国社会学家滕尼斯认为，界定一个社群的经验特质是由社群的渊源所赋予的。社群是有机的，是一个人生于斯长于斯的场所，它基于血缘、亲族、共居处和地域以及一系列共同的态度、经验情感和气质。所以，与社会或联合体不同的是，社群是一个与契约或利益相对立，关于出身、地位和气质的问题。② 在西方政治思想史上，对社群作用的思考可以追溯到古希腊，尤其亚里士多德的政治思想是社群主义的原始理论来源。从亚里士多德、卢梭到黑格尔，关于社群与社群关系的思考和讨论一直延续，近代以来，强调社群的观点被认为是对个人主义和自由主义的批判。社群主义认为，人是社会的动物，绝不可能离开群体而生存，个人是社会文化发展过程中的环节，并带有历史的特征。自由的个人都是在社群的传统和结构功能中生成的。因

① 米尔顿·弗里德曼．资本主义与自由［M］．北京：商务印书馆，1986：188.

② 参见应奇．从自由主义到后自由主义［M］．北京：生活·读书·新知三联书店，2003：3.

为只有生活在共同体中，个人才有可能保住个人自由以追求自己的目标。无论这种目标是获取权利或荣誉，还是平安生活或积累财富，最理性的就是生活在这种整体之下，如果没有自由的环境，任何人都得不到发展，不管是获取权利还是获得财富。所以，没有社群的语境，就没有自由的话语，没有社群的现实背景，也就没有独立人格的个体。社群主义的目标就是以社群的共同实践和交往活动阐述个人权利的产生；以社群的历史传统，否定先验的自我人格，解释个体人格的生成，最终说明个人与社群不可分离。社群主义的实质就是，如果国家不能摆脱强制、按照自身意志行事而保持自由状态，那么这个国家的每一个成员就会发现他们的个人自由受到了剥夺，个体就会失去追求个人目标的自由。所以，一旦整个共同体或国家被奴役，那么，其中的个人自由必将荡然无存，只有在一个自由的国家中，个人自由才能得到保障。

在20世纪后期，自由主义受到了全面的批判，此时，社群主义逐渐兴起。社群主义主要是在批判以罗尔斯为代表的当代自由主义中逐渐形成的一个反对学术流派，经过30年来与自由主义的争论和反思，社群主义目前已经成为对自由主义传统进行批判的主要流派之一。社群主义对自由主义的一个著名批评是：自由主义理论主宰下的社会导致了一种原子式的个人主义，由此瓦解了社会。社群主义者认为，个人自由是平等的，它不比其他道德价值高，或者并不具有优先性。在社群主义看来，实现社会自由首先不是保障个人权利的，而是要求社会成员履行社会义务。这种自由观培养的是一种审慎行事的公民，他们承认无论个人享有多大程度的消极自由，其前提都是对公共利益的承认，而不能危害它。社群主义的出现，反映了自由主义发展中出现了新的问题，暴露出一定的局限性。所以，探讨社群主义，就必须把它置于自由主义的传统语境之中。

针对自由主义和社群主义的关系，我们仍然可以从古代人的自由和现代人的自由这一观念史的考察角度来把握双方的争论，而又由于当代的社群主义者大多是各种各样的共和主义者，因此，这一争论在制度实践的层面往往体现为程序自由主义和共和主义之间的分歧，而哈贝马斯的程序主义政治规则是为了弥合这种分歧、超越这种对峙而进行的新的综合，他的民主概念正是通过阐明人民主权和人权之间、民主和法治之间、公域自律和私域自律之间、积极自由和消极自由之间的内在概念联系把自由民主的实践激进化的一个宏伟尝试。① 而维尔默也认为，“如何理解个体自由与共同体自由，却是一个棘手的问题。前者与伯林的‘消极自由’相关，后者与伯林的‘积极自由’具有亲和性。然而，这两种自由的区分，在某种程度上是不可通约的。因为前者是在个体基本权利中确立的，后者是在生活的主体间性形式中确立的”②。而斯金纳为了反对当代的自由主义，站在共和主义的立场上，认为，我们要想扩大自己的个人自由，就必须掌握政治舞台，参与政治，设计一个好的共和政体并为之服务，同时还要防止政治败坏。个人要将自己的公民义务置于个人权利之上，否则，我们的个人权利会遭到破坏，这就会殃及我们的个人自由。由此可见，今天的共和主义或社群主义反对自由主义的原因也在于此，从个人自由和社会自由的关系入手，去考察个体自由。因为，个人自由最终要在社会中去实现，而妄想脱离社会只某求个体的自由权利，在今天看来是行不通的。无论自由主义与社群主义如何争论，它们都对霍耐特的思想产生了深刻的影响。霍耐特认为，社群主义“把伦理置于形式主义的道德原则之上，把共同价值的束缚置于个人的意志自由之上，始终是这些理论视角的强烈趋势”③。这也正是霍耐特从社会现实出发，去寻求社会自由机制的原因所在。

三、自由主义与社群主义对霍耐特的影响

在霍耐特对自由的理解中，当代的诸多自由主义和社群主义思想家都是

---

① 参见应奇．从自由主义到后自由主义［M］．北京：生活·读书·新知三联书店，2003：10.

② 参见王凤才．从公共自由到民主伦理［M］．北京：人民出版社，2011：88.

③ 霍耐特．不确定性之痛［M］．王晓升，译．上海：华东师范大学出版社，2016：4.

其研究和批判的对象，正是在这种研究和批判中，霍耐特逐渐把握了自由理论的当代发展动向。当然，自由主义及社群主义有很多的思想家，我们在这里只呈现对霍耐特有直接影响的几个代表。

（一）当代自由主义对霍耐特的影响

首先，罗尔斯的分配正义原则。罗尔斯对当代自由主义的理论贡献在于他重新确立了古典契约论的地位与重要性。他的主要立场在于将个人权利作为他的政治哲学的核心理念。公民的自由平等权利是他的出发点所在。所以，罗尔斯是从分配正义的角度来谈论自由的，他把消极自由与积极自由结合起来，把自由看成一个整体或一个体系，并认为，一种自由的价值在正常情况下依赖于对其他自由的规定。他说："自由是制度的某种结构，是规定各种权利和义务的某种公开的规范体系。当人们摆脱某些限制而做（或不做）某事，并同时受到保护而免受其他人的侵犯时，我们就可以说他们是自由地做或不做某事的。"① 例如，如果我们设想自由是由法律规定的，当个人可以自由地追求道德、哲学、宗教方面的各种兴趣，且法律并不要求他们从事或不从事任何特殊形式的宗教或其他活动，当其他人也有不干涉他人的法律义务时，个人就具有这种自由。所以，一系列相当微妙复杂的权利和义务表现了各种具体自由的特性。

从正义论的角度出发，罗尔斯正义的最高理想是社会基本制度的正义，而不是"最多数人的最大幸福"，因为，他认为正义是社会制度的首要价值。其正义论的核心是"正义二原则"，其中，第一个原则是"自由平等原则"，即"每个人对与其他人所拥有的最广泛的基本自由体系相容的类似自由体系都应有一种平等的权利"。就是说，在一个正义的社会中，每一个公民都拥有同样的基本的自由或权利，这些权利包括政治上的自由（选举和被选举担任公职的权利）及言论自由和集会自由、良心的自由与思想的自由、个人的自

① 罗尔斯．正义论［M］．何怀宏，何包钢，廖申白，译．北京：中国社会科学出版社，2009：158.

由和保障个人财产的权利、依法不受任意逮捕和剥夺财产的自由。而正义论的第二个原则是“差异原则”，即社会的和经济的不平等应当这样安排，使它们：（1）在与正义诸原则一致的情况下，适合于最小受惠者的最大利益，并且（2）依系于在机会公平平等的条件下，职务和地位向所有人开放。在正义两原则之外，罗尔斯又提出了“两个优先原则”：一是自由平等原则对差异原则的优先性，即自由只能为了自由的缘故而被限制；二是正义对效率和福利的优先性，即差异原则优先于效率原则和最大利益原则、公平机会优于差异原则。这就充分体现了罗尔斯的分配正义思想，在正义中他追求自由，用机会均等促进公平以实现正义，进而达到个体的自由。

如果遵循罗尔斯处理正义与自由的关系，从二者的结合入手，那么霍耐特也是在考虑将这二者的关系进行结合。他认为，建立正义的社会，不能与个人自主的思想相分离，不管附加在道德层面上关于公正的话语有多么重要的地位，但总是被在现代社会秩序中个人自由所享有的价值意义所超越。从现代以来追求自由的诸多斗争和运动中，霍耐特将正义与自由紧密地联系起来，当然，这里的自由指的是个体自由或自主。他说：“正义，就是要求保证每个人都有相同的自由的机会，即使在那些按照目的而对个人自由应该有所制约的地方，也必须保留自由基本要求的假设，以赋予行动目的以正义的表象。在现代社会中，对正义的要求，如果它以这种或另一种方式涉及个人的自主，就需要具有公认的合法性，不是团体的意志，不是自然的秩序，而是个人的自由，建立了所有正义思想的规范性基石。”① 霍耐特将正义与自由的这种结合称为“耦合”，而且认为，这种耦合的意义远远大于二者单独发挥作用，只要二者融合，构思正义规范，不需要依赖任何别的力量，而只需信任个人已经拥有的人的精神的力量。在正义的社会秩序与个人自主之间，有着一种不可分解的联盟，因为正义的方向只能依靠我们的主观能力来辨明。个人责询社会秩序和要求它们的道德合法性的能力，是这种联盟和媒介

① 霍耐特．自由的权利［M］．王旭，译．北京：社会科学文献出版社，2013：29.

的土壤，而这个土壤就是整个正义结构发展前景的家园。因此，要求正义，也就意味着从相应的角度由自己来决定，应该遵守社会共同生活中的那些规范性的规则。而与前现代的政治秩序相比较的话，霍耐特认为，如果懂得了正义和个人自我决定之间的相互依赖，却再去诉诸社会秩序的古老的、前现代的合法源泉，就只能是正义前景的一种自我毁灭或倒退，所以，如果只要求一种正义的秩序，而不同步地也要求个人的自我决定的话，在当代社会就会变得很难理解。所以，霍耐特也将正义与自由进行联系，而且比罗尔斯对这两个概念关系的把握更加真实，更加凸显了二者结合的重要性，因此，正义，就必须保障和帮助所有社会成员实现自己的自主，而他的自由就是一种“正义思想取向的自由模式”。

其次，诺齐克的自由至上主义。诺齐克的自由思想是一种比较极端形式的放任自由主义，如果说罗尔斯是社会正义论的突出代表，那么，诺齐克则是程序正义论的发言人。他们都对探讨社会正义问题表现出浓厚的兴趣，只是两个人分别侧重于近代以来自由民主传统最重要的两翼：社会平等和个人自由。在诺齐克看来，自由就是一切，而平等什么也不是，除非作为也许是偶然的通过自由交换的产物。他认为，个人拥有的权利对未经个人同意而对待他们的方式设置了限制，而且这些权利必须得到尊重。这些权利涉及不侵犯、不杀戮、攻击、干涉、强制等。社会的正义是尊重个人的这些基本权利以及这些权利所派生的所有权。而且，个人的这些权利是带有根本性的，对他人行动所设置的限制是如此强烈，以致只有最小意义上的国家才能得到辩护，这就是说，他要求避免制造社会正义的任何尝试，以致他反复强调一个社会肯定个人权利的重要性。在《无政府、国家与乌托邦》一开始，他便指出：“个人拥有权利。有些事情是任何他人或团体都不能对他们做的，做了就要侵犯到他们的权利。这些权利如此有力和广泛，以致引出了国家及其官员能做些什么事情的问题。”① 这些权利对于诺齐克是根本性的，是不可侵犯

① 诺齐克．无政府、国家与乌托邦［M］．北京：中国社会科学出版社，1991：1.

或必须得到尊重的原则，所以，同康德一样，他认为应当把人当作目的而不是其他目的的手段。诺齐克站在个人自主权利的基石上，反对国家对个人权利的任意干涉。他认为合理的国家的职能仅仅是保障个人权利免受侵犯。如果超出了这一职能，国家所导致的社会结果就是侵犯了个人权利和自由。所以，诺齐克主张最小限度的国家，反对国家对正常的市场交易进行干预，个人在市场上自愿进行的交易及在合法权利基础上达成的自由交易的结果，国家都无权进行干涉。

在霍耐特看来，诺齐克在他的正义论中始终坚守着一种霍布斯和洛克用来作为他们公正的国家规则构思基础的自由概念。诺齐克把个人自由在根本上只是理解为一种机会，即不受外在障碍阻挠去实现自己愿望和意图的机会。但是，他设想的是20世纪的个人主义，即自由。诺齐克的自由概念，意味着对一个活动者来说，尽可能以自我为中心地去实现完全有着个人特性的人生目标。所以，霍耐特总结说："在霍布斯那里，个人自由被设想为一个空洞的空间，但它至少还是由对自我利益的理性前提向内划定了界限，而在诺齐克那里即使是那些最小的规定也被排除了：现在这么不负责任地说，所有的人生目标，即使是自我毁灭或怪异，只要没有侵犯别人的权利，都必须作为实现自由的目标。"① 于是可以看出，诺齐克的自由思想在霍耐特看来就是典型的消极自由。

最后，萨特的存在主义自由观。萨特的自由观是一种存在主义自由观，这种自由观在霍耐特看来，是消极自由思潮的变异②，所以霍耐特把萨特也归入自由主义中。在《存在与虚无》中，萨特指出："至于我们在这里考察的关于自由的专门概念和哲学概念，则只是这样一个概念，它意味着：选择的自由。"而且，"事实上我们只是一种进行选择的自由，而并不是选择'成为自由'"。他又说："由于这种自由不是一种给定物，或一种属性，它只

① 霍耐特．自由的权利［M］．王旭，译．北京：社会科学文献出版社，2013：42.
② 霍耐特．自由的权利［M］．王旭，译．北京：社会科学文献出版社，2013：38.

能在自我选择中存在。……自由之为自由是因为选择永远是无条件的。"① 所以，在萨特看来，自由就是做出选择或者不选择的自主权。在现实中，自由选择无处不在、无时不在，人生就是一连串的自由选择。同时，自我的每一个选择都是无条件的、绝对自由的，"如果存在确实先于本质，人就永远不能参照一个已知的或特定的人性来解释自己的行动，换言之，决定论是没有的——人是自由的，人就是自由"②。自由就是"选择的自由"。在萨特看来，自由和道德是冲突的，自由就意味着不受道德规范的约束。而且，他还认为，自由不仅是衡量一个人道德品质的标准，而且是人们道德的最高准则，任何道德冲突，只要是在"自由"的名义下去行动，怎样做都是自由的。

霍耐特认为，萨特的自由概念，有着与霍布斯激进主义思想相同的面貌。"按照萨特的理论，在做出存在主义选择的这一刻，我们没有什么标准可以使用，那些标准原本就允许我们在自己和别人面前为我们'辩护'（rechtsfertigen）。这个时刻的我们，更多的是自发地没有反射性停顿地把自己投入一种为我们提供人的生存空间的存在可能性中去。"③ 萨特的自由选择就是，在个人做出自由选择的那一刻，主体只需为自己的一种生活方式做出决定即可，而没有其他的任何东西对主体进行限制和约束。因此，霍耐特认为，萨特的自由观也是一种消极自由的概念，其排除所有反思的趋向，不去对目标进行任何权衡。

（二）社群主义对霍耐特的影响

当代社群主义的主要代表人物有麦金太尔、桑德尔、泰勒、沃尔泽和阿伦特等思想家。他们都从对当代自由主义的批判或抨击出发，以阐发自己的社群主义观点。麦金太尔站在社群主义的立场，注重社会的伦理传统和道德实践，从而为社群主义对新自由主义的权利优先论的批判进行历史学的和语

① 萨特．存在与虚无［M］．陈宣良，等，译．上海：上海三联书店，1987：790.

② 萨特．存在主义是一种人道主义［M］．周煦良，汤永宽，译．上海：上海译文出版社，1988：12.

③ 霍耐特．自由的权利［M］．王旭，译．北京：社会科学文献出版社，2013：39.

言学的奠基，他抨击自由主义的个人主义，他认为："现代自由主义的理论发展本身就是对整个西方道德理论传统的背离过程，这一道德理论传统曾经构成了我们政治世界的基础，是我们政治实践的伦理基础，然而现代自由主义完全抛弃了它，取消了政治与特定伦理基础的关联，由此也就丧失了任何合理地解决我们之间纷争的手段。"① 在此基础上，他强调自我对社群的依赖性，倡导善的重要性。桑德尔通过"后个体主义"观念，批判罗尔斯"正义优先于善"的观点，用"正义内在于善"阐发自己的正义思想，主张社群的善必须得到尊重，个人的权利必须加以限制，倡导一种"构成性的社群观"，对权利自由主义的个体自主和权利优先的观点进行了最系统的反驳。泰勒通过"行为的解释"和对黑格尔思想的研究，批判了行为主义和政治哲学中的原子主义，他在文化多元主义的境遇中深刻地回应了解释的冲突，以支持"承认的政治"和"本真的伦理"，主张贡献原则与平等原则的互容与结合。沃尔泽用其多元主义的"社会物品"理论，探索了社群中的不同正义领域和每个个体的不同身份对人们的道德生活的制约和影响，他以建立在特定社群分享的理解基础上的正义模式取代了个人自由的自由模式，为一种多元主义正义论进行了辩护。他指出，要走出自由主义普遍正义的迷雾，而关注多元正义问题。最后，阿伦特以社群主义的立场，对极权主义的政治体制做出深刻的理解和思考。它认为极权主义源于对日常生活现实的否定。它完全剥夺了人类存在的思想、意识、判断力、个人特征、隐私和所有其他特征，只留下非人的机械世界。在他看来，极权主义的根源在于国家被化身成为无约束的强制性机器。而避免极权主义的唯一办法是创建一个有秩序的社群，并鼓励公众参与政治。一方面，阿伦特赞扬个人主义；另一方面，呼吁在人类活动的公共和私人领域之间划界，保护公共领域免受私人侵略，而且，政治行为的价值高于个人价值。

---

① 转引自达巍，王琛，宋念申．消极自由有什么错［M］．北京：文化艺术出版社，2001：6.

通过以上对自由发展历程的追述，我们看到，自由主义从霍布斯开始，就具有原子主义的、功利主义的性质，是反亚里士多德主义的，而且它也是现代欧洲社会发展过程中占统治地位的社会观点。而共同体主义是共同体的、交往的理性存在，它与亚里士多德传统相连。所以，现代社会的个体主义与共同体主义之争，其实质是市民社会与资产阶级民主对自由在现代社会中的作用的争论。其实，个体主义与共同体主义在政治领域中是相互补充的，在现代世界中，公共自由与民主制度，只有在市民社会中才能获得一定程度的实现。同时，维尔默也认为："如果现代世界的自由包括（消极的）个体自由与（积极的）共同体自由之间的二元论，那么普遍自由概念本身就内含着辩证的张力。"① 维尔默把这个张力理解为现代自由概念的个体主义与共同体主义之间的张力，在现代世界，消极自由是共同体自由的前提，同时也是"分裂"的原因、冲突的源泉、团结关系的潜在威胁。而霍耐特认为，理性在从消极自由向积极自由的转变过程中，起着核心的规范作用，两种自由都暗含着"理性的自由"。

从霍耐特对自由的论述中可以看出，近代以来的思想家霍布斯、洛克、卢梭、康德、黑格尔，到当代的萨特、罗尔斯、哈贝马斯等哲学家，他们可以用一个共同的概念联系起来，那就是自由。针对这些思想家对自由的不同理解，霍耐特既不否定消极自由，也不否定积极自由，他的自由思想中不但透露出对古代共同体自由的同情，而且对现代的个体自由倾注了极大的笔墨和热情。为了超越个体自由与共同体自由之争，也为了区别于自由主义和社群主义，霍耐特欲在其中寻找一种平衡。因为从自由主义来看，个体自由是其研究和追求的终极价值目标，但是历史的现实告诉我们，一旦自由主义因其绝对性而处于没有规范性束缚的情况下，作为自由个体的个人就成了人类生活的根据，其后果只能是以法国大革命为代表的绝对自由和恐怖。而且，黑格尔在《精神现象学》"精神"部分讨论"教化"时，有力地揭示了其中

① 参见王凤才．从公共自由到民主伦理［M］．北京：人民出版社，2011：90.

的逻辑脉络。他用一种类比的方式说明，我们的身体是由众多细胞构成的，每个细胞的活动都在细胞层面体现出了自主性和自为性，但倘若细胞层面的自主性任其代谢变异，早晚会出现癌化，从而导致身体的瓦解。而更高层次个体形成的必要条件之一就是对较低层次实体的个人的个体性进行某种程度上的抑制，也就是要对个人进行某种程度上的去个体化，这就需要教化。“个体性的自身教化运动直接就是它向普遍的对象性本质的发展，也就是说，就是它向现实世界的转化。”① 可见，黑格尔强调的去个体化就是对个体性的抑制，呼吁的是国家社会的规范作用。霍耐特深刻地理解了黑格尔的这个观点，他把自由理解为个体在社会中生活的规范形式，从而逐渐呈现出了自己的“社会自由”思想。从根本上说，社会自由就是公共自由或理性的自由。一方面，人的个体本质上是社会个体，人的个性是社会化的产物，那么，文化、传统、生活方式、社会制度对个体的个性来说是结构性的。但是，另一方面，霍耐特从共同体主义出发，认为要谈论个体自由，就要积极地关涉生活方式和社会制度。因为，只有共同体自由才使个体自由成为可能，他人并非对我的自由的限制，也可能是个体自由的条件。所以，自由是个体自我与他人交往的规范形式，而霍耐特的社会自由思想就是对这种交往形式进行研究，以探索自由实现的现实性。从对霍耐特社会自由思想的研究中我们发现，他的社会自由理论兼容自由主义与社群主义，既追求自由的个体权利，也对倡导共同体权利的社会权利予以承认。霍耐特试图通过主体间性的社会互动机制，将当代自由主义和社群主义思想结合起来，期望能够在民主的、平等的和互惠的社会机制中建立一种社会自由，以抵制资本主义经济和政治领域中的独断专权，从而建立起新的民主自由体系。

① 黑格尔．精神现象学［M］．贺麟，王玖兴，译．北京：商务印书馆，1979：49.

第二章

霍耐特社会自由思想的生成逻辑

众所周知，霍耐特是以承认理论而闻名于国际学术舞台的，并且他在承认理论的基础上进一步发展出民主伦理学和社会自由理论。从霍耐特思想发展的过程中可以看出，他的承认理论是社会自由思想的理论前提。而霍耐特的整个思想体系有着深厚的哲学基础和多种思想来源，其中，黑格尔的承认理论和自由思想是其直接来源。从霍耐特的论著中可以看出，不仅黑格尔耶拿时期的作品，如《论自然法》《伦理体系》《耶拿实在哲学》是其承认思想的原始来源，而且《法哲学原理》更是他进一步发挥承认理论和社会自由思想的原型。无论是“为承认而斗争”中“冲突”学说与“蔑视”模型的选择，还是社会自由思想的提出和阐发，随处都可以看到黑格尔的影子。不管是黑格尔承认思想的框架和具体承认内容，还是黑格尔《法哲学原理》中的自由思想都对霍耐特产生了直接影响。所以，如果没有黑格尔的承认学说，就没有霍耐特的承认理论及其社会自由思想。当然，“霍耐特的承认理论并非黑格尔的承认学说的简单再现，而是借助米德的社会心理学对之进行的重构，使之发生了自然主义的经验转向。不仅如此，霍耐特还在很大程度上发展了黑格尔的承认学说，尤其是阐发了黑格尔没有重视的蔑视形式，并强调社会冲突的道德动机”①。所以，要了解霍耐特的社会自由理论，就要先认识

① 王凤才．承认·正义·伦理：实践哲学语境中的霍耐特政治伦理学［M］．上海：上海人民出版社，2017：10.

其承认思想，而要认识其承认思想，就离不开对黑格尔的回顾。本章就是从对黑格尔的承认思想的追述开始，研究霍耐特社会自由理论的生成逻辑。

第一节 重构黑格尔的承认学说

一、从伦理总体模型到交往理论模型

在耶拿时期以前，黑格尔的思想一直受康德的道德理论的影响，但从耶拿时期以后，黑格尔逐渐开始质疑康德哲学的个人主义前提。这时的黑格尔坚信“为了建立一种哲学社会学，首先必须克服原子论的迷雾加给整个现代自然法传统的桎梏”①。为此，他在《论自然法》中批判了近代以来以康德和费希特为代表的自然法观念。他指出，自然法的“经验研究”和“形式研究”都假定个体存在绝对是第一位和最高级的，这种理论就是一种原子论理论，它们始终都把人类的自然行为方式理解为孤立个体的单独行为过程。在原子论前提下，伦理行为只能被看作理性活动的产物，并且剔除了人性当中一切经验需要和倾向。人性就被理解为“非伦理的集合”。于是，这两种自然法的研究方法都陷入原子论的陷阱之中，表现为彼此孤立的主体存在被设定为人的社会化的自然基础。所以，针对自然法理论的缺陷，黑格尔认为，应该发掘一种不同于现代哲学的新的概念体系，才能重新为政治哲学服务，以区别于原子主义。这时，黑格尔提出用主体间的社会关系来代替原子论。要把整个世界看成一种主体间互动的过程，就能够在主体间互相承认所有个体的特殊性。“但是，在耶拿的早期几年，黑格尔还没有找到完成这一艰难使命所引发的难题的合适工具。在重新解释费希特的承认理论的过程中，他同时赋予了霍布斯的斗争概念以新的意义，只有在这之后，他才有能力对这

① 霍耐特．为承认而斗争［M］．胡继华，译．上海：上海世纪出版集团，2005：17.

些难题做出满意的回答。”① 虽然在前面黑格尔批判了费希特的自然法理论，但是在随后的《伦理体系》中，黑格尔却从正面肯定了费希特的承认思想。因为，费希特早在《自然法权基础》中，就将承认概念理解为个体之间的相互作用。费希特说：“自由存在物之间的相互关系就是通过理智和自由进行的相互作用。如果双方不相互承认，就没有一方会承认对方；如果双方不是这样相互看待，就没有一方会把对方作为自由存在者加以看待。”“只有我本身把一个确定的理性存在物作为一个理性存在物加以看待，我才能要求这个存在者承认我是一个理性存在者。”② 但黑格尔剔除了费希特承认模式的先验含义，然后将它直接运用于个体间各种不同的互动行为。不过，黑格尔仍然遵循亚里士多德，一直都仅仅把交往生活方式描述为各种不同的伦理形式，认为其中存在着主体间相互承认的过程。这样，社会伦理关系就被描述为社会实践主体间形式，承认运动保证了对立主体互相依赖的一致性和必不可少的相关性。

为了实现对个体性更为苛刻的形式的承认，主体间必须通过冲突再次离开已达到的伦理阶段。在这个意义上说，形成主体间伦理关系基础的承认运动就存在于和解与冲突交替运行的过程当中。不难理解，黑格尔以一种道德潜能充实了亚里士多德的伦理生活方式概念，这种道德潜能再也不是单纯来自人的本性，而是来自人与人之间的特殊关系。所以，黑格尔政治哲学的坐标从目的论的自然概念转向了社会概念，并获得了一种具有建构意义的内在张力，从这里黑格尔又发现了超越费希特的承认学说的力量。为了解决自然目的论与社会性概念之间的内在张力，黑格尔将费希特与霍布斯结合起来，重新解释“一切人反对一切人”的原始斗争模式。这样，斗争不再是为主体纯粹肉体的自我保护而冲突，而是因为他们之间的特殊认同尚未得到充分的承认，这种冲突就指向主体间相互承认人的个体维度，从而引发的是一个伦

---

① 霍耐特．为承认而斗争［M］．胡继华，译．上海：上海世纪出版集团，2005：21.

② 梁志学．费希特著作选集：第2卷［M］．北京：商务印书馆，1994：302.

理事件。个体间的契约并不是结束了一切人反对一切人的生存斗争的危险状态，正好相反，这种斗争作为道德媒介，引导着伦理的不成熟状态向伦理关系的更成熟水平发展。黑格尔以个体间的相互承认模式取代了“一切人对一切人的斗争”状态，并从承认的基本形式出发开始其哲学解释，他把承认的基本形式概括为“自然伦理”。① 自然伦理包含家庭内部的“感情一体化”阶段和物主之间的“权利普遍化”阶段。自然伦理要发展到绝对伦理，黑格尔设想了各种不同的斗争方式，突破了原始自然伦理的承认关系，使为承认而斗争的模型从自然伦理过渡到第二阶段，即“犯罪”阶段。于是就浮现出了一种社会整合状态，它在形式上可以理解为纯粹伦理的有机关系。尽管《伦理体系》没有说明是什么样的动机引发了犯罪，但是霍耐特说：“我们可以推测，黑格尔把犯罪的出现追溯到了一种不完整的承认状态：这样一来，罪犯的内在动机就在于他发现在现有的相互承认的水平上，他没有得到让他满意的承认。”② 在霍耐特看来，黑格尔的斗争概念意味着被伤害的个体为了保护自身完整性而斗争，犯罪是为了自身多方面的利益。所以，他将冲突描述为主体之间分裂（entzweiung）的最为苛刻的形式，冲突的基础就是侵害了个人人格的完整性。同时，黑格尔把这种相互追求的意图还原为对“名誉”的需要，名誉揭示的是一种自我肯定的关系，这样社会冲突就是“为名誉而斗争”。这种冲突就为从“自然伦理”向“绝对伦理”过渡做准备。“引导黑格尔的是这样一种信念：正是随着合法承认形式的破坏，我们才意识到主体间关系当中有一个环节可以作为伦理共同体的基础。因为，犯罪首先是侵害个人权利，其次是侵害个人名誉，从而使每一个体的特殊认同对共同体的依赖成为一种共识。在这个意义上，打破自然伦理的社会冲突使主体做好了互相承认的准备，他们作为彼此依赖同时又彻底个性化的个人而互相承认。”③

① 霍耐特．为承认而斗争［M］．胡继华，译．上海：上海世纪出版集团，2005：23.
② 霍耐特．为承认而斗争［M］．胡继华，译．上海：上海世纪出版集团，2005：25.
③ 霍耐特．为承认而斗争［M］．胡继华，译．上海：上海世纪出版集团，2005：29.

在“自然伦理”中，主体承认为相互依赖又完全个体化的人，而在“绝对伦理”中，主体之间的特殊关系就被说成是一种未来共同体的主体间性基础。在这里，黑格尔借用了谢林的“直观（auschauung）”概念，即“个体在每一其他个体中把他自己直观为他自己”①，以表明，他超越了纯粹认知上的承认的主体间性关系。霍耐特认为，这一深入情感领域的承认模式，最早是由黑格尔的“团结（solidarität）”范畴提供，显然要为被法律关系所分离的个体在伦理共同体语境中可能的重聚提供交往基础。但是，遗憾的是，《伦理体系》的其余部分并没有沿着这条初具轮廓的有益思路展开，从而使对承认理论尤其重要的论证线索在这一点上完全中断了。所以，霍耐特认为，在《伦理体系》中耶拿时期的黑格尔为了说明人类伦理历史而提出的社会哲学模式显然只是一个纲要。当时他仍然缺乏关键的工具，使他能够在理论上把费希特和霍布斯具体地调和起来。

二、从交往理论模型到意识哲学模型

之前，为了走向更精确性的关键一步来说明承认理论，黑格尔在政治哲学中用一个新参照系取代了亚里士多德的参照框架。这里，对自然秩序的本体论参照具有根本的意义，而黑格尔就把人与人之间的伦理关系仅仅描述为一种基本自然的分化。但是，在1803—1804年的“实在哲学”中，“精神”范畴或“意识”范畴逐渐代替了“自然”概念，而且精神范畴也就越来越多地承担着精确地描述把社会生活世界和自然现实区分开来的使命。耶拿前期的目的论逐渐被意识哲学代替。向意识哲学范畴的转向意味着“黑格尔再也不会认为国家共同体的出现是伦理的原始自然形式的基本结构充满冲突的发展，相反，他必然要直接把它看作塑造精神的过程”②。这一过程使意识逐渐学会把自己理解为“特殊性和普遍性的直接统一”，并相应地把自己理解为

① 霍耐特．为承认而斗争［M］．胡继华，译．上海：上海世纪出版集团，2005：29.

② 霍耐特．为承认而斗争［M］．胡继华，译．上海：上海世纪出版集团，2005：31.

“整体”。在这一新的语境中，“承认”已经发展为整体的意识所采取的一个认知步骤。由此，向意识哲学的转向，使黑格尔把引起冲突的动机置于人类精神之内。这种机制迫使主体互相认识，以致他们个人的整体意识与他者个人的整体意识最终互相交织在一起，形成一种“普遍”意识。这种“绝对”意识最后为黑格尔提供了未来理想共同体的精神基础：作为一种社会普遍化的中介，相互承认创造了这一理想共同体，同时也就形成了“民族精神”。但是，只有《伦理体系》，才把同时作为个体化、增进自我能力的媒介这一更加重要的意义赋予了斗争。于是，霍耐特认为：“黑格尔放弃了早期耶拿文本中的亚里士多德思想，同时也放弃了人类生活中的原始主体间性概念，所以，他再也不会按照主体从既有的交往关系中获得形式上的解放来思考个体化过程了。事实上，他的伦理政治理论完全失去了‘社会史’的特征，不再分析发生变化的社会关系，而渐渐采取了一种分析个体如何构成社会的形式。”① 转向意识哲学，所付出的代价是牺牲了强有力的主体间精神。而主体间性学说又以交往理论的二难选择为代价。就是说，“意识哲学转向，不仅使黑格尔失去了主体间性概念，而且妨碍他在主体间性学说框架内对个体自主的不同程度进行区分。随着意志的主体间性维度被重新引入，黑格尔使他的整个思想臣服于意识哲学垄断性前提的困境就暴露出来了”。②

于是，按照霍耐特的理解，黑格尔的承认学说就留下了缺憾。第一，黑格尔假设的承认的发展阶段是否经得起经验的质疑？第二，相互承认的诸种形式是否反映了相应的社会蔑视经验？第三，是否能在历史上或社会学上证明这些蔑视形式实际上就是社会冲突的原始动机？鉴于这些缺陷，运用米德的社会心理学重构黑格尔的原初命题，并修正黑格尔的承认学说就成为所需要的。因为，“人类主体同一性来自主体间承认的经验，这一思想在米德的社会心理学中以自然主义思想为前提得到了最彻底的发展。甚至在今天，他

① 霍耐特．为承认而斗争［M］．胡继华，译．上海：上海世纪出版集团，2005：33.

② 王凤才．承认・正义・伦理：实践哲学语境中的霍耐特政治伦理学［M］．上海：上海人民出版社，2017：115.

的学说也仍然包含着一种最合适的手段，用来在后形而上学框架中重构青年黑格尔的主体间性理论。”① 霍耐特认为，在承认关系上，米德与黑格尔有三方面的共同点：一是自我认同形成的发生学观念；二是对政治哲学之社会契约论原子主义的批判；三是用“为承认而斗争”模型解释社会道德发展。这几点为米德重构黑格尔的承认学说提供了可能性。但是，霍耐特认为，米德和黑格尔两个人的承认理论都有固有却未曾得到发展的两个前提性问题。一是两位理论家都把承认的形式分为三个部分，但是都没有对这种区分的现实有效性进行论证，他们都没有人达到产生压力驱动历史过程中凸现社会承认斗争的社会经验。二是他们都没有对社会蔑视形式的系统思考。鉴于这些问题，霍耐特就要在黑格尔和米德的承认学说的基础上用“爱”“法权”“团结”三种承认形式重构自己的承认理论。

第二节　霍耐特的承认理论

一、主体间性承认形式

通过研究阐发黑格尔的承认学说和米德的社会心理学，霍耐特认识到承认关系分为三个互动领域的方法具有相当程度的可靠性。所以，他就从爱、法权和团结三方面对承认关系进行重构。

第一，以爱或情感关怀为主导的私密关系。关于爱，它不光指男女之间两性的自然关系，还包括家庭中父母和孩子之间的血缘情感关系，而在霍耐特看来，爱除了两性关系和亲情关系之外，还包括友谊关系。而且，霍耐特运用心理分析的对象关系理论对爱的问题进行经验论证，同时阐发了爱与道

① 霍耐特．为承认而斗争［M］．胡继华，译．上海：上海世纪出版集团，2005：77.

德的关系。在将温尼科特①和本雅明两个人关于儿童心理发展的图景进行分析比较后，霍耐特逐渐阐发了自己对爱的看法。温尼科特关心的问题是母亲和孩子从一种未分化的共生状态中分离开来，学会作为独立个体相互接受和相互爱恋的互动的形成过程。只有超越这种共生状态，两个人之间才能形成一种相互积极的平衡关系。霍耐特认为，温尼科特的自我心理学理论使黑格尔的中心意图得到了确认，而本雅明基于对象关系理论的经验研究则给黑格尔的“为承认而斗争”提供了一个富有启发性的解释模型。本雅明在他的精神分析理论中研究了爱的关系的病态学失调问题，他也以研究母子成功分离过程为基础。但是，在这种关系中，让他最关注的是造成爱的关系出现的心理紊乱。本雅明关于爱的承认理论使他把承认的失败看作一边倒，即彻底倒向承认平衡中的一极，从而表现出单面性。这样，在病理学上，悬置在主体间的交往弧线的互相对称性就被摧毁了。因为，参与主体之一既不能从自我的中心状态，也不能从共生依赖状态中独立出来。在本雅明看来，这种承认的平衡关系的扭曲无疑可以归因于心理紊乱，其原因在于母子分离过程的失败。霍耐特用承认范畴来评价这种承认关系紊乱现象，他说：“实际上可以从某些紧张平衡状态失败的对称性观念中得出一个标准，来判别情感维系中的失调，那么，这反过来也证明了按照承认理论所构想的爱的概念具有经验实用性。”② 在霍耐特看来，爱的关系不管怎样都优先于相互承认的其他形式。主体间爱的体验带给个人的是一种“自信”的价值。

第二，以平等的权利为基础的法权关系。法权关系何以在黑格尔和米德那里成为一种承认模式呢？霍耐特认为，这是因为，当我们通过社会规范合法地分有共同体的权利与义务时，才能把自己当作权利的承载者，或者只有采取“普遍化他者”的立场，承认共同体其他成员的权利承载者身份，我们

① 温尼科特（D. W. Winnicott. 1896—1971），英国儿科医生和精神分析学家，主要著作有《成熟过程和促进性环境》《家庭和个体发展》《儿童、家庭和外部世界》《与病人交谈》《思考儿童》等。

② 霍耐特．为承认而斗争［M］．胡继华，译．上海：上海世纪出版集团，2005：113.

才能确信自己的要求得到满足，而且才能把自己理解为法人。霍耐特比较了米德和黑格尔对法律承认论述的差异，然后得出自己对法律承认的认识。首先，米德的法律承认仅仅是指“自我和他者作为法律主体互相尊重”，因为，他们都意识到在共同体中正当分配权利和义务的社会规范。这就说明，只有当一个人在交往的意义上被当作共同体成员来承认，他才能算是某种权利的承载者。米德为法律承认以有限的规范定义，认为单个主体在主体间获得承认，仅仅是因为他是基于劳动分工组织起来的社会的成员。① 霍耐特认为米德的这一定义揭示了传统社会法律承认的一般特征，却对赋予个体的权利和这些权利在社会中的论证方式没有做出特别说明。相比之下，黑格尔认为，随着向现代性的过渡，已经在哲学和政治理论中发展起来的后传统的基本概念渗透到了成文法当中，并受到了论证的压力，而这些压力与有争论的规范的理性共识观念联系在一起。由此，法律体系可以被理解为全体社会成员普遍利益的表达，按照它的内在要求，不允许有任何的例外与特权。法律主体遵纪守法又彼此承认，是能够就道德规范自主做出合理决断的个人。相比米德的法律承认概念，霍耐特认为，黑格尔的定义是不同的，“只有当社会法律秩序能够从伦理传统的自明权威中分离出来，并重新依靠一种普遍主义的论证原则，黑格尔的定义才适用于社会法律秩序”②。通过比较，霍耐特阐发了自己关于现代法律承认的基本结构。他区分了“社会重视”和“法律承认”的区别，认为“社会重视”以社会现实关系作为标准来衡量个体的能力和价值，而“法律承认”把每一个个体看作“自为目的”。从这种区分中，霍耐特引出了现代法权对个体权利的划分，即保障自由的人权、政治参与权和社会福利权，其中，前一种是消极权利，后两种是积极权利。

随后，霍耐特引用了英国社会学家马歇尔（Thomas H. Marshell，1893—1981）的公民身份与社会阶级理论来说明法律承认与自尊之间的关系。马歇

① 霍耐特．为承认而斗争［M］．胡继华，译．上海：上海世纪出版集团，2005：116.
② 霍耐特．为承认而斗争［M］．胡继华，译．上海：上海世纪出版集团，2005：117.

尔在传统与现代之间做出了基本的区分，现代社会的发展，赋予每个社会个体以普遍的平等权利，他把人的基本平等权利分为三类，即人权概念发端于18世纪，政治权利在19世纪得到发展，而社会权利则在20世纪才被充分认识。现代社会权利的扩展、公民法律地位的上升，使更多的人被赋予社会地位，法律更加普遍化，从而公民的法律承认也在扩展，“在法律上被承认的同时，不仅个人面对道德规范自我导向的抽象能力得到了尊重，而且个人为占有必要社会生活水平而应当具备的具体人性特征也得到了尊重”①。而在法律承认的经验中，人们可以自视为个人，与共同体其他成员共有那种品质，使参与话语意志结构（diskursiven Willensbildung）具有可能性。而这种肯定的自我相关的可能性方式被霍耐特称为“自重”。

第三，以自重为基础的团结形式。作为社会生活中的个体，人除了情感关怀和法律承认的经验之外，还需要一种被生存于其中的社会所重视的价值形式。对此，借助于韦伯的理论，霍耐特描述了不同社会中的不同尊重形式。在阶级社会中，社会尊重是按照等级模型组织起来的，不同阶级有不同的文化对等模式和认同规范。随着现代社会的发展，法律承认关系逐渐超越于其他的社会尊重等级秩序，而且诸多的社会秩序也要受法律规范的约束。这种结构转换，就是以从荣誉概念向社会声望范畴过渡来表明的。而概念转型历史过程导致了“荣誉”由传统社会的阶级集体为取向，向现代社会的私人领域的降格。从此，“荣誉”仅仅是表示个人的那些值得无条件地保护的、自我理解方面的、主观上可限定的标准。个体在社会上就因其个人成就和能力而被给予重视。霍耐特认为，这种社会个体经过自我实践所获得的特殊承认形式，就是“自重”，它与“自信”“自尊”相并列。在每一个体都有能力自重的程度上，我们就可以讨论社会团结。“所以，在现代社会，个体化和独立化主体之间对等重视的社会关系代表着社会团结的必要条件。在这个意义上说，彼此对等重视就意味着根据价值互相评价，这就使他者的能力和

① 霍耐特．为承认而斗争［M］．胡继华，译．上海：上海世纪出版集团，2005：123.

特性也对共同的实践有意义。”① 只有个体之间相互关怀，社会的共同目标才能实现。这样，个体必然享受按能力给予其成就的社会尊重，不必归属于群体而能返归自身。

二、个体认同的蔑视形式及其发展

霍耐特关于主体间性的承认形式是对黑格尔和米德承认理论的继承与发展，但霍耐特并没有就此满足。前面交代过，霍耐特对黑格尔和米德的批判之一，就是认为他们的承认理论没有对社会蔑视形式进行系统思考，所以，霍耐特就用社会蔑视形式对黑格尔和米德的承认理论继续进行改造。

霍耐特认为，蔑视就是拒绝承认。蔑视是一种不公正的行为，它既伤害了主体的精神完整性，限制了人们的行动自由，也伤害了人们在社会互动中获得的对自我肯定的理解。“蔑视的经验就使个体面临着一种伤害的危险，可能会把整个人的同一性带向崩溃的边缘。”② 所以，蔑视体验标志着个体自我实现的脆弱性，也标志着主体间道德的脆弱性。与承认形式的三个方面相对应，霍耐特提出了蔑视的三种形式：强暴、剥夺权利和侮辱。首先，强暴（vergewaltigung）被视为个体被蔑视的最基本形式，它伤害人的身体完整性和对自己身体的自由支配，摧毁着一个人的基本的自信。因为强暴不仅伤害的是人的肉体，而且给受害者带来了一种精神上的无助感和现实幻灭感，它让个体参与社会交往的自信心和对社会的信任完全丧失了。其次，剥夺权利（enrechtung）使个体作为社会成员的资格被剥夺或被限制。所以，它削弱的是人的道德自尊。个体被剥夺权利后，不再拥有与其他社会成员那样完全的、道德平等的社会地位，也意味着他不再享有同等的道德责任。而且，主体权利被剥夺就相当于失去了个体的道德判断能力，而导致自尊的失落。最后，侮辱（entwurdigung）使个体的社会价值被否定性地对待，表现为对个人

① 霍耐特．为承认而斗争［M］．胡继华，译．上海：上海世纪出版集团，2005：134.
② 霍耐特．为承认而斗争［M］．胡继华，译．上海：上海世纪出版集团，2005：140.

的既有荣誉和成就的羞辱和伤害。霍耐特认为，侮辱和剥夺权利都处在历史的变化过程中，随社会历史的变化而变化。

不过，蔑视作为否定性的承认经验，也具有积极功能。霍耐特认为，蔑视经验可能成为为承认而斗争的动机。因为蔑视给行为主体带来羞耻感和交往危机感，可以激发主体认识到自身对承认的依赖而主动进行承认斗争，“伴随着使个人的承认要求被蔑视的经验而产生的每一种消极的情感反应，都延续了一种可能性，即那种对个人的不公正将在认识上自我展示出来，并成为政治抵抗的动机”①。当然，这种反抗动机仅仅是一种可能性。接着，霍耐特通过批判马克思、索雷尔和萨特三个人的社会斗争思想和冲突理论，进一步说明社会冲突和蔑视体验对社会承认的作用，通过他们三个人的理论可以看出，社会冲突能够追溯到承认内在规定的伤害，或者说，蔑视体验构成了社会反抗的伦理动机，社会冲突及其道德逻辑在一定程度上表明了社会进步的动力所在。

在黑格尔和米德理论的基础上重构了承认理论之后，霍耐特的承认理论基本完成。“为承认而斗争”的哲学理论的形成，也标志着批判理论第三代的崛起。同时，霍耐特的承认理论在西方政治哲学界引起了一场旷日持久的广泛讨论。这一争论以霍耐特和美国学者弗雷泽②为代表，他们关于承认与再分配的讨论从 1992 年持续到 2008 年，在这 16 年中，他们进行了四个阶段的讨论。其中，第一阶段的讨论的主题以“是否存在再分配与承认的矛盾”为中心；第二阶段，他们以再分配与承认的对立为前提，辩论的核心是如何把社会正义的这两种模式有效地在理论中结合起来并付诸实践；第三阶段的讨论围绕承认和再分配两个维度是否能够涵盖正义的所有维度，正义是否应该扩展到政治的维度，这一阶段的讨论重点是弗雷泽的哲学基础，尤其是她

---

① 霍耐特．为承认而斗争［M］．胡继华，译．上海：上海世纪出版集团，2005：147.

② 南茜·弗雷泽（Nancy Fraser，1947— ），美国纽约社会研究新学院大学哲学与政治学系教授，美国著名的激进女性主义学者和政治哲学家，目前西方批判理论的重要领军人物之一。

的规范基础和社会本体论。总之，弗雷泽对霍耐特的批判，是她指责霍耐特的承认理论将政治社会学还原为道德心理学，将资本主义社会还原为承认秩序，将正义论还原为完整的认同心理学。面对批判，霍耐特不但捍卫、完善了自己的承认理论，而且认真思考了承认和再分配的关系，以及这两个范畴和正义之间的关系。在此基础上，他还研究了文化承认与社会群体文化归属、一元正义与多元正义之间的关系问题。随着对这些问题的思考，霍耐特在政治哲学的框架中讨论承认理论同正义的关系，试图建立一元道德基础下的多元正义构想。对这些问题的探讨，使霍耐特的承认理论不断充实并饱满了起来，使承认理论不但在理论上传承了费希特、黑格尔和米德等人的传统承认思想，而且在实践上与社会现实结合了起来，他对承认理论与现代政治哲学的诸多理论的结合，使承认理论具有了广阔的思维空间和面对社会现实的思想资源，从而使其能更深刻地洞察当代资本主义出现的新情况和新问题，并提出相应的解决方案。所以，如霍耐特在《再分配，还是承认?》导言中开篇所讲的那样，“承认”已成为我们时代的一个关键词。尽管他的承认理论还存在许多问题，但是，承认理论是法兰克福学派批判理论的“承认理论转向”的标志，同时，他对承认与蔑视的关系和蔑视与反抗的关系的思考，第一次系统地将蔑视体验当作社会反抗的道德动机。这也是对政治哲学的重大贡献。

三、从承认理论到个体自由的诉求

在承认理论的基础上，通过与弗雷泽的辩论，霍耐特逐渐认识到承认与正义的紧密关系，“正义”就是霍耐特随后要思考的重点概念。因为正义是当代政治哲学中非常重要的概念，也是社会发展中人的基本道德诉求。在思考了再分配冲突与承认斗争的关系后，霍耐特提出了以一元道德为基础的多元正义构想，使他的承认理论形成一个完整的体系，而他的多元正义构想还在继续发展中。在承认理论中，霍耐特强调，承认道德“处于康德传统的道德理论与社群主义之间”，而在《不确定性之痛》和《自由的权利》中，他借助黑格尔的《法哲学原理》来构建自己的正义构想，并由此转向黑格尔主义，当然在这转变过程中，他试图融合康德的道德理论和黑格尔的伦理思想。在对正义价值的探究中，霍耐特逐渐发现了自由在现代正义思想中的价值，他认识到，现代社会人们在追求正义的过程中，正义的社会秩序与个体自由之间，有着一种“不可分解的联盟”。因为，近代以来随着认识论的转向，个人的主体地位更加突出，人们逐渐开始追求个体的生存意义和自我价值，并重新审视个人同社会的关系。于是，霍耐特认为，所有在现代社会发展中上升到主导地位的伦理价值中，自由是对现代社会的机制性秩序影响最持久的一个价值。自由在个人的自我与社会的秩序之间建立了一种系统化的联系。而其他的现代价值要么把自己局限在个人取向上，要么仅仅以整个社会的规范性框架作为自己的基础，都把个人取向与社会框架分割开来。人的主体价值，就在于他的自我决定的能力。所以，霍耐特说：“自那以后，考虑建立一个怎样的社会，才能使社会成员的利益和需要变得公正，社会正义的思想就再也不能够与个人自主的思想分离。不管附加在道德层面上关于公正的话语有多么重要的地位，但总是被在现代社会秩序中个人自由所享有的价值意义所超越。”① 而且，他认为，正义思想与自主思想结合起来所开拓的思想地平线，几百年来都是没有被超越的。他举例认为，法国大革命之后执着地为社会承认而斗争的社会团体，没有一个不是将个人自由的答案书写在他们的旗帜上。从民族解放运动的追随者到妇女解放的倡导者，从工人运动的成员到民权运动的斗士，都是为追求个人自主而与歧视人的法律和社会形式做斗争，他们都确信，正义就是要保证每个人的自由机会，于是，“个人的自由，建立了所有正义思想的规范性基石”②，这样，霍耐特使自由与正义相“耦合”，在主体间性承认的基础上通过讨论自由来实现自己的正义构想。

---

① 霍耐特．自由的权利［M］．王旭，译．北京：社会科学文献出版社，2013：28.

② 霍耐特．自由的权利［M］．王旭，译．北京：社会科学文献出版社，2013：29.

正义与自由的耦合，在霍耐特看来，是一个历史发展的结果。近代以来，人们突破了神学统治的束缚，把经典的自然权利解放出来，以便在社会法律规范中，担当平等的社会角色。从托马斯·阿奎那、格劳秀斯和霍布斯到洛克和卢梭，在他们对人类正义思想的探索中，个人自我决定逐渐成为所有正义思想的基准点。霍耐特认为，正义和个人自我决定的这种伦理上融合的结果，远远超越了正义和自我决定这两个独立概念单独的幸运偶合，而且“它以不可逆转的方式确定了：构思正义规范，不需要依赖任何别的力量，而只需信任个人已经拥有的精神力量。在我们执着坚持应当是正义的社会秩序与个人自主之间，有着不可分解的联盟，因为正义的方向只能依靠我们的主观能力来辨明”①。要求正义，就是要从相应的角度由自己决定如何去遵守社会的法律规范，自我决定就是自由。所以，现代社会中，要求正义的秩序但不同时要求个人的自我决定，是难以理解的，要求正义，就必须保障和帮助所有社会成员实现自己的自主。于是，可以说，正义与自由的融合是不可逆转的。从对正义与自由的这种认识中，霍耐特逐渐把关注点转向了对自由的研究。当然，对自由的研究不是他在《自由的权利》当中才单独提出的，在其前期的思想中就已经渗透进了其对自由的认识。而对霍耐特自由思想的研究，正应当从他的自由思想的演进轨迹中来把握。

第三节　霍耐特自由思想的演进轨迹

霍耐特自由思想的发展是与他对黑格尔哲学的认识相联系的，在《为承认而斗争》中，他从黑格尔耶拿早期的承认理论中，看到了承认的三个模式对自我实现的自由的关系，并在此基础上提出了对自由探索的一个新的方向。而随着他对黑格尔思想认识的不断深化，霍耐特对前期的承认理论进行

① 霍耐特．自由的权利［M］．王旭，译．北京：社会科学文献出版社，2013：30.

修正，继续讨论自由问题。在《不确定性之痛》中，他在批判《法哲学原理》的基础上，挖掘出了黑格尔自由思想的积极意义及缺陷，并在此基础上开始了自己对自由理论的进一步探索。而在《自由的权利》中，霍耐特将自由与正义耦合，全面阐释了其自由观，最终完成了对自由的探索，也实现了黑格尔法哲学的再现实化。所以，霍耐特自由思想的演进经历了从对黑格尔早期承认思想的肯定，到对法哲学原理的批判，再到对前面两个阶段的扬弃，而提出了对自由的最终认识这样三个层层推进、不断深化的过程。

一、自由思想的提出作为自我实现的自由

霍耐特在《为承认而斗争》的最后一章着重讨论了自由问题。在这里，他把自由等同于自我实现，从爱、法权和团结这三种模式谈论了自我实现的问题。他认为，承认的这三个方面是自我实现的条件，这些条件的满足可以使个体实现“好的生活”的目标。

霍耐特认为，黑格尔从伦理的角度区分的三个不同的承认模式，可以被看作主体建立多种自我的积极关系的条件。这三种形式是对自我关系的肯定，是它们成为个体自我实现的重要标准或条件。对霍耐特而言，个体的自我实现应该被理解为实现个人生活目标的过程，他把这个过程与自由联系起来。在此，霍耐特提出了对自由的两方面认识，即自由“不能被简单地理解为不存在外在力量的影响，它还具有这样的含义，即内在阻碍，没有心理抑制，也没有恐惧”，这就是外在自由与内在自由。① 他更加看重后一种自由，因为“这第二种意义上的自由，在肯定意义上说，必须被理解为一种反身内指的信任形式，它给个体表达需要和表现能力以基本的自信”②。但这种自由只有在“互动伙伴”的帮助下，通过承认机制才能获得。霍耐特指出，爱、法权和团结这三种基本的承认形式为主体提供了互动的保护屏障，保障了外

① 霍耐特．为承认而斗争［M］．胡继华，译．上海：上海人民出版社，2005：180.
② 霍耐特．为承认而斗争［M］．胡继华，译．上海：上海人民出版社，2005：181.

在自由与内在自由的实现。

接着，霍耐特通过关键的一段话分析了伦理概念下产生的这三种承认模式的特性，他说："我们所讨论的概念中更多的困难来源于这样的事实：三种承认模式中有两种具有进一步规范化的潜能。我们看到，法律关系和价值共同体都容易进入转型过程，这些过程都指向普遍性和平等性的增长。有了这种内在的发展潜能，作为自我实现规范条件的构成部分，我们引进了一种历史维度，这就限制了我们的形式伦理概念所提出的要求。可能成为成功生活之主体间条件的东西成为了历史变数，而且还取决于承认模式发展的实际水平。形式概念失去了它的非历史性，因为，从解释学上说，它结束了对每一种情况下都作为不可回避的现时结构的依赖。"① 从这段话中，我们可以发现，霍耐特将历史维度引入了承认理论，从社会发展的眼光看待三种承认模式的特征。他指出法权和团结这两种承认模式具有历史性特征，容易进入转型过程，这对伦理的形式概念是一种"限制"。因为在霍耐特看来，黑格尔和米德将承认建立在伦理的形式概念之上，伦理一方面涵盖了自我实现的质的条件，另一方面，伦理的形式概念作为与质料相对应的哲学概念具有普遍化的"非历史性"特征。所以，"这一限制导致了从历史的角度引进三种承认模式的义务，以至于只有在每一种模式发展到最高水平上才能把它们看作伦理要素"②。由于自我实现的条件是不断变化的，其取决于承认模式的实际发展水平。这样，霍耐特就赋予承认模式以历史性和现实性。同时，他对黑格尔和米德的伦理及承认提出了批判。在他看来，这两位思想家的承认模式具有"形式特性的伦理概念所勾画的规范观念"，且他们两个人的承认模式已经被镶嵌上各自所处时代的历史偏见，因此，我们已经无法直接求助于他们的模式。

首先，霍耐特认为爱是一种相对稳定的承认形式。因为，爱是一切自我

① 霍耐特．为承认而斗争［M］．胡继华，译．上海：上海人民出版社，2005：181.

② 霍耐特．为承认而斗争［M］．胡继华，译．上海：上海人民出版社，2005：182.

实现的基础，爱的体验表明真正的“伦理”生活的内在意义。其次，自我实现依赖于法律的保障。因为，只有法律能够给予所有个体抉择的自由，使人们平等地决定自己的生活目标而不受外在影响。而作为自我实现的法律前提是一个变量，因此，“只要现代法律关系的实质内容得到了扩展，它们就可以在后传统伦理的主体间网络中找到作为第二要素的地位”①。而且，法律对爱的关系和团结的关系有保护和限制的作用。但是，黑格尔和米德在将法律视为后传统伦理的主要条件的时候，把现代法律关系仅仅局限在自由的权利上面使其僵化，而没有充分考虑到法律的这些生动特征和作用。最后，霍耐特认为，在现代性条件下，个体要想获得自我实现，就必须因每个个体自身的特殊性而得到承认，于是就必须有一种以集体共同目标为基础的社会尊重，这就形成团结的关系。

团结在突出价值共同体范畴的规范意义时，体现出的社会尊重的承认关系具有面向未来的超越需要，而且，团结的价值在结构上是与现代法律的道德条件相容的，也即与一切个体的自主性是相容的。但是，团结只能从集体共同的目标中产生出来，这一点他们却没有认真地贯彻下去。因为在霍耐特看来，在耶拿前期，黑格尔从古代共同体的角度出发讨论承认，试图用全体公民的“团结”来充实这一概念，但在耶拿后期，他逐渐转向意识哲学，“转向意识哲学使黑格尔对人类原始的主体间性理论完全视而不见”②，让他再也无法指出那种可以说明这种团结感出现的经验了。③ 而米德从社会分工的角度引申出团结关系，他把社会劳动分工看作集体目标的框架，而产生了团结的力量，通过推动团结的力量，全部主体都可以认识到自己受到了尊重。但这种观点却失去了伦理价值的观念。同时，霍耐特指出：“黑格尔和

---

① 霍耐特．为承认而斗争［M］．胡继华，译．上海：上海人民出版社，2005：183.

② 霍耐特．为承认而斗争［M］．胡继华，译．上海：上海人民出版社，2005：34.

③ 对于共同体观念，许多思想家是持赞成态度的，如马克思、恩格斯在《德意志意识形态》中指出：“只有在共同体中，个人才能获得全面发展其才能的手段，也就是说，只有在共同体中才可能有个人自由。”参见马克思恩格斯文集：第1卷［M］．北京：人民出版社，2009：571.

米德一样，也缺乏规定伦理价值抽象境域的目标，而这些伦理价值是向最广阔多变的生活目标敞开的，又不失去集体同一性形成的团结力量。”① 所以，霍耐特说，他们“靠近了社会团结概念的门槛”，而在内容上如何充实这一现代团结观念，他们在答案上不但分道扬镳了，而且，最终都失败了。这样，霍耐特从自我实现的目标出发，用一种历史观对出自黑格尔和米德的承认模式进行了分析和批判，指出了他们承认模式的不足。这样他就需要转换一种不同的方式来寻求自我实现的途径。②

在对承认理论的思考中，霍耐特立足于今天社会发展的现实，他发现进行理论整合的必要性。而且从两位思想家所处的时代到今天，发达国家所经历的社会结构的转型，也大大提高了自我实现的可能性。基于此，霍耐特指出，只有“进一步彻底扩展团结关系，才能满足自我实现的需要”。具体来说，在新的历史语境下，要构建自我实现的条件，就应当从黑格尔和米德相关理论的缺陷中得出教训，去另外寻找出路。也就是要允许不可克服的紧张关系存在：“我们不能不宽容那些实在的价值，因为这些价值可能产生后传统的团结，而这种团结与爱以及成熟的法律承认形式具有同等重要的意义。”③ 这里，霍耐特给我们设下了一个悬念，也就是在当代社会，如何更好地拓宽自我实现的条件，以达致个体的自由。但是他匆忙结尾，没有提出具体的自由方案，只是指出了一个方向，即“扩展”团结的关系。但是这个方向却是至关重要的，它一方面表明霍耐特对承认的三种模型的认可，另一方面也暗示了团结关系中所蕴含的伦理关系对于自由理论的核心作用。虽然这里没有提出具体实施方案，但是为他以后对自由的探索埋下了伏笔。今天，

---

① 霍耐特. 为承认而斗争［M］. 胡继华，译. 上海：上海人民出版社，2005：185.

② 值得注意的是，霍耐特是从耶拿早期的《实在哲学》开始进入黑格尔的解读，因此，如他在《为承认而斗争》中认为的，承认理论只存在于黑格尔的早期，而非其一生，直到在《我们中的我》，霍耐特纠正了自己对黑格尔的误读，而且发现了《法哲学原理》中承认与自由的关联。参考 HONNETH A. The I in We：Studies in the Theory of Recognition［M］. GANAHL S，Trans. London：Polity Press，2007：1.

③ 霍耐特. 为承认而斗争［M］. 胡继华，译. 上海：上海人民出版社，2005：185.

我们看到了他对自由的研究如此深入和富有见地，而这一切都是从这里出发的。

二、自由思想的深化——对《法哲学原理》的批判性解读

霍耐特在《为承认而斗争》之后，对其承认理论进行了不断的思考，发现自我实现的自由仅仅通过承认的几个环节是不完整的，难以实现。随后，他进一步对黑格尔的自由思想进行研究，通过对《法哲学原理》中黑格尔自由观的分析，一方面肯定了黑格尔伦理理论下自由实现的几个环节，另一方面又指出了黑格尔自由观的局限，从而为自己的自由观找到了出路，而这都是在其著作《不确定性之痛》一书中呈现出来的。

众所周知，黑格尔的自由观是一种以绝对精神为基础的思辨自由观，这主要体现在其《法哲学原理》中。法哲学是对客观精神自由的表述，也是黑格尔哲学体系之中的重要组成部分，“我们看到，《法哲学原理》一书的脚手架是自由意志或自我认识的或自我关切的人类主体的不断发展的图像”①。在法哲学中，黑格尔对康德的自由意志表示不满，因为康德把自由意志最终推向了彼岸，而自由意志中真正无限的东西是在具有现实性的此岸世界中。他说：“在自由意志中，真正无限的东西具有现实性和现在性。自由意志本身就是在自身中存在着的理念。”② 所以，在《法哲学原理》一开始，黑格尔就与康德的自由概念划清了界限，将《法哲学原理》的主要任务和目的设置为在法的领域贯彻自由的原则。黑格尔把自由的实现过程划分为“自在的自由”“自为的自由”和“自在自为的自由”这三个阶段。他说，“光是符合概念的意志，是自在地自由的，而同时又是不自由的，因为它只有作为真正被规定的内容，才是真实的自由。这时它是自为地自由的，是以自由为对象的，它就是自由”③。自在的自由表现的是任性，自为的自由是主观内心的自

① 伍德．黑格尔的伦理思想［M］．黄涛，译．北京：知识产权出版社，2016：52.

② 黑格尔．法哲学原理［M］．范扬，张启泰，译．北京：商务印书馆，1961：22.

③ 黑格尔．法哲学原理［M］．范扬，张启泰，译．北京：商务印书馆，1961：10.

由。所以，这两个自由必然要升华，进入自由的最高阶段。因为，自在自为地存在的意志才是真正的自由意志。这三个阶段，分别对应于法哲学的三个部分。在抽象法中，意志借助外物来实现自我，也就是说，在这一阶段，意志通过对物的占有来体现人的自由；而在道德领域中，意志就有了进步，发展出了主观意志的法，道德就是意志在主观内心的实现；最后，在第三个阶段即伦理领域中，意志实现了对前两个阶段的统一，最终，意志得到了充分的现实性，实现了完整的统一。

在黑格尔哲学的构想中，伦理领域体现为家庭、市民社会和国家这三种形式的制度性存在，并能为人们所接受。家庭是精神的直接实体性表现，其存在以感情为基础、以爱为纽带。但随着孩子的成长，家庭势必解体，这就需要另一种伦理形式来接替，这就是市民社会，它是处在家庭和国家两个领域之间的差别的阶段。“在市民社会中，每个人都以自身为目的，其他一切在他看来都是虚无……但是特殊目的通过同他人的关系就取得了普遍性的形式，并且在满足他人福利时，满足了自己。”① 而且，在市民社会中，个人在照顾自身的时候也在为别人工作。市民社会是伦理的制度体现，它不能离开国家独立存在，市民社会是伦理的现象。至于国家，黑格尔认为，国家是客观精神的直接反映，也是伦理实体的最高形式。所以，人要真正地实现自由意志，就要在法、道德社会的组织机构和国家的法律制度中去寻求出路。

针对黑格尔的这种自由观，霍耐特借助哈利·法兰克福的思想对其进行重新解释。按照哈利·法兰克福的理论，人的意志有两个层次，第一层次由个人的偏好、欲望和需求等构成，第二层次是对第一层次的评价。霍耐特认为，这与黑格尔在《法哲学原理》第 5 节和第 6 节中所分别描述的“自身愿望着的意志”和“把自身作为对象的意志”相类似。从第一层次的意志来说，人的自由不是完全否定个人的偏好、欲望和需求，而是把这些看成人的意志自由的内容，因为这些不是外在、他律的东西，而是意志本身的内容。

① 黑格尔．法哲学原理［M］．范扬，张启泰，译．北京：商务印书馆，1961：182.

个体的任务就是在某种程度上扬弃这些偶然的偏好、欲望和需求，而且，黑格尔也承认这些因素在自由中的作用。在第二层次的评价中，意志被纳入自己的动机结构中，人要对自己的动机、偏好和欲望进行塑造，这样人才能实现自己的自由。所以，在霍耐特看来，这两种自由模式并没有被否定，而是作为“不完整”的自由模式被承认，它们分别是通过抽象法和道德得到保证的。但是，因这两种自由模式是不完整的，霍耐特认为，在黑格尔那里，如果把这两种自由绝对化，就会产生一系列社会问题。而黑格尔实际上在对这两种自由模式进行分析和扬弃后，提出第三种自由，即“在他者中就是在自身中”。在《法哲学原理》第7节的补充里面，黑格尔就这个问题进行详细阐述，他认为自由的这个环节就在于“自我在它的限制中即在他物中，守在自己本身那里；自我在规定自己的同时仍然守在自己身边，而且它并不停止坚持其为普遍物。所以，这第三个环节是自由的具体概念，至于前面两个环节，始终是抽象的并且是片面的”①。与霍耐特一样，伍德也关注了黑格尔的这个论点，他认为，对黑格尔来说，自由是一种关系属性，包含自我、对象和自我合乎理性的计划。由于只有将自我与一系列包含对象的合乎理性的计划等同起来，自我才是现实的，只有当对象被整合进自我的合乎理性的计划中时，对象的他者属性才能被超越。② 伍德又强调：“我们已经看到，黑格尔有一个主张人类的自我实现是自由的理论基础，自由真正来说并非随心所欲的能力，而是绝对的自我能动性或守在自己身边。”③ 这样，霍耐特认为，黑格尔在自由的第三个环节中要表明，人的自由和自我实现不是孤立的行为，而是在人们之间的交往和相互承认中才是可能的。这样，他看到了黑格尔法哲学中自由思想的积极一面并予以肯定，这为我们展示了黑格尔法哲学中以前被人忽视的一面，对我们理解黑格尔哲学和自由理论提供了一个新的角度，也为他以后“再现实化”黑格尔法哲学思想提供了理论基础，也为其自

---

① 黑格尔．法哲学原理［M］．范扬，张启泰，译．北京：商务印书馆，1961：19.
② 伍德．黑格尔的伦理思想［M］．黄涛，译．北京：知识产权出版社，2016：78.
③ 伍德．黑格尔的伦理思想［M］．黄涛，译．北京：知识产权出版社，2016：86.

由思想的完善找到了方向。

但是，在《不确定性之痛》的后面，霍耐特对黑格尔法哲学中的局限性和缺陷进行了重点分析。首先，他认为《法哲学原理》最主要的缺陷就是在伦理部分中讨论人们之间的交往关系时，过度地强调那些被法律制度化的关系。在黑格尔看来，凡是伦理关系就要具有稳定性和固定性的法律形式，这势必忽视了日常中已经习惯化了的交往关系。具体来说，黑格尔在法哲学中讨论人与人之间关系时只把家庭当作一种伦理关系的实体来分析，而他没有再提到朋友之间的承认关系。霍耐特认为，其原因是黑格尔过分地关注制度化的承认关系。因为，家庭成员之间的关系是用法律制度的形式固定下来的契约关系和法律关系，而朋友之间的友谊却没有这种稳定的法律形式，于是他就将友谊排除在个人间的承认关系之外。而且，在霍耐特看来，黑格尔的伦理关系只有在国家的干预下，才能保证伦理领域的持续存在，也才能保证所有社会成员不受限制地参与，也就是说“只有当社会中实存的法律与国家实证的立法重新结合在一起，各种不同的承认领域才能以适当的方式得到保障”①。对此，霍耐特是反对的，他认为，伦理领域中的交往关系既具有制度化特征，又应该可以开放性地进行内在的转变和全新的适应。而黑格尔的问题是，“黑格尔没有清楚地把下述两种情况区分开来：一种情况是，伦理领域需要确立适当的法律前提；另一种情况是，制度作为一种事实仅仅由于国家的强制性契约而得以存在”②。所以，霍耐特认为：没有做出这种区分，使黑格尔将人与人的关系仅仅限定在家庭之中，而无视其他的人际关系（如友谊）和传统习俗。③

霍耐特认为，与家庭一样，黑格尔的市民社会也同样受到了内在的限

① 霍耐特．不确定性之痛［M］．王晓升，译．上海：华东师范大学出版社，2016：116.

② 霍耐特．不确定性之痛［M］．王晓升，译．上海：华东师范大学出版社，2016：117.

③ 为了弥补黑格尔对友谊的忽视，霍耐特在《自由的权利》中单独将友谊作为一节进行专门讨论。

制："只有当主体把别人作为契约的伙伴而加以承认的时候，即当作能够遵循契约内规范义务的人而加以承认的时候，他才能够成功地实现他的特殊的甚或怪异的利益。"① 同时，霍耐特认为："由于在市民社会中，黑格尔不适宜地构造了一个伦理领域（即同业公会），并赋予那些同样可以用更多的、不同的方式来把握的制度以构成性角色，于是他一下子就把那个具有现实化意义的解释路径都堵死了。由此，他消除了人们仅仅借助于一些互动模式来凸显这些领域各自特征的可能性，也同样错失了用抽象术语来转述这些领域的机会。"② 所以，在伦理部分中，黑格尔越是赋予伦理领域以制度结构，他就越不可能在总体上把这些制度结构与各种社会实践活动的特殊集合体等同起来。同样，霍耐特接着又批判黑格尔的国家观念。他说："在'国家'那个部分的一个地方，黑格尔开始讨论相应的承认关系，然而，恰恰就是在这个地方，一种纵向的联系（上下级之间的关系）突然介入横向的联系（平等个人之间的联系）之中。"③ 霍耐特认为，在这里，主体并不是以相互承认的方式联系起来的，通过共同的活动把普遍物生产出来，而是这些普遍物似乎作为某种实体性的东西已经存在了，于是承认包含了自下而上进行确认的意思。也就是说，这里黑格尔不是通过相互承认而达到公共的自由，而是通过国家早已存在的普遍性，要求个体去承认国家的存在。其中"实质性的是主体相互之间在实践中对政治利益的确认"④。最终，霍耐特说："这种自由主义虽然允许个人拥有传统意义上的一切基本权利，却不给他们任何参与政

① 霍耐特．不确定性之痛［M］．王晓升，译．上海：华东师范大学出版社，2016：120.

② 霍耐特．不确定性之痛［M］．王晓升，译．上海：华东师范大学出版社，2016：123.

③ 霍耐特．不确定性之痛［M］．王晓升，译．上海：华东师范大学出版社，2016：127.

④ 霍耐特．不确定性之痛［M］．王晓升，译．上海：华东师范大学出版社，2016：128.

治活动的机会。"① 这样，霍耐特看到，虽然黑格尔认为国家秩序的正当性依赖于每个公民的自由同意，然而，他却不允许他们共同扮演主权者的集体角色，没有让公民成为真正的主权者。最终，黑格尔的自由意志还是不能实现的绝对精神。

通过对黑格尔自由思想的批判，霍耐特一方面揭示了黑格尔法哲学的缺陷，使我们对黑格尔的法哲学的理解更加深入；另一方面，从黑格尔的缺陷中，霍耐特发现了对自由思想阐发的新方向，通过他后面对法哲学思想的现实化，而使黑格尔的思想又恢复生机。

三、自由的完成——《法哲学原理》的再现实化

为了能够在正义的原则中思考自由问题，霍耐特首先对现有的自由思想进行分析与区别。因为，霍耐特早就认为："在（法哲学）那里，对自由的'消极的''选择的'和最后'交往的'理解，始终被作为必然性要素引入概括性的、完整的'自由意志'的概念之中，在贯彻这个理论的过程中，它们按照上升的路径依次作为一个社会领域呈现出来。"② 在他看来，黑格尔在对两种自由观念的批判中提出了第三种作为超越前两者的社会自由概念。所以，按照黑格尔对自由的这种分析模式，霍耐特提出了与传统的自由二元论（即消极自由与积极自由）不同的区分，确定了三种相互有着明显区别的模式："消极自由""反思自由"和"社会自由"。在他看来，这三种自由相互补充，它们各自有着自己对社会独特的解释功能。其中，消极自由思想认为，要达到个体自由，就要有一个受法律保护的领域，个人在其中能够按自己的意愿去行为；反思自由则认为，自由是个人的理智行为的表现，这种理智行为是任何一个能力正常的人所具有，而只有自由的社会思想才考虑到社

---

① 霍耐特．不确定性之痛［M］．王晓升，译．上海：华东师范大学出版社，2016：129.

② 霍耐特．不确定性之痛［M］．王晓升，译．上海：华东师范大学出版社，2016：47.

会条件，使自由的实现条件与主体的目标相一致，从而形成了一种主体互动的自由结构。这种互动就是黑格尔所要求的相互承认的机制，它帮助每个人的反思自由成为现实。

霍耐特认为，这样一种主体互动的机制与自由的相互关联，使按自由价值构思的正义论必须同时对相应的机制做出陈述，否则这种正义是无法实现的。因为，理论不能局限于形式上的基本准则的引导，而必须把握社会现实，只有在社会现实那里才能找到实现它们所追求的目标所需要的条件，只有使所有可能的自由都有一种同等的价值，才可能形成自己的形态。霍耐特认为，这种形态就是相互承认的伦理与自由思想的关联，它要求正义理论脱离纯粹形式的框架，并且越过边界进入到社会的现实中去，同时要能够对如下两个问题做出解释：其一，对于每一个人来说，什么意味着有权支配个人的自由；其二，必要的时候也包括，要提供一些现存的机制，使个人在其中能够以规范规则互动的方式与其他人共同感受相互承认的体验。[①] 这种规范性重构的方式要求在当代自由民主社会中，以形成行动的方式来发展正义，从而反对纯粹形式上的正义论。于是，霍耐特认为，消极自由和反思自由两个领域构成行动或知识领域，个人能够在其中接受他的主体互动，并且社会保证他有退出社会生活的可能性，所以，这两个领域中，个人自由仅仅表现为一种“可能性”，而且对这种可能性有依赖特征，正是这种依赖性，造成了社会的病态。但是，在社会自由领域中，主体能够以各自信息交流的形式去体验社会的自由，形成了主体在共同行动规则基础上的互补性，因而不会有被动地陷入固执地对自由做单一理解的危险性，从而为个体自由的实现提供了“真实的”行动领域。霍耐特于是从自由的“可能性”和自由的“真实性”这两个方面展开他对社会自由的研究。

① 霍耐特．自由的权利［M］．王旭，译．北京：社会科学文献出版社，2013：108.

第三章

霍耐特对两种自由的认识

在《法哲学原理》中，黑格尔认为，能够实现个人的自由意志的社会，就是正义的社会。对霍耐特而言，黑格尔法哲学的目的就是探索个人自由得以实现的社会条件。他把黑格尔法哲学解释为对实现自由意志的社会制度之“定在（bestimmungen）”的规范性构想，突出了“在他者中而在自身中”(Bei-sich-selbst-sein-im-Anderen）这一主体间性的承认结构，而且他认为，单纯停留在抽象权利或道德层面，无视对现实社会制度和生活的参与，正是“不确定性之痛”的根源，而相互承认的交互主体社会模式正是对“不确定性之痛”的“治疗”方案。这样，霍耐特在批判吸收黑格尔自由理论的基础上，在《自由的权利》中将正义作为社会分析的前提，使自由与正义相耦合，基于交互主体性的承认模式提出了一整套系统的社会制度分析。他说：“那些在现代自由民主社会中所体现出的价值，都融合在一个点上，并且是在我们所熟悉的多样性意义上的个人自由的那个点上。”① 可以看出，个人的自由，是所有正义思想的规范性基石。于是，霍耐特立足于社会正义，从黑格尔的《法哲学原理》中引申出了一个具有创新性内涵的自由模式，即社会自由，从而将自由理论放在社会问题中去讨论。但是，他的社会自由是在批判消极自由和反思自由的基础上建立起来的，所以，这一章主要探讨霍耐特对这两种自由的认识。

① 霍耐特．自由的权利［M］．王旭，译．北京：社会科学文献出版社，2013：5.

第一节　两种自由概念及其影响

一、两种自由的概念

如果说贡斯当对古代人的自由与现代人的自由的区分开启了自由研究的新格局，那么，真正继承他并将其自由思想升华、发扬光大的乃是以赛亚·伯林。伯林对消极自由与积极自由的区分，为当代诸多学者对自由理论的研究创设了一种新的理论标准，同时也引起了激烈的讨论。伯林在霍布斯、边沁、密尔等英国古典政治哲学家和孟德斯鸠、贡斯当、托克维尔等法国启蒙思想家那里发现了消极自由观，而又将积极自由与赫尔德、卢梭、康德、费希特、黑格尔和马克思联系起来。他继承了贡斯当的自由观，表明积极自由是古代人的自由，而消极自由是现代人的理想，即消极自由是现代人认可的价值，积极自由对古代人具有吸引力。伯林对消极自由与积极自由的区分，是其直接继承贡斯当自由观的阐发，并赋予自由更深刻、更广泛的含义。

从定义上看，伯林认为，消极自由回答这个问题："主体（一个人或人的群体）被允许或必须被允许不受别人干涉地做他有能力做的事、成为他愿意成为的人的那个领域是什么？"或者说，"我的行动究竟有多少是受到限制的？我不受限制的活动空间究竟有多大？"① 相反，积极自由回答的问题是："什么东西或什么人，是决定某人做这个、成为这样而不是做那个、成为那样的那种控制或干涉的根源？"② 也就是说，消极自由是"免于什么束缚的自由（liberty or freedom-from）"，积极自由则是"做什么的自由（liberty or freedom-to）"。由此可见，消极自由指的是，在满足自我愿望的过程中不受

① 石元康．当代自由主义理论［M］．台北：经联出版事业公司，1995：6.

② 以赛亚·伯林．自由论［M］．胡传胜，译．南京：译林出版社，2003：170.

外界因素的阻碍，积极自由则要求这些愿望最初在我心中形成时没有受到制约；消极自由可以明确判断出一种制度是否捍卫了个人的消极自由，而积极自由是个人内心中的自主和自我实现。在伯林看来，消极自由是近代以来的霍布斯式的自由，就是免除限制或阻碍，意味着没有外在抵抗的自由，所以，单纯的消极自由，可能会造成被动和冷漠的情况，如托克维尔所描述的："我看到一群难以计数、彼此相似和平等的人在不停地忙碌，以取得渺小和庸俗的欢乐来充实灵魂。他们每个人都独居一隅，不关心其他一切人的命运。他们的孩子和私人朋友构成了他全部的交际环境，至于他的同胞，他虽在他们的身边，却视而不见，他接触他们，却什么也感觉不到。他只是为了自己而存在，如果说他还有一个家庭，那可以说他至少不再有祖国。"① 而积极自由则如卢梭和康德所讲，是道德上的自律。关于"积极自由"与"消极自由"这两个概念，尽管康德、贡斯当、黑格尔、穆勒都使用过，但是，伯林在20世纪对它们的明确区分，还是引起了很大的轰动和持久的讨论。

虽然关于这两种自由的划分和论述存在着诸多争议，但这种区分代表了当代人对自由在两个不同方向上的追求。如果与贡斯当的观点进行比较，我们就会发现，那些以前现代的方式谈论自由的人所关注的几乎都是民主的成员身份、参与以及由这些归属所带来的满足感，他们所关注的这些东西在古代雅典公民身上完美地实现了。而现代人所关注的东西则是一个变动的、更加个人主义的社会所带来的成果，这样的社会放弃了公共参与的理想，而支持一个私人活动领域的理想，在这个领域里每个人可以随心所欲。如果考察自由对政治哲学的影响，那么可以说，现代西方政治哲学关于消极自由与积极自由的争论是围绕着社会现实的变化而展开的，具有历史的阶段性和现实的针对性。虽然我们看到积极自由与消极自由在现实中表现出矛盾和对立，但实质上二者又是相辅相成的。尽管消极自由概念实际上是指对任何个人道德选择的不干涉，但同时也意味着对个人行动的最大限度的许可。而恰恰是

① 托克维尔．论美国的民主：下卷［M］．董果良，译．北京：商务印书馆，1988：869.

在这个意义上，"消极自由的概念并不是那么的'消极'，也就是说，它并非一个单纯的'机会'概念，而总是内含着个人作为能动者、能动者所受到的限制以及能动者的行动目标等一系列内容。换句话说，消极自由总是和积极自由紧密地联系在一起，它是一个充满'操作'意味的概念。它的内容本身——无论是指'机会'还是'操作'——还包含着对于个人道德辨识、道德选择以及相应的政治社会制度安排的要求。"① 由此可见，两种自由具有不同的应用范围和价值诉求，消极自由具有更多的法律意义，而积极自由更强调的是道德上的完善，有人将前者看作手段和保障，有人视后者为自由的最终目标，所以，完全可以说，"其实只存在着一个自由问题，而不是两个"②。

二、再论消极自由——以伯林的视角

从伯林的定义看，消极自由指的是"免于强制"的自由，而积极自由是指"去做某些事"的自由。从政治哲学的角度看，前者指个体在法律界限之内的自在无为，而后者指积极有为的政治权利和某种意义下的政治参与追求。区分自由这个概念的背后，其实体现的是伯林思想架构的"价值多元论"。因为，人类所追求的价值和目标各不相同，数量众多，难免相互冲突、难以共存，而且诸多价值目标之间无法衡量价值的大小、高下和先后，这样，人们在追求价值与理想时就需要选择。而在做出选择时，并没有理性的衡量标准给人以确切的指引，并且有选择也就意味着有放弃。这样，每次价值选择都会产生各种价值的冲突以及舍弃。在伯林看来，西方社会，从古代理性主义开始，经历了中世纪理性主义，直到启蒙运动所开启的近代理性主义，都主张一种一元论的价值追求、各时代的思想家们都在追求一个能解释全局的终极答案，探寻人类共同接受和践行的普遍价值，以使整个社会构成一个和谐体系，这种主流的价值观被伯林称为"刺猬之道"。但是，在阅读

① 达巍，王琛，宋念申．消极自由有什么错［M］．北京：文化艺术出版社，2001：4.

② 参见赵汀阳．关于自由的一种存在论观点［J］．世界哲学，2004（6）：57-65.

了马基亚维利、维柯以及赫尔德之后，伯林体验了一种反主流的价值观，他将这些思想家称为“狐狸”型的人物，发现他们所呈现的是完全与主流价值观不同的思想体系。这使他认识到，在道德、文化价值追求、社会方式等方面，人类面临的实际上是杂多而且无法调和的目的、价值和认知。这里，伯林认识到价值的多元性，而且看到价值的选择无可规避。这种选择就产生了自由。但是，伯林认为，这种抉择产生的对自由的定义是不能赋予它构成人格、取得生命意义的功能的。

如果价值多元论才是人类世界延续和发展的真正状态，那么，价值一元论从一开始就是一种错误。因为，在多元的社会情境中，却按照一元论的价值逻辑来安排社会生活，这对个人来说，就是一种矛盾；使人们必须在多种价值中只选取一种，而舍弃其他有意义的价值，对社会或国家来说，就是一种极权主义或霸权政治。正是基于这个判断，伯林陈述了他的自由概念，为我们区分了消极自由与积极自由，同时也让我们理解了这种区分的意义。具体来说，在多元论中，最真实和最有意义的道德行为就是“选择”，而对于选择的结果的是非对错，是没有绝对正确的或客观的评价标准的，重要的是人们有选择的自由和权利。但是，在一元论价值观中，“选择”就意味着只能遵循正统的绝对的价值标准，必须追求和达至正确的和终极的价值，这才是被认为符合社会需要和真正有意义的道德行为。这两种选择都需要自由，可是多元价值观中的自由，是没有外力的强制和阻碍的选择；而后者则给定了选择标准，给选择的主体和过程加上许多限定。最后，在伯林看来，前者的消极自由，给选择提供了可能性和真实性，而后者的积极自由，却使选择变成一元论的、理性主义的结果。于是，伯林的立场很明确，他主张消极自由、排斥积极自由。从道德选择这个角度看，如果人的行为与生活处于个人自由选择中，那么，伯林关心的是个体选择的机会是否存在和真实，而不是选择的结果是否正确，是否符合一定的要求。在价值多元论的情境中谈论自由，使得伯林的自由观表现出以“尊重人”而非“管教人”为主旨的特质。

但是，从“选择”的角度谈论自由，就是对自由概念的“简化”。从复杂的社会关系来看，伯林没有把自由当作一个需要由社会生活来说明和满足的概念。因为，他论述自由的时候，缺少社会共同生活的维度，使得他的自由定义无法解释“共同生活如何可能”这个问题。而且，他也没有从社会制度当中去说明在社会群体之中生活的个人为什么拥有自由、拥有什么样的自由等问题，个体自由与群体生活的关系如何处理等问题。所以，他的自由只讨论了个人的选择理论，而缺乏社会生活的维度，否定了社会公共生活所必需的政治价值，从而不能发展出有制度含义的政治原则。这也是他的自由理论的最大缺陷。

另外，泰勒认为，伯林所理解的消极自由概念依赖于一种“机会概念”。这种消极自由观的源头，可以追溯到霍布斯那里，按照霍布斯的理解，自由就是“没有障碍”，这种障碍仅仅是指没有身体或者法律等外在障碍，而不涉及人的意识、情感、压力等内在的东西。但是，从我们每个人的经验和体会来看，自由并不仅仅指没有外在的障碍，人的内在的许多因素都可以形成自由的障碍。所以，如果根据伯林或者霍布斯的理解，自由不仅仅要摆脱外在障碍，还要克服内在的情感、欲望、动机等方面的束缚，而这后一方面，显然是他们所缺失的。而积极自由在泰勒看来，就是一种“操作概念”，因为，积极自由理论把自由看作控制一个人生命的操作，它意味着由谁或者由什么进行控制，同时也意味着自我实现的条件。伯林对积极自由的这种界定与康德的自律和卢梭的自我实现是一致的。但是，伯林看重并肯定的是消极自由，对于如何关照积极自由，他没有过多的论述，而且，伯林对两种自由的定义，是完全在个体的层面上解释和论述人对自由追求的动机和过程，而没有在社会的层面，即人与共同体、人与社会的关系中去描述自由的实现，所以他的自由概念是缺乏社会性的。实际上，自由的实现要依赖于对社会和共同体的关注。卢梭认为在契约的社会中，每个人都应把自己交给社会，这样，借助于社会的力量，个人就不再依赖于别人，而服从于自己。马克思的理论更加典型，他告诉我们，人天生是社会的动物，只有借助一定的社会生产方式才能实现自己。而且，泰勒用两个阶段来对从自然法的自由到积极自由出现的整个过程进行区分，他认为，第一个阶段是实现自己目标的能力，其中个人的目标越重要，实现自由的程度就会越大，这就是对自由的认识必须走的一步。而第二步是指，自由只有在某种社会形式中才能实现或者完全实现。但是，如果自由依赖于社会，那么，是否导致社会以自由的名义而牺牲个体自由或对个体进行压迫或实行极权统治。这就牵涉个体自由与社会自由的关系问题。

受伯林两种自由的影响，霍耐特认为："消极自由是现代人道德自我认识中的一种原始的和不可放弃的要素，它所要表达的是每个人都应当享有权利，不受外界制约以及独立于外界对他动机的强制性考察，按自己的'喜好'去行动，只要他的行动不伤害其他公民的权利。相比之下，反思自由的思想事实上最初只是把自己置放在主体的自我关系上，按这一思想，只有那些成功地按自己的意图行动的个人，才是自由的。"① 伯林对两种自由概念的区分，在20世纪自由主义思想史上占有特殊的地位，被称为"自由主义的宣言"，深刻地影响或者引导了以后自由主义发展的方向和路径，随后诸多对自由的讨论或争论都是在消极自由和积极自由的界限内展开的。而且，对霍耐特来说，受两种自由思想的影响，他的社会自由思想就是直接从对消极自由和积极自由的研究和批判中引申而来的。

第二节　霍耐特对消极自由的批判

从伯林的观点来看，消极自由就是从一个人没有被别人干涉其活动而言，他是自由的。从霍布斯开始，到后来的密尔、贡斯当以及萨特、诺齐克等人都认为，个人自由领域神圣不可侵犯。在霍耐特看来，消极自由从源头上就具有一种契约结构。在《自由的权利》中，霍耐特对消极自由的分析是

① 霍耐特．自由的权利［M］．王旭，译．北京：社会科学文献出版社，2013：49.

在批判霍布斯、萨特和诺齐克三人的自由观的基础上立论的，论证了以法律自由为载体的消极自由的不足，指出法律自由在今天出现了一些病理性特征，丧失了传统中普遍认同的价值和理想。

一、对消极自由的认识

首先，霍耐特对霍布斯的自由观进行了批判。霍布斯认为自由就是“外界障碍不存在的状态”①。在霍布斯看来，这个障碍意味着外在的原因而造成的限制，它不仅在于我们能够运用自己的力量或能力做什么，也在于我们无外在障碍地去做什么。霍耐特也看到，霍布斯只承认外在的限制是自由的障碍，而否认人的内在因素对自由的约束。他认为，在霍布斯的消极自由观中，只有外在的抵抗，才会阻止自然躯体可能的运动，而内心的障碍，只是单一个体可能产生的特有的物质属性，不能被看作对自由的限制，因为它们属于个人的素质，是自作自受。也就是说，在人的本性上，人的内心障碍不能被看作对自由的负面影响。因为，这些心理因素就像它也能造成恐惧、意志薄弱或缺乏自信一样，只是对个人的能力产生负面的影响，而不能把它们归结为外在的抵抗所造成的。当外在的束缚而影响自己自由的实现时，可以进行反抗。这样，人就可以去做一切与他直接利益有关的事。霍耐特在这里借用了查尔斯·泰勒的一句话来说明霍布斯的理论：“一个人由于对自己的意图尚不清楚而由动机导致的过错，不能被看作对自由行动的限制。”② 对此，霍耐特认为霍布斯仅仅把外在抵抗看成对自由的限制，他人没有权利去要求主体应当去想些什么，而人的意志中可能会有的“阴影”“误差”或“局限”，在对人的自由所作的规定中是无关轻重的。霍耐特认为，尽管霍布斯对自由的定义“特别简单也很原始”，但因其具有一种持续的吸引力而在一切理论的反驳中幸存了下来，这使得自由行动的目的具有传统和历史上的

① 霍布斯．利维坦［M］．黎思复，黎廷弼，译．北京：商务印书馆，1985：97.

② 霍耐特．自由的权利［M］．王旭，译．北京：社会科学文献出版社，2013：36.

合法性，霍耐特称其为“目的豁免权”，这个权利保护了个人的特质性。但是，他认为，只有当个体的特殊性失去其精英的表象而表现为一种普遍性时，即这种消极自由从只有上层贵族专有变为普通民众的一种普遍权利追求时，霍布斯的这种消极自由才算胜利。在今天这个个人化鼎盛的时期，霍布斯的学说也就给予主体以表现其“自私”和“怪癖”的可能性。

其次，对萨特“绝对自由”观的批判。“自由”是萨特哲学的中心问题，它既是萨特哲学本体论的一个重要环节，又是其伦理学说的主要论题，萨特的许多作品都是对其自由观念的诠释。霍耐特也认为，萨特的自由思想“主要集中在自由本体论的纲领上”。同时，萨特一生积极介入政治活动，选择支持各国人民的独立、自由和解放事业，很好地体现了他所坚持的自由观。萨特说：“自由，作为虚无的虚无化所需要的条件，不是突出地属于人的存在本质的一种属性。……因此我们称之为‘自由’的东西是不可能区别于人的实在之存在的。”① 所以，他把自由问题提到本体论层次上，与人的意识结合在一起，以此使人作为“自为”的人而区别于一般存在物。萨特认为，自由就是“选择的自由”。他说，“我们是进行选择的自由，但是我们并不选择也是自由的，我们命定是自由的”②，自由它只能依靠自我选择而存在。自由并不意味着完全自主，而只是意味着选择的自主，人能通过自己的自由选择来创造自身。这种选择是绝对自由的，没有任何东西可以限制人的自由，所以人是绝对自由的。根据人的自由的绝对性，霍耐特认为在萨特那里，意志薄弱或心理困扰等内在的心理因素也构不成对自由的影响，因为这样的内心障碍已经是一种“选择”的表达。于是，在霍耐特看来，萨特的思想同样暴露出与霍布斯一样的排除所有反思的趋向，也即对于个人自由的概念，不允许有任何对目标的权衡，否则就是一种解耦（entkoppelung），是对存在的侵

① 萨特．存在与虚无［M］．陈宣良，译．北京：生活·读书·新知三联书店，2014：55.

② 萨特．存在与虚无［M］．陈宣良，译．北京：生活·读书·新知三联书店，2014：604.

犯。霍耐特认为，霍布斯和萨特都坚持个人的自由，最初只是在于把握每个已存的目标，这些目标可能来自“自发意识”的源泉或事先就存在的愿望。因此，他们对这些目标不必进行反思，也不必用更高层次的视角再对目的进行辩护。“消极”便是其自由观的形式，而存在主义那种纯粹不受干扰的决策方式，已足够表明由此产生的行动是“自由”的。由此，萨特的自由观进一步证实了：“消极自由的思想之所以能够在现代的思想世界里成为一种不可置换的元素，是因为它赋予个人对他的特殊性的追求以一种权利。”① 根据萨特的自由观，今天，只要是个人自我选择的行动就是自由的。

最后，对诺齐克的自由至上主义的批判。如第一章我们交代的，诺齐克是二战以后最重要的古典自由主义的代表人物，他认为人的自由是超越功利的，具有优先性和正当性。他的自由理论代表的是自由至上主义，由“行为无干涉，义务无强加”两方面构成。个人拥有绝对的权利，它优先于国家。在他看来，个人的权利和自由决定国家的性质及其职能。所以，任何侵犯个人权利的国家行为都是不正当、非正义的。对此，霍耐特认为，诺齐克的《无政府、国家和乌托邦》一书的方法论以消极自由为开端，把整个社会的正义规则都囊括进了他研究的视野。而且，消极自由在诺齐克这里已经升级了。因为，在霍耐特看来，诺齐克的自由是强烈地迎合了那些在多元化中极端个性化的社会中起着支配作用的社会条件。在霍布斯那里，个人自由至少还是由对自我利益的理性前提向内划定了界限，而在诺齐克那里即使是那些最小的规定也被排除了，所以，“现在这么不负责任地说，所有的人生目标，即使是自我毁灭或怪异，只要没有侵犯别人的权利，都必须作为实现自由的目标”。② 于是，霍耐特认为，消极自由在诺齐克这里发展到了极致。

通过对霍布斯、萨特及诺齐克三人的自由思想的分析，霍耐特指出了消极自由存在的问题。首先，消极自由导致了自由与道德的矛盾。从道德角度

① 霍耐特．自由的权利［M］．王旭，译．北京：社会科学文献出版社，2013：40.
② 霍耐特．自由的权利［M］．王旭，译．北京：社会科学文献出版社，2013：42.

看，从霍布斯、萨特到诺齐克，在方法论上，他们的正义理论的立场是相同的，都是原始自然状态说，他们的规范理论都依赖于对自然状态的道德限制。霍耐特认为："如果把人们对道德基本规则的遵循，理解为一种自由冲动时的内在要素，那么我们面对的就不是一种纯粹的消极自由的概念。或者如果把那些对道德基本规则的遵循，描述为一种对外界条件的单纯反映，那么消极自由的重要限制在自然状态中就已经被决定了。每一种尝试，即在假定的自然状态中加注进道德制约，以消除霍布斯时代战争事件的残酷，都会导致走到消极自由模型的边界。"① 这就形成了一种无法消除的矛盾。其次，消极自由限制了公民参与国家法律的制定和修改。在消极自由看来，每一个重要的国家法则，只有当它能够满足每个人的愿望时，才能期待它的臣民对它的认可。那么，这样一种法律程序中，主体根本没有机会参与基本法的制定和修改，而霍耐特认为这种程序更多的是把主体限制在概念为他们所设置的角色上，局限在一种一次性的最初审核方式上，以至于主体对国家法规的合法性只能够按个人的利益去衡量。所以，这种单纯的消极自由的出发点，不允许公民把自己看作基本法的创作者和更新者。再次，消极自由概念也影响着对正义基本规则取舍的范围。霍耐特认为，由于消极自由被看成是主体尽可能不受干扰地去行动，那么与此相应的正义秩序原则也就只能以尽可能开拓个人自主的空间来表达自由的价值。这样，降临在自由的正义思想上的任务就只能是，各个主体为和平地共同生活而要求的对个人自由的限制进行合理性论证。这就在一定程度上将对自由单纯消极的规定，延伸到出自它的正义论的消极主义之中，让人们以为消极自由的继续生存是正义理论全部的支点，从而误导人们对自由的正确认识。最后，霍耐特总结到，消极自由思想显示出的所有这些不足之处，最终都可以归结为一个问题，即消极自由实际上已经“站立在通向个人自主的门槛边”，却没有勇气最后去跨越这个门槛。

---

① 霍耐特．自由的权利［M］．王旭，译．北京：社会科学文献出版社，2013：44.

二、对法律自由的批判

由前面的论述可知，主张消极自由就需要一个受法律保护的领域，在这个领域中个体可以按照自己的喜好随心所欲，这个领域就是作为消极自由的载体的法律自由。在法律自由领域，个体自由拥有一个受法律保护的空间。在其中，人们可以依据自己的意志保持自己的喜好。所以，法律自由的核心是在受法律保护的空间内，存在着个人的隐私区域，即“私人自治”，“从而使个人对外享有国家保障的受法律保护的个人权利；……而同时在个人的内部却展开了一个对他人生目标进行的纯粹的自我反省。”① 这使社会主体变成了法律实体。如此看来，依靠国家强制所保障的自由和参与权，首先是保证每个主体在同等程度上有一个个人的保护空间，没有任何理由被允许侵犯个人的这一权利。

可是，霍耐特认为，法律自由带给人们的是一种非反思的生活状态。因为，只要一个主体进入了这种法律规定的个人状态，就不可能再对生活目标实现的前提进行反思。所以，法律个人根本就不可能将那些对他来说重要的人生目标，以对他们道德自治所要求的方式进行反思或实现，而且，主体还总是将他的互动伙伴当作“有着策略利益的活动者”来对待，而不管对方提出的对他自己的决定有着非常重要的意义的看法或建议。这就形成了法定自由的病态。因此，从社会现实来看，霍耐特认为，随着法律自由的扩展与普及，现代人的主体特质就只体现为法律实体的形式，主体的个性化以及对传统规范与价值的信仰和依赖都丧失掉了，从而表现为两种形式的病理学结构：法律实体的个人在社会冲突或争执中，为了维护自己的利益，都习惯于诉诸法律的手段来解决问题，而忽视了交往行为的调解功能，因而不愿与他人进行有效的沟通和交流；而且，作为法律主体的个人，逐渐忘记了主体互动的社会义务，只一味地强调个人自由，从而对自己应尽的义务无限期地

① 霍耐特．自由的权利［M］．王旭，译．北京：社会科学文献出版社，2013：129.

推延。

一方面，由于整个社会如今普遍采取法律自由的立场，人们把生活领域的事务仅仅归属于法律的媒介，这使个人只能按利益分类的模式来提出自己的要求，从而导致传统的信息交流的生活方式的瓦解，这会使每个主体都必须从法律的可用性角度出发，来评价自己和他人的意图，这也就使主体丧失了在策略意图和生活世界之间对互动伙伴做出判断的能力，剩下的只能是作为法定要求总和的个人。所以，这种立场转换，最终会使主体以为，自己和所有他人的自由都是在法律抽象范围内实现法律的普遍利益要求，而不是去提出个性化的需求，这样必然导致在需要沟通解决冲突的地方，人们却依然利用法律的手段，将自身的一切活动都按法律未来评判的标准去思考，从而轻视主体互动的必要性。同时，霍耐特还认为，法律的普及也使得可能解决冲突的其他方法几乎不再做机制上的尝试。而且，法律语言渐渐进入政治和社会的领域，家庭教育和学校的课堂也都在不断加强法律化教育，从而使青少年常常会经历，只要有法律上的冲突，现存的社会和家庭关系就会被解除，只要有相关的司法事件，谋略就会替代信息沟通。最终，人们尤其是青少年，因为他们日常生活中的法律互动形式，而产生对持久传统社会价值的怀疑。

另一方面，霍耐特认为，法律自由的病态，更多地反映在第二种形式中，即“它不是存在于社会对法律行动形式的独立之中，而是根源于它对推延，而且总是中断的特性的模仿”①，其表现为优柔寡断和不愿行动。至于这种现象的成因，霍耐特认为，法定自由的理想中有着一种超越个性自身而影响个性的力量，在其中，对个性形成起着作用的，不是按已有的法律为准则而行动，而是以推卸所有会产生矛盾的沟通义务为榜样。这样，使得人们为了逃避义务，不让自己有一种持久的追求，而永远只能在对生活的深沉意义和执着努力的逃避中生活。总之，霍耐特认为，法律自由的思想把作为主体

① 霍耐特．自由的权利［M］．王旭，译．北京：社会科学文献出版社，2013：147.

权利的保障机制用以主体互动为方向的行动所代替，从而出现对自由意义的这两方面的误解。由于这两方面的病理结果，社会上就形成了只存在单一法律个性的个人，这不但失去了与他者的有效沟通，并且推延和中断全部的沟通要求，因而无法形成个体努力和持久的信念，最终，失去了传统社会中人们的交互性和多元化的个性。

虽然消极自由有其消极影响，但是，霍耐特通过对消极自由的分析，也看到了消极自由的积极因素，如同伯林的消极自由观一样，如果人类在追求积极自由的同时，没有为消极自由保留空间和地盘，那也就必然意味着新的奴役或公民的自由遭受到任意的侵犯。在当代社会中，一方面，法律个体也是自我选择的结果，个体只有成为法律体制内的一员，在享受法律自由并承担法律义务的前提下，不管是谁，都可以期待达成一种正义，从而获得一定的参与社会活动的自由，以为实现人的自由而全面的发展做好准备。另一方面，在对消极自由的认识上，霍耐特从对霍布斯、萨特和诺齐克三人的自由观的分析中，认为消极自由“在霍布斯那里是个人自我利益的自然性，在萨特那里是前反思意识的自发性，最终在诺齐克那里是个人意愿和喜好的偶然性……个人的自由在这三种情况下，都没有延伸为一种能力，即个人有能力为自己设立在这个世界上想要实现的目标。常常是因果关系，或是内在的自然，或是一种无名的精神，在主体的背后，主宰着主体对行动目标的选择”①。所以，在《自由的权利》中，霍耐特对消极自由的观点进行批判，再以法律自由为载体去加以证实，并认为，只有先越过消极自由中的这些因果关系的界限，才会出现真正的个人自我决定的自由概念。在他看来，消极自由概念把不受外在阻碍看成是其基本要件，而缺乏社会互动的特性，同样，法律自由却失去了传统的交往特性，而导致了两方面的病理情形。而且，霍耐特指出现代西方社会陷入自由困境的原因在于社会性的不足，即相互承认的政治伦理文化的缺失。于是，霍耐特在批判消极自由后把自由引向

① 霍耐特．自由的权利［M］．王旭，译．北京：社会科学文献出版社，2013：47.

了积极的反思自由，继续探讨道德自由对社会正义的影响。

第三节　霍耐特对反思自由的批判

霍耐特对消极自由的批判，在于引出其随后论述的积极自由。相对于消极自由，霍耐特将积极自由称为反思自由。尽管伯林肯定并看重的是消极自由，但他并没有忽视积极自由的作用，他说，“正是积极意义的自由观念，居于民族或社会自我导向要求的核心，也正是这些要求，激活了我们时代那些最有力量的、道德上正义的公众运动。不承认这点，会造成对我们时代的最关键的那些事实与观念的误解”①，所以，积极自由构成自由的关键环节。而霍耐特的积极自由观是从对具有反思态度的卢梭和康德的道德自由的研究开始的。

一、对反思自由的两种认识

我们知道，区分消极自由和积极自由的关键是人的行动是受外在因素支配的还是出自自主的意图。关于消极自由的定义，最初在霍布斯那里，他没有把人的内在因素对行动的影响考虑进去，因为，若从对行动的阻碍这个角度去看待自由，还应该考虑到人的内心因素对行动的阻碍。但是，卢梭进一步认为，人的行动不能仅仅因为它没有受到主体内在的抵抗，就把它看成是一种自由的行动，而且，只有当主体行动的目的出于他自己的意志的时候，才能被看作自由的行动。所以，卢梭给我们树立了积极自由的标准。在《社会契约论》中，卢梭讨论了人的欲望和道德自由的对立关系。他认为，一个人若是被欲望所驱使，尽管他摆脱了外在的束缚，却仍然是不自由的。在他看来，一个由感官刺激导致的行动，是不能称之为自由的，因为，这时的人

① 以赛亚·伯林. 自由论 [M]. 胡传胜，译. 南京：译林出版社，2011：21.

的行动是受“身体的法则”的自然因素的影响，而不是出自主体内心的愿望或意志。相反，若行动出自主体自由的意志，就是自由的行动。霍耐特认为，卢梭的自由思想为反思自由奠定了两种不同的模式，即把自由分为自律和自我实现，而这两个模式分别被康德和赫尔德做了充分的发挥。康德将自由的意志作为一种理性的自律来解释，赫尔德却认为意志的纯洁化是自己真实愿望的发现。

（一）康德的意志自律

对卢梭自由思想继承得最好的就是康德。康德接受了卢梭的自律模式，并对其进行改造。他认为，自由就是允许人作为主体，并给自己的行动制定法则，而且按这种法则去行动，当然，这种行动的法则必须是主体在正常的理性洞察下，做出的正确的行动标准。康德认为，人具有意愿，这种意愿就表明人有实现自由的能力，因为人在意愿中遵守约是理性的法则。关于这一点，如前文所述，康德从他的道德哲学中提出了“绝对命令”，对康德来说，如果一个人有了一种意图，在他实施这一意图时，必须排除一切可能影响意志的自然因素的影响，而只保留那些对意志起促进作用的准则。而且，这些准则必须与普遍性法则相适应，按照这些法则行动，同时，他也希望所有其他有理性的人都这么做。康德在《道德形而上学的奠基》里说：“意志在一切行动中都对自己是一个法则，这一命题，仅仅表示如下的原则：除了能够把自己视为一个普遍法则的准则之外，不要按照任何别的准则去行动。而这正是定言命令公式和道德的原则。因此，一个自由意志和一个服从道德法则的意志是一回事。”① 另外，康德还加了一点，就是在行动的时候，任何时候都要把人当作目的而非手段来看待，即“人是目的”。如霍耐特所言：“当我问自己，我所选择的行为准则是否能得到所有其他同类主体赞同的时候，我就已经把他们作为有理性的人而尊重他们，并且将他们作为自己行动的目

① 康德．康德著作全集：第 4 卷［M］．李秋零，译．北京：中国人民大学出版社，2013：454.

的。"① 在这个意义上，人才是自由的，因为，人在执行意志的行动中，以他人给予自己的道德法则来作为他行动的准则。所以，康德的反思自由，完全建立在理智上，即我具有一种道德义务，在将他人当作目的的基础上，我以我自己期待别人对待我那样的方式来对待他们，这种自由也就是道德自由。

（二）赫尔德的自我实现

在霍耐特看来，卢梭的自由的第二个方面与康德的意志自律是不同的，这第二种模式是个体自身真实意志的表达，从而使他成为一个真实的个人。他在卢梭的《爱弥儿》《忏悔录》和《朱莉或新爱洛伊丝》中发现了这种观点。他指出，在这些著作中，经常出现这样的情节，只有当一个人感觉到，他所实现的那些愿望和意图，确实是自己内心所希望的时候，才完全实现了自由。这种自我实现的理想，是把每个人的自我利益规范性地移到共同利益之前。这一点，在赫尔德的思想中得到了延续。赫尔德认为："每个人从他的自然出发，就已经有着一种只有他自己才有的无法替换的灵魂，为了让它能按它自己的特性成长和发展，就需要对它以生命生长的方式进行相应的慰抚，在与活生生的器官的成长相仿的意义上，只要个人将他所有内在的力量和感知都表达出来，他就达到了他实现自我的那个点，他就能把他的行动作为真实自由的实现来感受。"可以看出，尽管赫尔德强调个体的自我实现的自由，但是，在他眼里的反思自由，是一种通过共同语言的学习而形成的"内在化"的实现。

由于消极自由思想的肤浅和简单，主体只从外在看是自由的，没有考虑自由的实现与主体的意志的相关性。在积极自由看来，主体的行动只有排除了任何强制的因素，建立在自身真实的意图和目的之上，才是真正的自由，这种自由就是反思的结果。而康德和赫尔德的两种不同认识都强化了积极自由的这种反思倾向。在霍耐特看来，反思自由思想在现代话语哲学的进一步发展过程中，走的正是由卢梭提出的、由康德和赫尔德发挥了的这条以自我

---

① 霍耐特．自由的权利［M］．王旭，译．北京：社会科学文献出版社，2013：54.

决定和自我实现、自主和真实之间的对立产生的思想道路，如果提及个人自由，总是必须同时考虑到它的反思功能。但即使在康德和赫尔德之后，人们还是常常或是按一种理性自我界定的模式，或是按一种在历史语言发展中自我发现的榜样，来理解反思功能。在后面，通过与法律自由的比较，霍耐特指出了道德自由的优势，他认为，在法定自由的保护空间里，我们在所有其他人的许可下，只是蜷缩在我们自己之中，但是在道德自我立法的反思停顿期间，我们却必须以主体互动的合理方法来解决行动冲突。因而，我们个人的决定总是会牵涉别人。经过这一比较，我们就可以看见，在法定自由那里，我们只是拥有不受别人的干扰去改变自己生活的权利，而在道德自由那里，我们则拥有权利对道德规范的公开解释施加我们的影响。所以，霍耐特的结论就是：道德自由的价值高于法定自由的价值。①

（三）反思自由的两种模式的当代命运

霍耐特认为，反思自由的这两种模式在当代的语境中，已经变得比较温和了，逐渐失去了它当初在康德和赫尔德那里所具有的那种激烈特性。首先，康德的具有先验特征的自主概念，如今被赋予了实证性的新解释，将主体的反思的理性能力，描绘成一种社会化过程的产物，把个人作为道德现行法则的共同立法者。这样，康德最初的思想在今天不仅被剔除了它先验的特征，被引入实验性的证明中去，而且被引导到了主体互动理论中去。霍耐特认为，正是阿佩尔（Karl-Otto Apel）和哈贝马斯开创了这样一条“去先验化（detranszendentalisierung）”的道路，将道德主体置入一个完全的信息共同体的世界中，使得以前的孤独的主体依靠自己而达到的成就，现在通过一种语言哲学的转换，而被解释为是语言共同体成员的一种交际沟通的产物。在语言哲学的理论中，由于语言规范的前提，单独的个人被迫将自己理解为一个对话的参与者，在这样的对话中，每个人都作为自主的个人而必须受到别的参与者的尊重。这种转化，使得在康德那里还完全是个人独自反思的自

① 霍耐特．自由的权利［M］．王旭，译．北京：社会科学文献出版社，2013：182.

由，现在则具有了一种主体互动理论的意义，使反思自由思想更牢固地扎根于生活世界的社会结构中。① 在这种情况下，个人想成为自我立法的主体，只有融入一个信息共同体中，并把自己理解为一个共同规范的接受者，同时还有与共同体中所有其他人的合作，这样就实现了从“自我”到“我们”的互动。但是，霍耐特认为，由哈贝马斯提出的这种互动，实际上也还不能完全把握主体互动自由的思想，因为，不管是“自我”还是“我们”，只有依靠社会现实的机制关系，为他们的目标提供实现的机会，他们的自我决定才能完全实现，而这正是哈贝马斯的理论所缺少的。与康德的个体自主的命运一样，赫尔德的自我实现的自由也一步步失去它原有的形态。自我实现作为一种对自我的发现过程，随着社会的发展，深藏在个体内心的性格潜能由于个人在社会中与他人的冲突而逐渐消失，这就导致原始真实自我的消失，从而使得自我实现受到限制，也就是说，赫尔德所要求的真实自我与自我实现的结合，如今已经被分割开了。

反思自由的这两种形态的当代命运，体现出它们与正义的关系。霍耐特认为，自主思想与自我实现这两种自由形态中各自蕴含的正义思想如今相去甚远，几乎没有共同点。首先，个人自主的自由在康德那里发展成一种普遍尊重的原则，社会正义的基本原则就应是所有社会成员共同实现自由的结果，所以，这里的正义是一种规范性的共同意志确定的过程，即集体性的自我决定。其次，如果把反思自由看作一种自我实现，那么，其中的正义就是，每个社会主体都应该不伤害别人而得到自我发展。由此出发，霍耐特又区分出两种不同的个人自我实现的正义形式，即个人化的形式和集体化的形式。前者是指自我实现被看作一种单个主体的个人能力，这时的社会正义就要求社会创造一种使个体不受限制地去表现他的真实自我的环境，以为个人实现提供一定的社会条件。而自我实现的集体化方式，是把自我实现的内在动力看成一种本身就具有共同合作性的行动。按这样的理解，个体并不具有

① 霍耐特．自由的权利［M］．王旭，译．北京：社会科学文献出版社，2013：60.

自我实现的能力。他的自由，只有通过集体才能实现。这里的正义就是要求一个社会配置，能够维护公民所需要的团结，社会的发展，就要体现在促进公众团结的理念中。但是，霍耐特认为，反思自由的这两种形式的真实性的思想是不广阔的，它只能包容比较少的个人和社会关系，所以，并不能从中形成一种独立的正义思想。虽然，相对于消极自由，反思自由的主体互动更高一些，但是，反思自由的这两种模式都没有将自由的实施成为可能的社会条件当作自由的组成部分，只是到了只有提出正义秩序的问题和社会的现实机会也成为课题的时候，才把社会条件作为前提来提及。所以，对社会条件的忽视，使得反思自由思想停在了社会条件问题的这个坎上，否则就能够凭借着社会条件给予它们的力量，而完成它们所描述的对自由的实施。①

二、道德自由及其病理特征

（一）对道德自由认识的深化

从康德的意志自由中可以看出，人的真实的自由，是来自正确理智的道德法则。他的道德自由告诉我们，人的行动不是以自然冲动为根据，而是由人自己内心的真实意志来决定，这样我们才是真正自由的。同时，康德还告诉我们，我们行动的理由还必须能够为所有其他的人赞同，而且把其他人都当作与自己同样有能力做出自我决定的主体，如同他的道德律令所说的，对待别人，就像你期望别人如何对待你一样。如果我们不去追问我们的行动是否符合普遍性原则、是否符合道德法则，那么，我们的行动就会受到自然法则的影响，这样就是不自由的。霍耐特认为，康德的道德自由，一方面提出了主体承担义务的道德要求，另一方面引出了主体反抗不公正社会关系的要求，即“作为人的个人，我们大家都同样地并且独立于每一条法律规则，有拒绝那些可能不会得到所有当事者都赞同的社会要求或机构的自由”②。也就

① 霍耐特．自由的权利［M］．王旭，译．北京：社会科学文献出版社，2013：68.
② 霍耐特．自由的权利［M］．王旭，译．北京：社会科学文献出版社，2013：157.

是说，康德的道德自主思想首先对我们进行了启蒙的是，关于我们随时都可以对现存关系的合法性提出疑问。因为，每个人，不管他有着怎样的社会地位，不管他有着哪些心理能力，在任何可以想象的情况下，都拥有自由去追问自己所面对的权利的合法性。从道德自由的普遍性入手，如果主体面对一种要求，是不符合所有人的共同诉求的，那么这种要求就是不合理的，而作为当事者的主体，就应该有权利去拒绝它。这就形成了康德道德自由学说批判性的一面，按照这个理论，每个人都应该作为道德的主体被尊重，他的合理判断必须为公众所接受，并应进入立法中。这种道德自主的思想，在西方当时正在发展着的社会民众思想中得到回响，在德国、法国等西欧社会迅速普及，并经过当时的文学作品和政治沟通的渠道，渗透到社会生活的各个方面，使得人们在心理上逐渐形成了这样一种思想，即每个人，不管他身处何种社会地位、担当何种社会角色，以及有何种文化背景，都应该有自己的尊严而且被其他人尊重。也就是说，个体首先是一个独立的个体，同时与其他人一样，也是一个道德个体，在社会中必须被他人所承认，霍耐特说，这种人的尊严，如今已经成为现代社会日常生活文化的稳定背景，并构成行动道德话语的规范性参数。

对于道德自由在今天的理解，霍耐特借助克里斯蒂娜·科斯加特和哈贝马斯的理论进行进一步阐述。他认为，道德自由在科斯加特那里，被理解为：每个人，如果对自己行为的内涵有了足够的理性认识，那么他就肯定意识到，他必须遵循具有普遍性的道德原则，而且这种普遍性的道德原则要求我们，只有在制定出我们尊重其他所有人作为主体的法律时，我们才是自由的。而哈贝马斯也认为，我们只有按照道德自律的模式，才能理解个人自由，显然，他遵从的是康德的道德自由观。在他那里，康德的思想大都有着经验性的形态。不过，哈贝马斯是从道德教育入手，从个体成长过程中的道德发生过程来理解道德自由的，随着人的成长和道德意识的发展，他就会由最初被动地实施道德行为逐渐转变为主动地接受道德规范。但是，与康德不同的是，他认为，要实现道德自由，还需要把在康德看来是人的“自然性”

的需求通过正确的方式表现出来，这样就超越了康德的自然和道德的对立，把个人的喜好也考虑进道德自律的行为中去。而当这两个方面发生冲突时，必须以道德规则为基础，按道德规则行动，让所有的参与者都能在一种商讨的、没有强制的过程中达成共识，来讨论当事主体的哪些需求具有重新解释和淡化的可能性，以与其他人达成谅解，从而确认自己行动的理由。总之，在霍耐特看来，不管是科斯加特还是哈贝马斯，他们对道德自由的理解最终都基于康德的“普遍性”道德规范思想。

（二）道德自由的病理特征

从道德自由的特征我们可以看出，它不仅赋予主体以一种自我认同的形式，而且能以自由的名义，对现存的规范进行批判的驳斥、对新的规范体系提出建设性的意见。但是，霍耐特认为，这容易给主体造成片面性，且容易导致对社会的误解，从而使道德自由暴露出它的缺陷，即病理特征。

从道德自由的特征可知，主体在道德自由领域内的行为模式，是对自己的行动做普遍性取向的，这样，一旦主体间发生冲突而又没有法定规则可以解决冲突时，就会期待个人能够摆脱他当前承担的角色义务和规范的责任，以普遍性原则为取向，而对机制性的规范不再存有成见。虽然，普遍性的道德要求能使主体对所有的既定规范保持距离，进入一种新的看问题的视角，能够不偏不倚地对道德基本原则的普遍认可性做出判断。但是，这种方式却把道德主体放入了互动关系中，剥夺了主体的纯粹自我参照，从而使个体失去了自我，这对个人的自由是一种剥夺，或无法实现个体的自由。同时，霍耐特认为，这种普遍认可性检查是不可能的，因为我们根本不可能取得一个中性的立场，要求主体既放弃个人利益，又放弃现有的社会关系，全身心地投入普遍性的自律规范中，以价值中立的原则去进行道德评价。事实上，我们每个人生活在活生生的、具体的历史和社会环境中，不可能简单地轻易摆脱现实的社会关系而进入抽象的普遍性的道德法则中。个人在现实中，总是会碰上一些不能从自律出发来理解的规范性现实，对这些现实的社会关系我们不能封存起来或置之不理。比如，友谊的意义、传统的道德规则、家庭内部的关系、父母和孩子的义务，这些都是有着规范化内容的机制性现实，对此，我们很难简单地拉开距离，而轻易放弃。所以，不管是个人还是社会群体，只要他以普遍性标准来寻找一种既在理性上是无可非议的，又能为个人找到一种所接受的解决行动冲突的方法，就会产生一种与现存社会关系“不兼容”的冲突，而对普遍性标准提出否定。① 所以，在这里，霍耐特批判康德的道德自由的缺陷是非常中肯的，因为康德的思想带有强烈的先验论特征，其道德哲学是一种非常理想化的理论假设，当碰到具体的社会现实时，就必然暴露出其弱点。我们生活于其中的具体社会道德环境具有构成性的特征，它是经过长期的道德实践而形成的相对稳定的道德文化，我们在道德判断和行动中，首先就需要有对这种机制性现实的承认，这些机制性现实有着我们共同生活形式的社会基本规范的形态，因而具有对个人来说无法改变的约束力，而如果从康德的普遍性要求出发，对人们既有的道德传统进行改造时，就必然受到既定的道德传统的阻碍。而且，霍耐特也看到了黑格尔对康德的批判，在《法哲学原理》第 135 节中，黑格尔认为康德提出“义务和理性应符合一致”的观点是可贵的，但是，黑格尔认为：“如果我们关于应该做什么已经具有确定的原则，那么，请考察你的处世格言是否可被提出作为普遍原则这一命题就很好。这就是说，要求某一原则也可成为普通立法的一种规定，就等于假定它已经具有一个内容，如果有了内容，应用原则就很容易了。但是，在康德的情形下，原则本身还不存在。”② 所以，在黑格尔看来，康德的这一理论缺乏层次性，是很难在现实社会中实现的。

另外，基于自律原则的普遍性要求，霍耐特认为，如同法律自由一样，道德自由的行动体系也在一系列关键的地方为自己留下了有着社会病态的错误解释，从而产生了道德自由的社会病态。霍耐特认为，在道德自由中，以

① 其实，霍耐特对康德自律理论的这种批判，早在以前就有哲学家提及，比如从黑格尔到伯纳德·威廉姆斯，道德批判者都从这些理由出发，拒绝康德关于道德自由或自律的论述。详见亨利·E. 阿利森．康德的自由理论［M］．陈虎平，译．沈阳：辽宁教育出版社，2001.

② 黑格尔．法哲学原理［M］．范扬，张启泰，译．北京：商务印书馆，2014：138.

自律的普遍化为原则，人们就常常把没有成见和没有偏见，当作个人能够摆脱所有与他的角色相关联的义务，而由社会的普遍认可性来决定个人行动的原则，这样，主体就把自己的生活世界仅仅局限在单纯以道德理由为标准的事件或结果上，而形成了两种病态特征：一是冷淡的道德主义的人格类型，二是以道德为理由的恐怖主义。在第一种情形中，那些卷入道德自由病态中的人，在实施他们的道德自律时对自己有所误解，没有确定道德自由的内在界限，以致对道德自由的应用扩展到整个社会生活的实践中去了，这些人“为自己戴上道德信念的性格面罩，试图从普遍性的角度出发来决定自己行动的理由，却否认既定的社会交往规范的任何效用——他们认为自己实际上担当着为这个世界所有人立法的角色，而看不到这个世界已经有着塑造自己的一系列规范性的规则。谁如果以这种方式淡化他的生活世界的道德事实，就会将他的生活道路只是以能够满足普遍性的标准为唯一的方向”①。这种病态的表现就是，道德自律排除所有之前的关系和义务，把道德价值作为唯一的取向，从而产生死板和僵硬的道德教条主义。道德病态引起的这种道德异化现象，就是忘掉了自己和社会的综合关系。而这种抽象的道德越是远离现存的社会关系，就越是趋近一种完全自由的、没有生活情感的道德自律的幻想，那么我们生活在其中的现有社会关系，就会最终被忘却。而且，这样行为的道德主体感觉不到社会关系和责任在他整个生活中有何种意义。对于第二种病态情形，霍耐特认为，随着道德自由的机制化，以前自律的个人现在变成了致力于社会变革的集体，从而出现了现代社会特有的恐怖主义。因为，有一些社会团体从道德自由的普遍化立场出发，对占统治地位的社会秩序产生了道德上的怀疑，从而攻击一些在特定的社会情况下已暴露出不合理性的政治措施。他们以为自己能够站在一种道德立场上，将所有可能遭遇不公正的人的利益最大限度地普遍化，以致把所有现存的机制性规则都看成没有根据的，从而不择手段地将占统治地位的规则作为不公正的规则来加以攻

① 霍耐特．自由的权利［M］．王旭，译．北京：社会科学文献出版社，2013：184.

击。如果从这样的角度出发来理解道德自由，最终不仅必然丢弃法制国家的宪法规范，而且会失去所有现存友谊和家庭生活关系的效用，而以恐怖主义的方式来与社会的道德问题做斗争。

综上所述，消极自由和道德自由在霍耐特看来，仅仅表达了自由的“可能性”，而对现有的互动关系起着保持距离、进行检验或干脆拒绝的效用，并不能从它们的自身出发在社会世界内部造就一种主体互动共有的现实性。因为这两种自由都有其缺陷，这一点皮平教授（Robert B. Pippin）在评论霍耐特的自由理论的时候也是这样理解的。他认为，对于消极自由来说，其未必就是一种自由的良好状态，因为，“如果人们喜欢的是操纵、强制、无知或压迫的产物，那么就很难理解这种自由的价值”。而积极自由，在他看来，是由一种未被扭曲的反思能力来决定一个人该做什么的自由状态。两种自由各有利弊，要结合起来对待。他说：“作为外在自由的消极自由必须被理解为确保内在的反思自由的可能性。然而，如果这种自我决定的积极自由的结果不能在实际的社会制度和实践中反映出来，那么就不能说是‘完全的’和‘真实的’自由。这些制度可能并不一定会阻止人们意图的实现，但是如果人们必须不断地与社会中的既定制度相抗衡，或者如果一个人必须在这种事情上没有或很少与他人团结一致，或者只能与其他边缘化群体的成员一起生活，那么他们的生活就会变得窘迫。……一个人的自由可能不会受到限制，一个人的反思决定也许不会被扭曲，但是如果没有这种团结一致，人们的自由就不能说是真正实现了。”① 所以，和霍耐特一样，皮平也对消极自由和积极自由持一种比较客观的中立态度，而且，对于如何突破这两种自由的缺陷，真正面对它们，他是这样认为的：“在这种情况下，这将是一种‘金发

① PIPPIN R B. Interanimations：Receiving Modern German Philosophy［M］. Chicago：The University of Chicago Press，2015：120-121.

姑娘（goldilocks）’的决议①：不要太过分强调消极自由，但也不要太少；不要太注重反思自由或良心的呼唤，但也不要太少。让一切‘恰到好处’就等于‘社会自由’，即相互尊重的不干涉，与真正整合的方式相一致的反思性自我决定，在社会整体中共享。”② 所以，他也提到了社会自由，在这一点上他是同意霍耐特的认识的。因为，霍耐特认为真实的自由只存在于那些相互承认的主体中，并且都能够将他们对自己行动的实施看作对方行动目标实现的条件，唯有如此，主体才能够在这种社会中实现他们的意图，体验已经实现了的自由。所以，只有在社会生活的相互承认中，赋予行动主体以互动的意义，使道德自由思想牢固扎根于生活世界的社会结构中，并依靠社会现实的机制关系，为人们的目标提供实现的机会，才能使自我决定的个人自由完全实现。这样，霍耐特就穿透了消极自由和反思的道德自由的“幻想”，将在康德那里还完全是个人的独白的道德自由思想，引入了他的社会自由，实现了对消极自由和道德自由的超越。

---

① 在童话故事《金发姑娘和三只熊》中，金发姑娘迷路后未经允许就进入了熊的房子，她尝了三只碗里的粥，试了三把椅子，又在三张床上躺了躺，最后觉得小碗里的粥最可口、小椅子坐着最舒服、小床上躺着最惬意，因为那是最适合她的。金发姑娘选择事物的原则就叫作金发姑娘原则（Goldilocks principle）。金发姑娘原则告诉我们，凡事都必须有度，不能超越极限。

② PIPPIN R B. Interanimations：Receiving Modern German Philosophy［M］. Chicago：The University of Chicago Press，2015：121.

第四章

霍耐特社会自由的内容和构架

第一节　黑格尔法哲学思想的再现实化

自由是现代社会的时代精神，是现代社会不同于既往社会的本质特征。黑格尔以自己的方式，从经验生活世界和历史中，寻得一种具有现实必然性的时代精神，就是自由精神，其对整个人类生活世界起支配性作用。因为，自由精神是启蒙运动所确立的人的最重要的基本价值诉求，而黑格尔的自由精神是对时代与历史的深刻洞察。如今，霍耐特的社会自由是对黑格尔法哲学思想的再现实化。要在社会真实性的领域去实现自由，在霍耐特看来，就需要一种标准或机制，来帮助我们在社会机制范围内区别出各种自由的不同程度。而黑格尔的社会思想是建立在对一种社会机制的构思上，把他人理解为在自身之中的他人。他以友谊和爱情为例来说明这一点："在友谊和爱中已经有了，我们在自己内部不是片面的，而极愿意在对他物的关系中限制自己，并且在这种限制中明知道自己本身。在这一规定性中，人不应当感到自己是被规定的，相反地，由于他把他物作为他物来观察，他才具有自尊感。所以，自由既不在于无规定性中，也不在于规定性中，自由同时是它们两者……自由是希求某种被规定的东西，但却在这样一种规定性中：既守在自己身边而又重新返回到普遍物。"① 这里，黑格尔社会思想的关键点就是"在他人中保持自我"。借助于这点，意志自由从个人的独白，融入与他人和社会的关系中去。这就是相互承认的展开。按照黑格尔的看法，是相互承认的机制使个人目标客观地交错在一起，以确保主体能够在另一个自我的行为中，辨别出哪个是他自己愿望实现条件的愿望。由于个人对自由的追求只能在机制内部或通过机制的帮助才能相应地实现，所以，这里"主体间"就扩展为自由的"社会"概念。"自由"是主体在机制性实践的框架内与作为对方的别人相遇，在那个作为对方的别人的目标中，他看到了自己目标实现的条件，而与对方形成的一种相互承认关系。②"在他人中保持自我"的形式，也就是社会机制的关系，在这种形式或关系中，作为参与者的主体，各自相互对他们自我中的别人予以承认，并且这种承认的形式，使个人由反思而赢得的目标得以实施和实现，所以，黑格尔通过"在他人中保持自我"这一主体间的、交往的模式来理解自由，表明只有充分的自我理解，通过自在又自为的自由概念，才能说明个体自由向社会自由的过渡。

一、对黑格尔《法哲学原理》的结构分析

按照霍耐特的理解，黑格尔法哲学的目的就是建立一个实现个人自由的正义制度，以使个人的自由意志得以实现，而正义的社会制度就是个人自由实现的条件，这就与康德在脱离社会条件的情况下构建的一种普遍性的道德模式有本质的区别。霍耐特的目的是对黑格尔法哲学进行再现实化，但这种现实化不是对黑格尔思想的复原，而是对他进行新的理解。

在《不确定性之痛》中，霍耐特首先对黑格尔《法哲学原理》的框架进行了分析，让我们明确了黑格尔的法哲学思路。由霍耐特对消极自由和反思自由的分析可知，这两种自由虽然是人的自由实现的必要条件，但它们都是

① 黑格尔．法哲学原理［M］．范扬，张启泰，译．北京：商务印书馆，2014：19.
② 霍耐特．自由的权利［M］．王旭，译．北京：社会科学文献出版社，2013：75.

不完整的，在现实中会表现出一些病理缺陷，如果人们看不到这二者的病理特征，而把它们当作自由的全部，就必然会对社会产生伤害和消极后果，这都是对抽象法和道德的合法领域界限的突破。对此，黑格尔在《法哲学原理》中用“孤独”（第 136 节）、“空虚”（第 141 节）和“困境”（第 149 节）等概念来概括，他将之统称为“不确定性之痛”。而要真正实现人的自由，就要进入社会，实现主体间的平等交往和承认，而这是在《法哲学原理》的第三部分即“伦理”中实现的。“为此，霍耐特认为，法哲学所划分的结构是一种二分法的结构，即按照自由意志实现的完整和不完整的条件来进行划分的。‘抽象法’和‘道德’是实现自由意志的不充分条件，而只有‘伦理’才是实现自由的充分条件。显然，在霍耐特看来，黑格尔在‘抽象法’‘道德’‘伦理’的三分法背后隐藏着一种二分法的结构。按照一种新的建构思路，黑格尔的法哲学摆脱了‘逻辑学’中的三段论的推演方法而被重构起来。”① 同时，霍耐特认为，黑格尔在“伦理”的三个层次中，也打破了逻辑学的三段论的推演模式，按照满足自由的不同程度，将“家庭”“市民社会”和“国家”分成两个方面，其中，由自然感情建立的“家庭”一旦进入“市民社会”，就把人从共同体的依附中孤立出来，家庭的情感关系就被打破，人就陷入孤立，但在“国家”中，人能超越孤独，过上普遍的生活，参与公共事务，从而使个体的自由得到保证。这样，黑格尔从自由的实现程度上把家庭、市民社会和国家这三个领域区分开来。而从黑格尔伦理的这三个环节中，霍耐特看到了自由实现的三个规范领域，也就是一个从感性到规范理性再到理性的过程，这个过程是逐渐去主体化的过程，主体越是去中心化，他就越能通过主体间的交往而获得更多的自由。

虽然霍耐特从法哲学思想的再现实化的角度肯定了黑格尔思想的理论关系，但是，他也发现了黑格尔法哲学思想中的问题。他看到，《法哲学原理》

① 霍耐特．不确定性之痛［M］．王晓升，译．上海：华东师范大学出版社，2016：译序第 7 页．

中“伦理”部分讨论人们之间的交往关系时过多地强调了在法律上制度化了的关系，而忽视了人们习惯化了的交往关系，也就是说，黑格尔在伦理关系中对自我实现、相互承认和主体间交往的关系表现得不够充分。具体体现在他对家庭关系和同业公会的描述中。黑格尔认为家庭成员间的关系是通过法律制度的形式固定下来的，所以，他反对只从感情方面来理解家庭关系的认识，如果没有制度的规范，家庭关系就没有固定性和稳定性。他认为：“婚姻是具有法的意义的伦理性的爱，这样就可以消除爱中一切倏忽即逝的、反复无常的和赤裸裸的主观的因素。”① 而友谊之间没有这种制度化的契约关系，就被他排除在个体间的相互承认关系之外。霍耐特说，黑格尔的《法哲学原理》“在构成理论领域的第一部分的23个段落中，没有一次涉及友谊”，他认为，黑格尔在伦理中阐述的家庭和市民社会的这些互动要素，可以在国家权力中被组织起来，并因此可以用实证法来制度化。“如果没有国家介入的可能性，那么相应的领域就没有持久性、可靠性和再生性的基础。”② 所以，在黑格尔那里，现代交往关系中只有建立在法制化基础上的关系才具有伦理性，比如家庭、市民社会和国家。这样，黑格尔就把伦理设定为实证法的框架内的完全稳定的东西。

霍耐特认为，除了实定法之外，日常生活中的惯例化的行动（Hundlungspraktik）由于具有主体间共有的常规和习惯的形式而避免了突然的变化，也应被称为“伦理的”，并可以以特定的方式被理解为“制度”。而且根据这种理解，“友谊”的互动模式就会被纳入家庭伦理的领域，尽管没有国家的批准，但是却表现了社会行动中稳定的文化制度。但是，黑格尔却并没有采取这个思路，没有把这种惯常行动“制度”真正纳入伦理领域之中。另外，他还把“国家”也纳入伦理关系中，按照霍耐特的理解，黑格尔的思路应该是这样的：由于不同伦理领域都应该被理解为社会互动关系，每一个主体都可

① 黑格尔．法哲学原理［M］．范扬，张启泰，译．北京：商务印书馆，2014：177.

② 霍耐特．不确定性之痛［M］．王晓升，译．上海：华东师范大学出版社，2016：112.

以同等地、自由地参与其中，这种关系可以借助国家制定的法律得到共同控制，在这个意义上，它们必须被理解为共同的善。于是，只有在这种国家可干预的前提下，才能保证伦理领域的持续存在，也才能保证所有社会成员不受限制的参与。或者说，只有当社会中实存的法律与国家实证的立法重新结合在一起，各种不同的承认领域才能以适当的方式得到保障。① 在市民社会这一伦理环节中，也同样受到了内在的限制，即只有在其中的主体把别人当作契约伙伴而加以承认的时候，他才能成功地实现其特殊利益。而且，霍耐特认为，在市民社会中，黑格尔构造了“同业工会”并赋予其构成性的制度特征。这样，他的这种过度的伦理制度化，把通过现实路径解释这些伦理环节堵死在了制度化的路径中，从而消除了人们通过互动模式来解释和凸显这些领域各种特征的可能性。所以，“在‘伦理’这个部分，黑格尔越是赋予伦理领域规范上不同的甚至相反的制度结构，他就越是不可能在总体上把这些制度结构与各种社会实践活动的特殊集合体等同起来”②。这样，在黑格尔法哲学的伦理部分中就出现了一个矛盾，即他一方面想对现代社会进行规范性的结构分析，以便把历史地形成的个人自由的条件辨识出来，但另一方面，他却对已经形成的几种伦理关系进行制度分析，赋予其法律的正当性，这就使得确保个体自由的互动模式无法实现。最后，在国家部分中，霍耐特认为，黑格尔在处理国家领域时表现的是摇摆不定的态度，他虽然讨论了公民的自由，允许每个人拥有传统意义上的一切基本权利，但是，在过分强调“制度化”的限制下，实质上公民得不到任何参与政治活动的机会，在这种情况下，他的政治自由也无从实现。

二、社会自由对伦理“机制化”的依赖

尽管在《不确定性之痛》中，霍耐特批判了黑格尔的《法哲学原理》中

① 霍耐特．不确定性之痛［M］．王晓升，译．上海：华东师范大学出版社，2016：116.

② 霍耐特．不确定性之痛［M］．王晓升，译．上海：华东师范大学出版社，2016：124.

的“伦理”部分过分强调“制度化”的缺陷，这种缺陷限制了个体自由的实现，但是在《自由的权利》中，他却对黑格尔的这种制度化的伦理学说持非常的赞赏态度，尤其是黑格尔从中引出的自由思想。因为，有制度考量的自由，更具有社会现实性。他说：“他所设想的自由方式，只有在一种参与具体机制的形式中才能得以实现，为此他就必须考察这些理论的存在，比霍布斯、洛克或者康德的理论有更多的历史现实性。”① 在现代社会中，个人的自由程度取决于他所处的行动领域是如何对他们的意图和目标做出反应的，也就是说，如果社会主体能够感觉到他的意图被他人所关心或支持，那么，就可以说他的生活环境有利于个体的发展，而这种社会环境就是有伦理制度约束的社会环境。同时，处于这样的社会环境中的他人，也在努力实现个人的目的，这就使得自由的社会关系超越了只注重个人的情况。这又表明了黑格尔的那句话，“在自己那里，却又是在别人中间”，通过别人的行动而达成了我的自由目的。所以，霍耐特补充道：“毕竟，我们从黑格尔那里学到了现代性自由的承诺，要求拥有所有合法权利的个人有权在社会秩序中获得适当的自由。”② 黑格尔的伦理制度性在今天的社会中，从霍耐特的承认理论出发来看，就是相互承认的机制，这种机制构成个体自由实现的中介。这种中介的职能就是，“让主体事先就知道他们行动目的的有限性”。当然，霍耐特认为，这种伦理机制，需要法律保障、国家监察和民间社会的支持，只有借助于法律、政治等国家工具和社会的共同合作，社会成员也由于机制结构才有了他们主体互动自由的各个层面，因而形成一种整体的自由文化。从正义的角度看，这种机制就是社会伦理与自由思想的关联，它要求正义理论摆脱纯粹形式的理论框架进入到社会的现实中去。对于每一个个人来说，有权支配个人的自由，必须提供一些现存的机制，使个人在其中能够在伦理制度规范的原则中以互动的方式与其他人共同感受相互承认的体验，这就是正义，这

① 霍耐特．自由的权利［M］．王旭，译．北京：社会科学文献出版社，2013：99.

② HONNETH A. Freedom's Right［M］. GANAHL J, Trans London：Polity Press，2014：62.

种正义实现的就是社会自由。

如我们前面分析的，法律自由是给予个人由法律保障的空间，在这个空间内他可以发挥他自己的喜好、意图，实现自己的欲望，同时在这种法律自由的保障下，每个公民都享有同等的私人自治。建立这种平等的法律规范的过程，不需要道德的赞同，也不需要伦理的认可。而道德自由的机制则给予单一的个人以可能性，使他可以拒绝一定的有正当理由认为是苛求的决策或行动。对此，霍耐特认为，这两种自由都表现出对社会生活实践的不同依赖，而建立了各自的社会关系，“或者已经身处于一个特定的团体，所以他们才需要法定的或道德的自由，并以此为理由来摆脱日益增多的无理要求，或者对这些无理要求进行反思检验。但是这种个人的自由实践并没有在本质上提供新的行动条件，而它的目的却又是以丰富的义务关系为内容，因此它们这种按情况而定的特点，仅仅表达了自由的‘可能性’。这些‘可能性’对现有的互动关系起着保持距离、进行检验或干脆拒绝的效用，但并不能从它们的自身出发在社会世界内部造就一种主体互动共有的现实性”①。很明显，这两种自由虽然与社会生活有关，依赖于社会生活实践，但并不能深入社会生活实践，仅仅是“可能性”的自由。而“真实的”自由存在的情况是，主体能够彼此相互承认，并把自己的行动看作对方目标实现的条件，唯有如此，个人才能实现自己的目的，体验没有约束或强制的自由，这样，主体就真正融入社会生活实践的内部，达到与其他主体真实的互动和相互承认的状态，并且彼此成为对方自由的条件，而享受到真实的自由。

而针对相互承认的机制，霍耐特认为法律自由和道德自由也是通过相互承认的规范来调节的。他的这种认识有点让人感到惊讶。对此，他是这么分析的：在两种自由中，主体如前文所言，要想有一种以自我为中心的、与其他一切事物保持距离而又受国家法律保护的自由，或者是在道德自由中，主体有一种能够表达道德合理性意见的自由，那么，主体就必须在共有规则的

---

① 霍耐特．自由的权利［M］．王旭，译．北京：社会科学文献出版社，2013：195.

基础上事先就有一些相应的承认。霍耐特认为，能够进入这两种自由状态的主体，其行为不是为了自己实现行动的目标，而是要保障其有机会对自己的行动目标进行远距离的审查，或是使自己得到尊重。这样，我们对他人的顾及，也许并不是为了使自己的意图能够在社会中得以实现，而是为了澄清他们目标的效用和主体间性。① 结果，相互承认的机制在这两种自由中（相比社会自由）只有很有限的作用，但是，它却是主体间各自行动目标不可缺少的前提。因为，霍耐特认为，如果其他活动者不是按已经隐含的主体各方相互承认的相应规则行动，那么一个活动者自己单独的行动，也就不可能是完整的。所以，相互承认的机制在这两种自由中分别起着不同的作用。在法律自由中，它调节相关主体的行动，使主体间相互协调一致；在道德自由中，它要求相关主体只有相互合作或团结一致，才能实施自己的行为。经过这样解释之后，我们发现，霍耐特的这个看法不再那么唐突，而且，它进一步说明了相互承认的机制在自由中的作用，以及这种机制发挥作用的范围不仅仅限于社会自由，而是早已渗透到了自由的前两种概念之中了。同时，这也表明，个人的自由，不论何种形式，只有在机制的综合体内，才能成为现实。不同的是，在法律自由和道德自由的领域中，“它只有单纯的保持距离或反思性检验的特性”。所以，“为了能够对我们时代社会关系中自由的‘现实’有所影响，现在需要一种行动领域的重构，在这种行动领域中，相互补充的角色义务的作用是，使个人能够在他们合作伙伴的自由活动中，看到实现自己目标的条件”②。而对于他设想的这种机制的规范重构，霍耐特参照了黑格尔法哲学的“伦理”部分的结构，他将黑格尔的“伦理实体”理论解释为在现代家庭情感生活层面、社会物质生活层面、国家政治生活层面相互承认的交互主体性制度构想，在此基础上，他从私人关系、市场经济和公众政治这三个方面入手，研究这些领域怎样才能实现个人的社会自由。

---

① HONNETH A. Freedom's Right [M]. GANAHL J, Trans. London: Polity Press, 2014: 125.

② 霍耐特．自由的权利［M］．王旭，译．北京：社会科学文献出版社，2013：201.

第二节 对个人关系中自由的思考与完善

在社会自由的这三个领域中，不管是有关个人的需求和特殊关系的私人领域，还是每个人各自的特殊利益和能力在其中实现的经济市场领域，抑或是个人自我决定的意图在其中能够表达的公众政治领域，都有着自己的社会形态，并使主体互动得以实现。而聚集了社会自由最初经验的地方，就是个人关系的领域。霍耐特认为，200 多年来，从友谊到爱情的个人关系一直被看成一个社会的地盘。席勒、黑格尔、施莱尔马赫、费尔巴哈和克尔凯郭尔都对个人关系有过思考，而且认为，在友谊或爱情中，两个相互信任的个人关系在双方的互动中，形成一种特殊的自由形式。同时，人们还以文学等各种形式来表达个体通过爱情和友谊的升华而获得自由的生活体验。所有这些哲学上的或者文学上的思考，反映了当时社会生活内在关系的变化。这种变化，从中产阶层开始，然后逐渐扩展到社会的各种阶层中，让整个社会当中的个人关系都摆脱了以前的阶级关系，而逐渐扩大自己的情感体验。于是，“爱情关系”“亲密关系”以及“婚姻关系”都产生了一种根本性的变化。从此，恋人之间可以公开表达和诉说彼此的倾慕之情，朋友的概念的范围也更加扩大，同时，夫妻关系也逐渐摆脱了传统社会中的男尊女卑，现在夫妻双方都有着爱的欲望，有着尊敬或情感的联系。现在这几种形式的个人关系不管是在外部还是在内部，都在追求着不同的个体自由。

一、作为社会自由起点的家庭

家庭关系由于其天然的血缘性从一开始就具有自然等级和身份依赖性的伦理特点。黑格尔在耶拿时期阐述承认理论时，就从对家庭中的爱的研究开始。因为，在耶拿时期，黑格尔从主体间性入手来激发个体的社会性。在他的承认理论中，他把个体在家庭中形成的性别和爱的关系理解为第一阶段，家庭中的爱，使自然的自我得到了承认。哈贝马斯认为，“爱出现在了黑格尔的视野中，但不是任性、欲望的爱，而是能够构成共同体如家庭之基础那样的爱”，他“以家庭内部的相互作用的例子，把家产设想成相互的行为方式的实存性的中介”①，家庭关系在黑格尔看来，就是主体互动形成的关键中介。当然，家庭这种伦理形式具有原始的局限性，所以黑格尔把承认机制引入对家庭的认识中并探讨对家庭关系的补充和完善。不过，在耶拿后期，他转向了意识哲学，放弃了主体间的承认理论，而没有形成一种完整和系统的承认理论。在《法哲学原理》中，黑格尔从伦理的角度再次对家庭进行研究，这时，他说：“在家庭中，人们的情绪就是意识到自己是在这种统一中，即在自在自为地存在的实质中的个体性，从而使自己在其中不是一个独立的人，而成为一个成员。”② 特殊与个别意志在传统家庭是不存在的，只有家庭的普遍整体性及其意志，家长就是家庭代表和整体的化身，家长在家庭这个伦理实体中拥有绝对的权威。马克思在《德意志意识形态》中指出，“夫妻之间的关系，父母和子女之间的关系，也就是家庭，这个家庭起初是唯一的社会关系”③。所以，家庭就是人的自然性与社会性相统一的结合点。当然，霍耐特在对黑格尔的解读中，看到家庭关系的重要性，他就把家庭关系看作社会自由的最初形态。

首先，从家庭的发展和变迁来看，霍耐特按家庭的主体互动性结构，把它看成一种三人的关系。并且，现代家庭关系中，具有决定意义的是，通过孩子对两个情感相互关联的成年人的关系加以连接。对于以现代家庭的形式来表现的社会自由来说，这种结构上的三角关系是至关重要的。家庭在人类历史上总是在进行着一种经常性的变化。正如恩格斯在《家庭、私有制和国家的起源》中所说的：“家庭是一个能动的要素，它从来不是静止不动的，

① 哈贝马斯．作为意识形态的技术和科学［M］．李黎，郭官义，译．上海：学林出版社，1999：15.

② 黑格尔．法哲学原理［M］．范扬，张启泰，译．北京：商务印书馆，1961：175.

③ 马克思恩格斯选集：第1卷［M］．北京：人民出版社，1972：33.

而是随着社会从较低阶段向较高阶段的发展，从较低的形式进到较高的形式。”① 所以，家庭关系是随着社会历史的发展而不断发展演化的，在家庭关系的基础之上演化出其他丰富多彩的伦理关系。从孩子的教育及其社会化这一方面看，在现代社会早期以前，婚姻通常纯粹出于长辈的利益权衡，从而阻碍了在父母和孩子之间发展强烈情感纽带的可能性。只有像私密关系中的浪漫的爱情关系出现之后，温暖的家庭氛围才得以出现。在新的家庭承认关系模式中，夫妻双方能够将原本只属于他们之间的爱慕和情感带给孩子。霍耐特认为，大概在 18 世纪的末期，才建立起黑格尔认为的那种意义上的家庭关系模式，即把家庭看作实现社会自由的一个重要地点，认为，一个家庭成员的自由，应该在其他家庭成员的自由中得到确认和满足。因为，家庭的机制化，使得家庭成员角色起到互补的作用，夫妻之间以情感互补为原则，对待孩子则要给予更多的关爱和照顾。这是黑格尔对理想家庭关系的想象，通过满足角色义务互补性的方式，来实现这种特定的社会自由。直到 19 世纪，这种家庭关系仍然在传统权威机制的影响下，继续着男女家庭角色的不平等现象，即女性承担着家务劳动，丈夫则承担着在外从事职业挣钱养家的职责，从而比妻子在家庭事务中有更多的决定权。

但是，随着资本主义社会的发展，霍耐特看到了家庭职能的变化，从 20 世纪 60 年代以来，现代家庭从根本上改变了内部结构关系。在今天，家庭已经拥有高度的主体间性对话与平等对待的形式，家庭成员间出现了一种商讨的对话机制，而且，以前在家庭中没有发言权的孩子，现在也以独立的个体身份加入家庭结构之中，在家庭互动中有了自己的发言权。此后的二十年时期，霍耐特认为是一个家庭角色为承认而斗争的时期。在家庭中，男女双方为赢得未来父亲和母亲应有的角色而斗争着，其结果是，父亲和母亲的权利关系出现了巨大的转变，家庭成员平等的机制出现了，人们开始挣脱陈旧传统的角色强制，能够在家庭内部不受约束地实现自己的个性。现代家庭关系

① 马克思恩格斯选集：第 4 卷 [M]. 北京：人民出版社，1995：26.

结构变迁的第一个结果就是，西方国家逐渐出现的不断增长的离婚率。如今，人们普遍认为，在一个高度多元化的社会中，对婚姻已经不可能有一种具有约束力的行为准则。同时，在传统家庭中，照顾孩子几乎只被视为母亲的职责，即使在离婚后也是如此。但是现在，父母必须共同负责孩子的自我发展，即使离婚，也仍然对他们的孩子的成长负有责任，从而使得以前只有一种形式的家庭形象多元化了。如今，除了大量的核心家庭外，还有混合家庭、单亲家庭以及多地点化的几代人家庭。但是，孩子始终还是家庭关注的中心，而且，父母对孩子责任意识的不断增强，使父母又被理解为家庭伦理关系的核心。因此，霍耐特认为，在今天，家庭成员之间的关系几乎比所有其他个人关系更具有持久性。在家庭内部，父亲、母亲和子女各自都有独立的主体性，可以同等地参与家庭事务，同时也得到其他家庭成员的关怀和照顾。所以，家庭在今天的社会被看作一个互助共同体，每个家庭成员都要不断地付出，共同应对个体的生活挑战。这里，霍耐特对家庭发展演变的状况描述得比较透彻，尤其是对家庭关系的当今形式及其特征分析得比较深刻，为我们了解家庭关系的真实状况打开了视野。

其次，霍耐特通过家庭中的“情感机制”来说明家庭是通往社会自由的最初形态。如前所述，早在《为承认而斗争》中，霍耐特就从黑格尔对家庭的承认关系描述中认识到家庭情感关系的重要性。他认为，家庭中产生的爱是一种不受个体控制和强制的关系，所以它具有独立性的特征。“承认是爱的构成要素时，就意味着肯定由关怀所引导和支持的独立性。在朋友之间、在父母子女之间，一切爱的关系都假设了不受个体控制的同情和吸引”①。通过对黑格尔的研究，霍耐特还认为：“一切伦理的结构内核都存在于爱当中，仅仅是通过相互渴望区分而凸现出来的共生纽带，才产生了独立参与公共生活所必需的基本的个体自信。”② 在家庭中产生的个体的独立或互动等个体性

① 霍耐特．为承认而斗争［M］．胡继华，译．上海：上海世纪出版集团，2005：114.
② 霍耐特．为承认而斗争［M］．胡继华，译．上海：上海世纪出版集团，2005：114.

格特征，助推了个体的自由精神。同时，我们通过家庭的演化历史看出，家庭是最早形成社会规范的地方，在家庭中有诸多的规范要求每一个成员去遵守。在教育、财产、对外个性等各个方面都要求体现一种情感因素，从而使家庭成为个体与他者互动及结合的最初模型，在家庭情感关系中，不仅是承认的最初形式，而且社会自由的逻辑起点和必要因素都已经在这里具备。自由是一种相互的理解和共同的行动，它在家庭中就已经实现了一种最初的形态。基于这种认识，霍耐特阐述了当代资本主义家庭中情感与自由的关系问题。

霍耐特认为，在今天，家庭成员之间履行关心和照顾的责任，取决于他们之间感情的相互关系。霍耐特说："随着家庭中成员间权利和义务的信息交融，家庭成员在家庭内部满足规范的意愿越来越取决于情感的好恶，单一家庭成员在承担家庭分配给他的任务时，比以往更看重家庭其他成员对他情感上的接受和关系。"① 由于家庭成员劳动分工的扩展，个人因此也有了承认自己情感的更大的空间，家庭成员间的相互情感，不再完全受规范呆板的角色模型的事先规定，因而能比较自由地表达自己的情感，并相应地对他实施自己道德义务的程度起着重要的作用。霍耐特说，现代家庭在最近 50 年内，由一种以角色形态组成的父权制社会团体，过渡为一种"伙伴型"的社会关系。表达感情的自由度增加，使得家庭成员的情感和归属感比以前更自由地表达出来。所以，"主导家庭的规范性道德，只能建立在情感的基础之上，体验家庭的结构性义务也只有依靠个人所感受的道德责任和亲近。"② 不过，这也导致一个问题，就是如果某个家庭成员感受不到爱了，从而原来那种特殊情感消失了，那么就不能强制这个成员再回到这个家庭中来。所以，现代家庭过滤了所有外部机制强加给自己的角色要求，这既是其优点也是其缺点。尽管离婚率和分居率在这些年有所上升，但是，父母和孩子构成的三角

---

① 霍耐特．自由的权利［M］．王旭，译．北京：社会科学文献出版社，2013：262.

② 霍耐特．自由的权利［M］．王旭，译．北京：社会科学文献出版社，2013：262.

结构关系家庭却有所增加。这表明，把现代家庭看成是社会自由的一种特殊形式，在今天才真正实现。

关于家庭主体间的自由问题，德国观念论与浪漫派之间有两个不同的基本观点。前者认为，在家庭内部，三种角色之间彼此以他的特殊性相互补充，从而实现各自的目的要求，使得各主体有机会以一种完全特殊的自然形式实现他的社会自由；后者认为，家庭的建立，最终会导致在爱情私密性中实现了的自由的终结。霍耐特认为，第一个看法在今天已不再令人信服。因为随着现代社会中固定的角色模式逐渐瓦解，传统的家庭职能互补关系观念也开始瓦解。在相互关怀和情感早已成为家庭成员纽带的今天，如果还根据家庭成员自然目标的互补方式去猜测现代家庭中的自由，就显得十分不合时宜。而第二个看法，在黑格尔那时就有这种思想。在法哲学中，黑格尔认为，夫妻之间的爱具有客观性，这种客观性在他们的子女身上才体现出来，在家庭中，父母相互恩爱，而这种爱就会蔓延到孩子身上，使孩子感受到父母的爱。在孩子那里，父母看到他们爱情的“客观化”，孩子就是父母爱情的自然结果。虽然我们很难直接用这种观念解释现代的家庭关系，但它却是理解父母与孩子构成的三角家庭结构关系中有着主体间性自由的特殊实现形式的一把钥匙。当然，还需要对黑格尔的思想进行修正，那就是，随着社会的进步、人的寿命的延长，在今天，不仅父母可以在孩子身上看到自己爱情的反射，而且成年的孩子也可以在父母那里感受到一种与家庭生活节奏有着紧密联系的生存体验①。于是，对霍耐特来说，在家庭中，只有家庭成员才能够通过互动将相互的生活经历反射出来。这种互动使得在现代的民主家庭中的成员在相互的反馈中，各个主体可以在一种机制化的过程中体验到一种社会自由的最初形态。

最后，霍耐特对家庭发展机制的完善进行了构想。对于黑格尔开启的自

① 因为在黑格尔的时代，幼年孩子丧父或丧母的风险很高，人们也就根本没有去设想孩子是否也能够在他的父母中像一面镜子似的看到自己，所以黑格尔和他的同时代人也只是单纯地仅仅从父母双方的视野来设想这种反射的关系。

由和家庭的关系研究，霍耐特进行了发挥，从当代家庭发展状况的角度进行论述，“在家庭环境中，每一个存在都能够找到自己适当的家。在黑格尔哲学中，家庭在总体上变成了自我统一性的经验的牢固基础的关键部分”①。虽然20世纪后期，家庭的生活方式和情感表达发生了很大变化，家庭成为各个成员相互关心的共同体。然而，在当代的西方社会中，不管是家庭还是社会和劳动政策，都没有相应的方式来保障我们时代中社会自由的这种特殊形式。如今，在社会中起主导作用的政治自由主义原则，常常将家庭和养育孩子的整个领域置于社会边缘，既不关注家庭内部状况，又不关注孩子良好成长的社会化条件。霍耐特说：“要想让一个人把他原先对一个小团体承担责任的能力，用来为社会整体的利益服务，这个人必须拥有的心理前提，是在一个和谐的、充满信任和平等的家庭里建立的。”② 所以，霍耐特最后呼吁，每个民主政体都必须从一种切身的利益出发，创造一种社会—经济的关系，来确保所有家庭都能够把社会机制化的实践在自己家庭中去践行，因为一个社会或国家只有在它的下一代的行为方式中有着被它自己看作民主美德的典范行为，才能长久地维持下去。

从现代家庭的发展变迁及其影响来看，霍耐特把家庭看作社会自由的起点，有一定的现实意义。但是，他的这种观点不是没有问题的。针对霍耐特对家庭中的爱的理解，皮平认为：“社会结构中的资本主义使得达到这些目标变得十分困难。这是由于，特别是美国，人们想离开家庭，不想待在家里，他们想开辟一个不同的领域而不是在同一个社会中去亲近家庭。……在资本主义竞争中很难追求到霍耐特所想实现的那些状态。”③ 因为霍耐特是站在黑格尔的基础上在比较传统的意义上来理解家庭关系的，这使他的家庭理论及其中的自由关系带有一定的理想化特征。

---

① DAVID V. Ciavatta, Spirit, the Family, and the Unconscious in Hegel's Philosophy [M]. New York: State University of New York Press, 2009: 5.

② 霍耐特. 自由的权利 [M]. 王旭，译. 北京：社会科学文献出版社，2013：275.

③ 陈良斌. 承认、制度与心理：皮平教授访谈录 [J]. 马克思主义与现实，2017 (6)：94.

二、友谊中的社会自由

今天，个人关系已经完全不同于两百年前，友谊关系也在机制结构中有了重大转换。因此，霍耐特特地将友谊作为个人关系的一个重要领域来研究。他认为友谊关系的机制化程度最低。和家庭关系中不断递增的个人关系相比较，友谊的主体之间有着较大的距离感。[①] 同时，黑格尔在法哲学中没有将友谊归为伦理关系，也是出于这个原因，但黑格尔的思路在霍耐特看来，是对“机制”的过分依赖，而产生了对友谊的偏见。所以，在这里，霍耐特要纠正黑格尔对友谊的态度，并且通过合理的机制化来对黑格尔的伦理观做出补充。霍耐特从施莱尔马赫对友谊的讨论中发现了一个很重要的提示，那就是后者认为，即使是最不正式的关系，也不可能没有一定程度的社会机制。所以友谊必须基于一定的社会机制，而不是许多人所认为的是“两个相关人员自己的认同”。通过对友谊的考察，霍耐特发现在友谊关系中，或多或少都带有从传统中延续下来的一些交往规范，这些规范虽是一种相对较弱的机制，但对个体间的友谊也起着一种隐形的指导或制约作用。因此可以说，机制在友谊关系中起到评价友谊关系、克服友谊危机的重要作用。这是现代社会友谊的基本特征，而在前现代社会中是否存在友谊，如果存在那么其表现形式又是如何的呢？对此，霍耐特从对古代友谊的研究开始，探讨了友谊的发展路径。

（一）友谊的历史演化

友谊关系由来已久，西塞罗认为，人们之间相处久了自然就产生了友

---

① 但是，关于友谊与亲情的稳定性，西塞罗有不同的看法，他认为友谊比亲情更加稳固。在《论友谊》中，他将友谊与亲情进行比较，认为“在这方面（稳定性方面）友谊超过了亲戚关系，这是因为亲戚关系中可以没有情感，而友谊中绝不能没有情感。没有情感，友谊从名义上就消失了，而亲戚关系还可维持下去。自然本身结合起来的人类关系是不确定的，这种关系被浓缩和聚集到很小的范围内，以致只有两个人或几个人分享一切友爱情谊，这就不难清楚地看出友谊有多么巨大的力量。”参见西塞罗．老年·友谊·义务：西塞罗文集［M］．高地，张峰，译．上海：三联书店，1989.

谊，而且“友谊是在一切神圣的和人世间的事务中的志同道合并且伴有情谊和友爱”的东西。“如果在人的本性中取消了维系人的情谊，那么任何家庭或城市都不能建立起来，土地的耕种也难以进行。”① 但是，前现代社会的友谊基本上是男性之间的一种关系，女性则被排除在友谊关系之外，而且男人之间的友谊有着严格的社会等级限制。因为，在古代社会，男人有着较高的社会地位，所以有更多的机会进入社会，以各自的阶级身份为界限，相互缔结友谊关系，而女性由于社会地位低下，被禁锢于家庭关系之中，很少有进入社会的机会，所以一般女性很少能够与其他人建立友谊关系。这样，古代的友谊就变成“男人间的友谊联盟”。对于这一点，中西方认识基本上是一致的。在霍耐特看来，传统社会中的男人的友谊基本趋向于政治或商业联系，实质上是一种互惠互利的利益联盟，其中的情感因素很少。尽管亚里士多德很早以前就在《尼各马可伦理学》中赋予友谊以无私等许多道德特征，他认为不管老少，每个人都需要友谊，“友谊是一种德性或包含一种德性。而且，它是生活最必需的东西之一。因为，即使享有所有其他的善，也没有人愿意过没有朋友的生活”②。人对友谊的向往是正常的，但在前现代社会，友谊交往只是男人之间或者上层社会的专利，并且古代的友谊具有森严的阶级属性。这样，友谊在古代并不能被看作一种社会自由的领域。友谊不但有严格的阶级属性，每个人由于阶级出身的不同，不能随便进入或退出一种友谊关系，而且在建立友谊之前，个人必须明确彼此的利益诉求。当然，在上层社会中，由于受教育程度较高，男人们之间的友谊还具有文明的、礼节性的特征，对于友谊有着一套规范要求，所以其机制性比较强。而底层人们之间的友谊，主要出现在邻居和伙伴关系之间，这类友谊只具有个别性的特征，友谊中相关主体的关系相对比较松散，“无法得到文化或既定实践的支托”，因

---

① 西塞罗．老年·友谊·义务：西塞罗文集［M］．高地，张峰，译．上海：三联书店，1989：67.

② 亚里士多德．尼各马可伦理学［M］．廖申白，译注．北京：商务印书馆，2003：228.

此没有响应社会机制的规范。随着社会的发展和资本主义的产生，市场经济要求产生一种符合现代社会特征的个人独处的空间。于是友谊的概念得到了极大的解放，逐渐地，友谊关系成为主体之间由于情感和相互吸引而产生的一种联系。人们对友谊的理解和体验不断地扩大，很快在哲学家和文学家的思想和作品中被升华为一种理想的社会关系形式。它慢慢排除了曾经的算计和利益，代之以情感为基础。而如果友谊继续以利益来维系，那么利益的变化就会毁掉友谊。

当然，这种转变最初也是在受过教育的上层社会人中间出现和传播的，友谊双方以信息交流为主，同时也强调情感关系，其特点在于个人的感受和立场以及其他的日常生活事件都可以成为友谊双方对话交流的主要内容。同时，由于受教育权利的扩大，女性也可以在学校通过结识“心灵伴侣”而敞开心扉畅叙幽情。① 这样，整个社会逐渐地形成了一种形式的友谊或同志之爱（camaraderie），人们可以在其中谈论私人事务。霍耐特认为，当在所有的社会阶层中，同时在男性和女性中，人们表述自己生活目标时没有其他的障碍和顾虑，可以自由自在地相处时，友谊才能被作为机制化了的实践得以承认。随着资本主义社会的快速发展，之前传统中的许多保守的家庭观念和性别观念被开放并且充满情感的对自我认同的观念所代替。人们的交往没有了阶级限制和其他的来自社会关系的顾虑，这样，纯粹的友谊就出现了，因为这种交往只是纯粹出于对对方的关心和友爱。

不过，正如亚里士多德早先意识到的一样，友谊是由一定的机制来规范的，尤其是在现代社会中，真正的友谊是一种互惠的尊重，而且也是对激励他们的信仰和决策的尊重，朋友之间彼此要尊重对方的生活方式。也就是说，虽然没有法律的制约，但如今的友谊关系仍然需要一些机制性的规范来约束。霍耐特在“尊重”的基础上，认为友谊具有这样一些规范性的特征：

---

① HONNETH A. Freedom's Right [M]. GANAHL J, Trans. London: Polity Press, 2014: 137.

(1) 主体自觉地把握规范性规则，他们懂得在“真正的”友谊中，相互有责任对另一个人生活中的忧愁和决策需要，给予一种持久的关注；(2) 对于朋友的真心话要经得起信任，不经当事人同意，不去传播给第三者；(3) 在有个人危机时，以建议和关怀给予互相帮助；(4) 即使暂时还不理解朋友（不管男女）的私人决定，仍能一如既往地关心对方。所以，友谊要服从的就是这些定义模糊、经常需要解释的行动规则。[①] 可见，虽然没有法律的制约，但如今的友谊关系仍然需要一些机制性的规范来约束。友谊的这种机制具有典型的“道德”特性，从而使友谊在现代社会中越来越发挥着积极的作用。霍耐特认为，没有私己利益的友谊是一种实现个人美好生活的前提，因为它在相互自愿的共同商讨中，为各自对自己的生活决策提供了一种反思性考察和验证的机会，而且在一个日益自主化的时代，需要一种持久的友谊作为社会平衡。内在于友谊之中的询问机制，可以保护我们避免出现纯粹由个人的善意取向却带来相反结果的错误。另外，在友谊关系中，主体会对自己形成一种温和的求知压力，促使自己不断地调整自己原有的道德原则去适应机制化的要求，以摆脱原有的固执僵化的个性。最后，霍耐特借用皮亚杰的心理学理论，认为友谊关系有助于儿童和青少年学习道德责任和原则的社会意义。

（二）友谊与社会自由

在了解了友谊的发展历史和社会机制后，我们就要探讨一下为什么友谊是个人自由的一种社会体现。现代的友谊可以让一个人向朋友打开心扉，倾诉自己具体的想法，而不再将之关在内心。友谊中具有互补性的角色义务，决定了今天社会的人们能在朋友面前表达个人的情感、阐述自己的观点，或者通过朋友的帮助实现自己的意图。这就使个体的生活不再无助和孤独，使个人在良好的友谊关系中感受自己意志的“解放”和心灵的自由。友谊的关系构成的机制形式，使朋友之间有一种安全感和信任感。这就如同西塞罗认

---

① 霍耐特．自由的权利［M］．王旭，译．北京：社会科学文献出版社，2013：216.

为的，一个人最高的荣誉是以最大的忠诚、最始终一贯的精神和最公正的态度维护友谊。友谊中包含的东西都是最真诚的、发自内心的。正是这种自我表达的自由和自我实现的经验，使友谊成为社会自由的家园。在友谊中，个人可以而且应该向他人透露他们特有的经历，从而消除日常交流所设置的界限。因此，黑格尔的“在他者那里却又在自身之中”指的就是当自己的愿望还只是暂时性的时候，就能够不加强迫或恐惧地把自己的欲望委托给别人。[①]由此可见，由友谊体现的是一种自由和轻松的生活状态，朋友之间互相给予对方一种友好的开放的空间，使个人的精神得到释放。同时，在友谊中，要想赢得自由，就必须接受维护友谊的相关道德机制，把握充满信任的友谊规则。如果这些规则被破坏，那么友谊关系就会受到伤害；如果把友谊关系私己利害化，就违反了友谊的规范实践。霍耐特看到，友谊是现代化以来最持久的一种个人关系，它在今天仍然是好的社会关系的体现。所以，我们也许可以把友谊视为民主伦理生活的最基本的要素。

其实，霍耐特对友谊的探讨涉及了友谊的最主要的方面，描述了友谊的发展演进历程，提出了友谊在现代社会中隐含的机制特征，以及友谊给我们带来的社会自由体验，让我们对自由的认识多了一份反思式的考量。不过，他没有阐述朋友的选择标准，尽管现代社会的友谊打破了阶层的限制，但不是所有人都可以成为友谊的对象的，这一点，西塞罗对友谊的理解在今天仍然对我们有帮助。他在《论友谊》中认为，“真正的朋友应该是另一个自我”，而真正的友谊应该存在于品质高尚的人中间，所以，要有真正的友谊，最公允的办法是，首先自己成为有美德的人，然后寻求与自己相同的他人。只有这样，才能建立稳固的友谊。友谊中最好的品质是美德，自然赋予我们友谊，是让它服从美德，而不是让它帮助罪恶。“因为美德靠自己的力量不能达到最高的境界，它只有和他人联合起来、相互为伴，才能获得成功。这

① HONNETH A. Freedom's Right [M]. GANAHL J, Trans. London: Polity Press, 2014: 140.

种现在、过去以及将来还会伴随美德的东西我们可以认为它会伴随美德达到自然中最完美和最崇高的至善境界。”① 同时，相互忠告、彼此鞭策，也是朋友之间应尽的义务，西塞罗认为：“真正的友谊既能容忍朋友提出的劝告，又能使自己接受劝告，提出劝告的人要直言不讳，不要尖酸刻薄，接受劝告的人要虚心领受，不要有抵触情绪。友谊中存在的最大损害是阿谀逢迎、曲意迎合。最后，他劝告人们：你们应崇尚美德，没有美德，友谊根本无从谈起。除此之外，你们应看到：友谊比任何东西都更高尚。”② 所以，西塞罗在择友和维护友谊方面的见解非常深刻，许多看法在今天仍不过时，也值得我们学习，如果将他对友谊的看法作为对霍耐特友谊观的补充的话，霍耐特的友谊观就会更加全面。

我们通过以上对家庭和友谊这两种形式的个人自由形式的考察看到，在现代社会中，由于个人的关系是一种在匿名性和孤独性中间的社会关系，在这种关系中，人的内在本性通过相互确认而实现了自由。霍耐特认为，随着个人关系中各种形式的自由的解放和扩大，一系列对这些关系的确认机制就得以形成，从而对各种个人关系进行规范和指导。但是，这些机制仍然带有先前阶级社会的印记，并不是对所有人都是平等和公平的，一些行动规范对男性非常优惠，赋予他们高度的权威，而对女性仍然带有歧视和贬低的情绪。另外，对同性恋关系也没有认可和规范。这就使得女性和同性恋者在随后的时间内为争取她（他）们平等的和合法的权利而长期斗争，以便使社会的规范朝对她（他）们有利的方向转换。于是，霍耐特认识到，在现代社会中，个人关系在近两百年里，完成了它的机制形态的改变和转换。如同经济和社会结构变化一样，个人关系的变化具有重大的意义。当个人在家庭的情感尤其是爱的关怀与教育下获得了初步的自由之后，他就要走向社会，面对

① 西塞罗．老年·友谊·义务：西塞罗文集［M］．高地，张峰，译．上海：三联书店，1989：108.

② 西塞罗．老年·友谊·义务：西塞罗文集［M］．高地，张峰，译．上海：三联书店，1989：108.

复杂的社会关系。如何在经济领域和政治领域获得个体的社会自由就是霍耐特接着要研究的问题。

第三节 从马克思的劳动观到社会自由的道德建构

霍耐特社会自由的第二部分是通过考察当代资本主义社会的经济发展历史，从市场与道德的关系入手，通过消费市场和劳动力市场这两个领域来讨论市场经济活动中人们的社会自由问题。在这里，霍耐特对资本主义市场经济的认识暗含着其劳动观，尽管在《自由的权利》中他没有分析“劳动”概念，但是早在《为承认而斗争》中，霍耐特已经摆明了自己的劳动观，即在批判马克思劳动观的基础上，以主体间相互承认的道德范式为原则来代替马克思的劳动观形成的阶级斗争学说，从而把对资本主义社会的认识定位在社会关系的范围之内。基于这种认识，在《自由的权利》中，他以相互承认的道德范式为基础来观察资本主义市场经济诸领域，从而形成了自己对社会自由的新认识。

一、劳动观的演变：从马克思到霍耐特

（一）马克思的劳动观

马克思指出劳动作为有意识的人类活动，是人的存在方式和本质活动，劳动使人区别于动物。他在《1844年经济学哲学手稿》中指出：“动物只是按照它所属的那个种的尺度和需要来构建，而人却懂得按照任何一个种的尺度来进行生产，并且懂得处处都把固有的尺度运用于对象。”① 在改造自然世界的过程中，人才真正地发现自己是一种不同于其他动物的“类存在物”。劳动使人从自然状态中脱离出来，进入社会状态。劳动是人的自由、自觉的

① 马克思恩格斯文集：第1卷［M］. 北京：人民出版社，2009：163.

活动，通过劳动，人在改造客观世界的同时，也在改造个体的主观世界。但是，随着资本主义生产力的提高，马克思发现了劳动的异化现象，他说："异化劳动从人那里夺去了他的生产的对象，也就是从人那里夺去了他的类生活。"① 然后，马克思深刻地批判了异化劳动现象，他看到，资本主义社会的劳动的异化造成了人的异化。从当时资本主义的现状出发，马克思根据资本主义的经济发展情况，揭示出异化劳动的四重性。他看到，从工人与劳动的异化到社会中人与人之间关系的异化，其结果是加剧了资本主义社会两大阶级之间的对立。随后，马克思提出，要消除异化劳动，就需要广大工人阶级反抗资产阶级的剥削统治、变革资本主义的生产关系。对异化劳动的分析，影响到马克思以后对资本主义经济关系的深刻认识。

在《资本论》中，马克思对异化劳动的分析和批判深入到社会关系的领域，他主要从商品入手，展开了对"商品拜物教"的批判。商品具有使用价值和价值的二重性。使用价值指某一商品能满足人们某种需要的属性，反映的是人与物之间的物质关系。价值是凝结在商品中无差别的人类劳动，体现的是商品生产者之间的社会关系。所有的商品都体现了人类劳动，反映的是一定的社会关系，当然，劳动不是为生产者满足自己需要的劳动，而是为社会、为他人生产商品的劳动，只有通过交换，生产劳动的社会性才可以变成为一定的社会关系。也就是，当劳动产品满足社会的需要时，私人劳动就转化为社会劳动，这时才能体现出劳动的价值。这种劳动关系的实质，马克思将其表述为"在生产者面前，他们的私人劳动的社会关系就表现为现在这个样子，就是说，不是表现为人们在自己劳动中的直接的社会关系，而是表现为人们之间的物的关系和物之间的社会关系"②。而当货币出现之后，马克思认为商品之间的物与物交换就转变成"用物的形式掩盖了私人劳动的社会性质以及私人劳动者的社会关系，而不是把它们揭示出来"③。随之，马克思发

① 马克思恩格斯文集：第1卷［M］. 北京：人民出版社，2009：163.

② 马克思．资本论：第1卷［M］. 北京：人民出版社，2004：90.

③ 马克思．资本论：第1卷［M］. 北京：人民出版社，2004：93.

现了一种特殊的商品，即劳动力商品。当劳动力变成商品之后，货币就转化为资本。劳动力商品是一种特殊的商品，因为劳动力不仅能够创造出自身的价值，而且可以创造出比他自身更大的价值，即剩余价值。因为资本主义社会中，生产资料被资本主义私人占有，工人阶级虽然出卖了自己的劳动力，但劳动产品却被资本家占有，通过商品交换，资本家获得了剩余价值。这样，马克思揭示出资本主义的所有制关系导致工人阶级处于被压迫、被剥削的地位。无产阶级要获得劳动的解放与自由就只能采取阶级斗争，以发动革命的方式去推翻资本主义制度，建立共产主义新的生产关系，这样才能从根本上摆脱自己的被剥削处境，实现劳动的解放和人的自由，这就是马克思劳动观的主要内容。

但是，由于二战后资本主义社会的变化和苏联、东欧等社会主义国家经历的挫败，理论界产生了对马克思主义革命理论和无产阶级革命实践的反思或质疑。西方有学者认为，马克思主义理论立足于19世纪的资本主义现实，对自由竞争时期的资本主义生产关系进行批判，而它在现时代已经成为过去。当代资本主义的运行和统治与以前的经济剥削和政治压迫已经完全不同。通过工具理性的整合和统治机制的转变，当代西方资本主义从文化心理上更加深入地渗透到社会各阶层人们的生活之中。于是对马克思的劳动观的认识和解释也发生了很大的变化。在法兰克福学派，以哈贝马斯和霍耐特为代表，他们从不同角度，在批判马克思劳动价值论的基础上，提出了他们自己救赎资本主义社会的不同思路。

（二）哈贝马斯对马克思劳动观的批判

立足于当前资本主义社会的现实，哈贝马斯在《认识与兴趣》一书中对马克思的劳动观提出疑问和批判。他说："社会劳动系统中的正常的生产过程，是人和自然界的一种综合形式。这种综合形式一方面把自然的客观性同主体的客观活动联系在一起，另一方面又不取消自然界存在的独立性。"① 哈

① 哈贝马斯．认识与兴趣［M］．郭官义，李黎，译．上海：学林出版社，1999：28.

贝马斯首先看到，劳动将人与自然客体区分开来，凸显出人的主体性，这表现出对马克思的肯定。但是，他认为马克思对异化劳动的分析和批判不足以把底层的无产阶级从资本主义社会的劳动强制中解放出来。他指出，劳动是人对自然的控制，体现的是技术性的行为，适合于阐释人与自然的关系，而不足以解释人与人之间的社会关系。“造成此种现象的内在原因就在于（马克思）把人类自我产生的活动归结为劳动。”① 哈贝马斯认为，只有“相互作用”才能解释人与人的社会关系。他认为马克思重视生产劳动的关系，而忽视了社会关系中的相互作用。在他看来，工具性的劳动范式只能解释人与自然的关系，而不可能实现人的自由或达到自我实现。因为早在《启蒙辩证法》中，法兰克福学派早期的两位作者就看到启蒙要摧毁神话，“人们从自然中学到的就是如何利用自然，以便全面地统治自然和他者”，但是“启蒙根本就不顾及自身，它抹除了其自我意识的一切痕迹。这种唯一能打破神话的思想最后也把自己给摧毁了。”于是，“神话变成了启蒙，自然则变成了纯粹的客观性。人类为其权力的膨胀付出了他们在行使权力过程中不断异化的代价”②。所以，人类工具理性的扩张，使人越来越失去自由。虽然霍克海默和阿多诺与马克思一样，都谈到生产力的作用，不同的是，他们认为生产力的发展和工具理性的运用会导致人的自我异化，最终带来的是社会倒退。经过对这两种观点的分析，哈贝马斯一方面继承了法兰克福学派工具理性批判的传统，另一方面却认为劳动概念只适合于解释生产力的变化，而不能解释社会关系。而只有相互作用才能完成这个任务。于是，哈贝马斯在其“交往行为理论”中挖掘了一种交往范式，以代替马克思的生产范式。

在《交往行为理论》中，哈贝马斯认为，马克思对“生活世界”和“系统”这两个社会生活领域进行了解释。生活世界是促使人们之间相互交往的活动场所，系统主要指经济和行政两个方面，分别以金钱和权力为基

① 哈贝马斯．认识与兴趣［M］．郭官义，李黎，译．上海：学林出版社，1999：37.

② 霍克海默，阿多诺．启蒙辩证法［M］．曹卫东，译．上海：上海世纪出版集团，2006：2-6.

础，制约和协调人们的行为。哈贝马斯指出，最初，社会由生活世界来整合，通过人们的交往行为达到人际和谐，此时，系统的作用在于控制外在环境，使生活世界更好地运行。但是，随着社会的发展，一些人站在系统的立场，利用政治权力和金钱干涉社会和个人领域，从而造成了生活世界中通过交往关系建立沟通的困难，导致了“生活世界的殖民化”。这就反映了社会关系的病态存在，而要实现人的解放和自由，就要消除这种状态。哈贝马斯认为要实现生活世界对系统的规范和约束，但不能用劳动来解决，而应该赋予交往行为一种优先性，建立以自由讨论为基础的社会组织，以消除系统的压力。

通过对交往理论的论述，哈贝马斯认为当代资本主义不同于传统的资本主义社会，不再适合用马克思的阶级斗争理论和生产劳动观点来寻求出路。他指出，马克思用对资本主义私有制中的社会劳动的分析来论证资本主义的危机，但是，当代的资本主义的国家管理手段的变革和调整缓和了阶级冲突，因而马克思的劳动价值理论不能提供一种对当代资本主义社会的发展的合理解释。于是，哈贝马斯认为实现人的自由和解放不一定要进行革命斗争、否定现有制度，通过对现有生产关系的调节就能解决资本主义社会的矛盾和危机。“在现代社会，主体间自我理解能力的（微弱）与整个社会自我组织能力的（缺乏）之间明显不对称。随着前提条件的改变，主体哲学自我影响的一般模式和黑格尔—马克思主义对革命行为的特殊理解都失去了对象。”① 所以，哈贝马斯否定了传统的主体哲学对社会的解释功能和马克思的阶级斗争理论，主张用交互主体性的规范模式来加强社会的自我调节。他强调“要在生活世界与系统交换过程中建立一个防护体系和传感设备”②，这种体系就是他提出的“公共领域”，在公共领域中，个人是自主的，其中的生活世界能够采用交往方式进行自我组织，影响系统，而且成为更高层次的

---

① 哈贝马斯．现代性的哲学话语［M］．曹卫东，译．南京：译林出版社，2004：405.

② 哈贝马斯．现代性的哲学话语［M］．曹卫东，译．南京：译林出版社，2004：407.

“主体间性”。这样，哈贝马斯借助主体间的共识完成了社会的自我整合，要消除生活世界的殖民化，主要是发挥生活世界对系统的规范约束功能，从而赋予交往行为以优先权，建立自由交往的社会组织，以确保人的解放和自由交往。

（三）霍耐特的劳动承认范式

在研究马克思的劳动观和哈贝马斯的交往理论的基础上，霍耐特认为：“建立在交往理论基础上的历史唯物主义，对于直接关注交往解放有关的进化过程中的结构是有益的。但是，如我所见，这个观念把它的基本思想从一开始就置于从异化劳动关系中解放出来这一过程中是有缺陷的，似乎马克思的劳动异化问题已经历史地完成了。”① 可以看出，霍耐特对哈贝马斯的交往行为转向是认同的，但是，对于哈贝马斯把劳动排除在规范之外的认识，他却不赞同。因为，霍耐特不认为主体间通过语言的交往就能实现交往主体间达成相互共识，“霍耐特反对把社会互动简化为语言的交往。对霍耐特而言，在规范的与描述的意义上，社会融合中决定性的东西不能在支配语言交换的潜规则中，在更广泛的意义上，只能在社会化个体自我实现的条件中发现”②。所以，哈贝马斯想通过公共商谈来产生社会规范，却忽视了人们日常的生活经验，并将二者隔离开来，只想提供交往语言规则实现对社会的整合，这在霍耐特看来是不可能实现的。在霍耐特看来，哈贝马斯忽略了社会整合中的斗争的作用。面对马克思的传统劳动观和哈贝马斯劳动理论的缺陷，霍耐特逐渐有了自己的想法。

在《支离破碎的世界：社会与政治哲学论文集》中，霍耐特对马克思的劳动理论进行重点分析和批判。他认为“马克思倡导用革命的方式解决社会问题的理论在20世纪的西方社会已经过时，在历史发展过程中，马克思理

---

① HONNETH A. The Fragmented World of the Social：Essays in Social and Political Philosophy［M］. New York：State University of New York Press，1995：49.

② 让·菲利普·德兰. 作为一种唯物主义方案的承认伦理学［J］. 余永林，译. 当代国外马克思主义评论，2007：262-274，426.

论出现了历史地贬值的倾向”①。霍耐特分别论述了各个流派对马克思革命理论的看法，他说：“系统的理论家认为，马克思的思想呈现的是对社会责任的极大的误解；历史学家认为，马克思和恩格斯的学说是对工业革命的一种罗曼蒂克的批判，它必然地导致共产主义极权化。对社会运动理论家来说，马克思提倡工人运动，他从生产主义的角度所确立的社会斗争目标属于过去时代的社会冲突。最后，除此之外，近几年出现了一种马克思主义的自我批评的理论，在此，马克思主义不再被视为一种学术，其思想的历程注定是一种走向失败的过程。”② 显然，这些不同的理论流派都认为马克思主义中的革命斗争的潜能已经弱化，其理论的科学性也遭到驳斥，而且其政治主张也具有相对性，马克思的哲学基础也被无情地批判。霍耐特认为，在今天，马克思主义的批判传统，在考茨基、梅洛·庞蒂和哈贝马斯等人的理论中体现出来的是，不再仅仅从哲学的，而是对全部社会理论进行整体的质疑，从而使批判传统达到了一个新的阶段。所以，霍耐特提出：“马克思主义的经验预测几乎不能经得起时间的检验，其作为整体的理论已经显得有问题了。”③ 他认为，马克思不可能把他所设想的社会规范目标一直放在“阶级斗争”的范畴中。霍耐特指出，在马克思主义所面临的这种情况下，一些马克思主义者对马克思主义进行补救，从事这项工作的思想家认为，“在过去的几十年，出现的问题在于，把经济功能主义作为历史唯物主义的潜在原则”④。以这种看法为基础，“只要降低经济领域的功能主义优势，非经济领域就可以从物质生产的标准中被释放出来，那么，马克思主义的社会理论就能再次获得批

① HONNETH A. The Fragmented World of the Social：Essays in Social and Political Philosophy［M］. New York：State University of New York Press，1995：3.

② HONNETH A. The Fragmented World of the Social：Essays in Social and Political Philosophy［M］. New York：State University of New York Press，1995：3-4.

③ HONNETH A. The Fragmented World of the Social：Essays in Social and Political Philosophy［M］. New York：State University of New York Press，1995：4.

④ HONNETH A. The Fragmented World of the Social：Essays in Social and Political Philosophy［M］. New York：State University of New York Press，1995：4.

判的功能"①。

在分析了西方学者对马克思主义的不同救赎方式之后，霍耐特看到了20世纪后期资本主义社会工人阶级的革命高潮进入低谷。他通过发现和揭示马克思主义存在的缺陷和不足，批判性地对待马克思主义，希望通过理论的反思来重新发挥马克思主义的解放和自由功能。霍耐特研究了西方理论界三种对马克思主义的救赎理论，这三种理论分别是"博弈论的马克思主义""文化理论的马克思主义"和"权力理论的马克思主义"。尽管它们对马克思主义理论救赎的立场和形式各异，但却一致"放弃了经济功能主义"。它们尽管指出和批判了马克思主义理论的"经济功能主义"，但却忽视了马克思主义的"社会劳动"理论，从而导致其无法达到解放理论和进行社会分析的要求。霍耐特注意到，在对自由的追求中，马克思思考的不只是人类的精神自由，更关注的是人类首先在物质生产生活领域中的自由以及争取自由的途径。因为进行物质资料生产的"劳动"概念贯穿于马克思理论的始终。比如在《1844年经济学哲学手稿》中，马克思提出人的本质就是"自由自觉的劳动"，在《哥达纲领批判》中，马克思认为"劳动不仅是谋生的手段，而且本身成了生活的第一需要"②，而且，马克思在《资本论》中也提到"真正自由的劳动"。所以，马克思以社会劳动为基础，把劳动作为自由解放意识形成的基础，设想由社会劳动达致人类解放和自由的一种途径和条件。可是，霍耐特指出马克思的劳动理论存在缺陷，认为马克思的方式是一种功利主义道路模式，这种功利主义模式忽视了伦理目标和存在于社会劳动与交往中的规范性内涵，使其无法用系统的方式把社会冲突理解为具有道德动机的冲突形式。只有对这种功利主义模式进行道德主义的改造，才能重建马克思革命中的规范基础。所以，在《自由的权利》中，霍耐特在研究资本主义市场经济的社会自由问题时首先就讨论了市场与道德的关系问题，把他对马克

① HONNETH A. The Fragmented World of the Social: Essays in Social and Political Philosophy [M]. New York: State University of New York Press, 1995: 5.

② 马克思恩格斯选集：第3卷［M］. 北京：人民出版社，1995：305.

思的这种质疑引向了深入。

从以上对劳动观的认识可以看出，哈贝马斯和霍耐特都以不同的观点对马克思的劳动观进行改造。马克思从资本主义的异化现象入手，研究通过革命的方式推翻现有的社会制度，以寻求人的解放和自由；哈贝马斯用交往理论来规范交往主体的行为，伯恩斯坦说，“哈贝马斯在沟通能力理论中所要建立的，类似于马克思政治经济学批判所要完成的”①；而霍耐特则从交互主体间的承认关系入手，寻求市场活动中的道德归属，使资本主义社会的市场发展能够在伦理道德的规范下为人们带来社会自由。他们的阐述，一方面体现出法兰克福学派对马克思劳动观的重视，另一方面却表明他们对马克思主义劳动观的片面理解，关于这一点，我们将在后文进行讨论。

二、对当代资本主义经济与道德关系的新认识

在市场与道德的关系问题上，霍耐特是从讨论“亚当·斯密问题”入手的。霍耐特认为，当资本主义经济出现之后，形成了一种经济体系，使得生产者、消费者和企业家等所有经济参与者的关系，只能在市场中介的转换中展开，而不再像封建经济的生产关系那样，由一种单一的因素来决定商品的需求。同时，劳动本身、土地和资金等要素都进入市场，由供给和需求的规律来调控，为市场经济的当事人提供最大化的效益。但是，这种市场经济组织形式是基于私人利益的，它要求私人利益能够不顾及他人及其价值取向，所以，纯粹的利益权衡代替了道德立场，促使每个市场活动参与者以最大的努力来获取最大利润。当这种单纯策略性的市场关系遍及西欧以后，许多人就产生了抱怨情绪，特别是18世纪经历过启蒙洗礼的知识分子，普遍提出这样一个问题：这种“经济人”的形成和日益增多，是否会逐渐侵蚀社会责任？同时，当时的许多文学作品也以市场中的商人为素材，来讽刺这种经济

① 伯恩斯坦．社会政治理论的重构［M］．黄瑞祺，译．南京：译林出版社，2008：275.

形式。所以，许多知识分子对市场关系、经济策略和利益算计的迅速增长表示担忧。对此，霍耐特从"亚当·斯密问题"入手，根据黑格尔和涂尔干以及波兰尼和帕森斯这几个人对此问题的不同看法，来阐述资本主义经济中的市场和道德问题。

首先，霍耐特分析了黑格尔和涂尔干对市场和道德关系的经典认识。19世纪，受到黑格尔、圣西门等思想家的影响，人们对资本主义的批判有了一种较强的社会理论的形式，从而揭示出了当时仍在广泛扩展的市场体系的深层次的结构问题。当时的知识分子和科学家们思考的重点，是关于新的经济秩序的合法性和它的界限这两个问题，而这两个问题都与个人自由有关。对此，霍耐特从两方面进行阐述，他把第一个问题表述为"马克思问题"，把第二个问题表述为"亚当·斯密问题"。针对"马克思问题"，霍耐特提出，由于早期社会主义者曾经以各种不同的重点批评指责资本主义市场体系，马克思把早期对资本主义市场体系的各种指责概括起来，形成经济批判的论点。而"亚当·斯密问题"的结论与马克思的理论正好相反，它反映的是市场经济活动中"经济人"和"道德人"两种相互矛盾的人性如何协调的问题。霍耐特认为，这个问题以黑格尔的《法哲学原理》为起点，以涂尔干的《劳动分工论》为终点，这两个思想家都在思考这个问题，即"把那些不会使得个人利益最大化的规范立场的价值取向和相应的机制性结构预先排除和置放在外，是否正是一种有成就的，也就是一种被普遍认同的新经济秩序所要求的?"① 他们都认识到，对新经济体制的分析必须以前契约时期的道德规则来分析，否则，就不可能实现为它所设想的一种使个人经济利益和谐的整合功能。这个思想用黑格尔的说法就是，所有参与的主体，不仅作为法律上的契约伙伴，而且在道德上也被承认是一种共同体的合作成员。同时，针对市场经济中隐含的非契约性的行动规则，他们两人的看法是，只有在其中规定的行动规则被大家共同遵守，也就是如果把市场也理解为一个社会自由的

① 霍耐特．自由的权利［M］．王旭，译．北京：社会科学文献出版社，2013：290.

领域，才有了一切社会条件，使一种市场经济秩序的发展能够不受到阻碍。

关于市场经济的道德基础的地位问题，霍耐特认为，黑格尔、涂尔干的分析缺乏逻辑上的阐释，可以肯定的是，“他们两人都不想把那些契约前的行动规则，理解为对市场活动的一种单纯外在的规范性补充，因此两人都试着避免说出一些纯粹的应当怎么，但是另一方面，他们这种共同的意图，却还是没有确定，应当怎样把这种要求的道德规则，理解为市场经济的组成部分”①。而要理解这两位作者，霍耐特认为只有一种可能性，就是确认这些道德规则对资本主义市场再生产有着功能主义的效用，也就是承认市场经济必须依靠一种外在于市场的道德规范。具体来说，霍耐特认为黑格尔为市场经济添加了伦理的义务，涂尔干为市场经济引入前契约时期的团结互助功能。这种道德经济主义对随后英国和法国的社会运动都有一定的影响。从以上的探讨中，霍耐特发现，尽管黑格尔和涂尔干对这个问题的阐述在他们的理论中各有不同，而且也分别从属于不同的政治—文化领域，但是，他们都有一个共同的想法，就是在观察经济市场时，不能脱离经济市场所处的自由民主社会氛围的道德价值底线。

那么现在我们回到开始我们讨论的关于马克思的理论问题上来。从霍耐特对马克思的市场与道德的关系的理论的认识上来看，他认为，在马克思的理论中，“道德”是不可能内在于市场机制之中的，因为市场根本不允许绝大多数的民众有行使它所许诺的消极自由的权利。这从马克思对资本主义的认识上可以说明。马克思从资本主义的雇佣关系出发，认为在资本主义社会中，工人只能出卖自己的劳动力，否则他一无所有，无法生存。所以，他们不可能作为一个有着平等权利的契约伙伴去跟作为生产资料的占有者的资本家自由地去商榷契约的条件。另外，马克思从对资本主义工资的本质出发，强调“工资不是它表面上呈现的那种东西，不是劳动的价值或价格，而只是

① 霍耐特．自由的权利［M］．王旭，译．北京：社会科学文献出版社，2013：291.

劳动力的价值或价格的掩蔽形式”①。所以，关于公平或公正劳动力价格的讨论，只是掩盖资本主义剥削的事实。以上两点是马克思的劳动价值论的观点。霍耐特认为，马克思的这个理论在今天看来是有问题的，他说：“在今天即使是马克思主义者也对此已经有所怀疑，不仅是劳动价值理论的前提在今天被看成是很有疑问的，因为无法看清马克思是怎样建立论据所要求的那些标准的，并且为什么服务性、管理型和科学性劳动在经济价值的创造中不起作用，这也还是个谜。”② 从社会自由这个角度出发，马克思的这个结论就转为，雇佣工人除了出卖自己的劳动力没有任何其他选择余地，揭示出了工人现实的不自由性。有权利按自己的权衡去缔结契约是资本主义市场体系的基本自由，但是雇佣工人纯粹是出于生存的需要，没有拒绝不平等契约的可能性，因此也就无法去行使他们的自由权利。针对这个矛盾，霍耐特借助涂尔干的理论进一步反驳马克思。涂尔干提出，如果社会的一部分人为了生活，被迫出卖自己的劳动，而另一些人却借助社会的帮助，利用并非自己创造的社会优势而不劳而获，天生就有了富足的优势，这个社会就是不公平的。涂尔干是不允许从出生起就产生了贫富差距的。所以，他明确地认为，出于生存压力签订的契约，是不能作为相互协商的结果的，契约是要符合自愿同意的自由标准的。霍耐特认为马克思和涂尔干的区别是，马克思认为市场体系内部的这类强制条件是不可避免的，而涂尔干则确信，在相同条件下，没有强制的契约关系在原则上是可以利用机制来实现的。这种区别就引出了另外一个问题，就是是否有可能在市场经济的内部建立普遍的实现契约自由的社会条件？霍耐特认为这个问题无法事先决定，需要在改革中去检验。既然眼前还没有切实可行的其他措施可以用来取代市场经济操纵的媒介作用，那么就可以用黑格尔和涂尔干的理论来看待资本主义的那些弊端。于是发现并不是资本主义市场经济结构性上的缺陷，导致了剥削和强制性契

① 马克思恩格斯选集：第 3 卷［M］. 北京：人民出版社，1995：301.

② 霍耐特. 自由的权利［M］. 王旭，译. 北京：社会科学文献出版社，2013：312.

约，而是它自己的规范性许诺造成了这些弊端，因此最终也只有通过它自己来解决这些问题。①

霍耐特对以上问题的认识以及他借助涂尔干的理论对马克思的观点进行反驳，说明了资本主义市场经济发展的现状。这些问题是马克思在当时所不能看到的，但是，如果因这一点就对马克思产生了误解，那只能是因为他们对马克思劳动理论的复杂性、广泛性缺乏深入的理解，仅仅从"经济主义"这个原则片面地理解了马克思。其实，市场经济是资本主义的经济基础，资产阶级从一开始就要自觉维护和延续这种社会体制。而且工人阶级在寻求解放的过程中，也提出了自己的社会要求，为自己构建了相应的道德伦理思想体系。因为，马克思和恩格斯在当时都非常关心无产阶级的状况，他们看到在早期资本主义劳动关系中，工人承受着非人的待遇和超乎寻常的劳动强度，生活异常窘迫。由于缺乏教育，有些人的文化水平和道德修养不足，于是因恶劣的生活环境和肉体及精神的痛苦而道德堕落乃至犯罪。马克思说："当无产阶级穷到完全不能满足最起码的生活需要，穷到处境悲惨的时候，那就会更加促使他们蔑视一切社会秩序。"② 但是，他并没有因此对工人失去信心，而是从工人阶级身上发现了以往社会劳动者都不具有的优秀道德品质，他认识到工人阶级具有自觉性，并努力寻求自我解放的道路。生产的工业化和集中化锻炼了工人的纪律性和组织性。这些道德精神是工人阶级进行斗争取得解放和自由的宝贵品质和财富。工人阶级身上表现出来的这些优秀品质，霍耐特却没有看到，所以他对马克思的认识带有一定的偏见。

当然，霍耐特讨论市场中的道德问题的目的是解决怎么在现存市场经济的内部进行一种规范性重构，才能够揭示出社会自由的机制化原则这个问题。通过前面的讨论，霍耐特认为思路已经很清楚了，就是只有依据黑格尔和涂尔干对市场氛围的描绘，才能够在自由民主社会的经济活动中，看到那

① 霍耐特．自由的权利［M］．王旭，译．北京：社会科学文献出版社，2013：315.

② 马克思恩格斯文集：第1卷［M］．北京：人民出版社，2009：429.

些被普遍接受的从属于社会自由的规范性要求。所以，他试图用道德经济主义的传统去分析当代市场经济中的社会自由现象。

三、消费领域的道德诉求与社会自由

当探讨了如何在市场经济中进行规范性重构之后，霍耐特就把市场中的生产与消费这两个经济现象进行了比较，从生产销售的伦理规范和消费者的消费自由权利入手，去观察和研究资本主义的供销发展的历程和其中所反映出的消费自由问题。

（一）对《法哲学原理》中生产和需求关系的回顾

黑格尔在《法哲学原理》中就资本主义的消费问题进行过讨论。他认为，市民社会中的个体具有普遍性和特殊性的双重品质，“特殊性的原则，正是随着它自为地发展为整体而推移到普遍性，并且只有在普遍性中才达到它的真理以及它的肯定现实性所应有的权利。由于上述两种原则是各自独立的，所以从分解的观点看，这种统一不是伦理性的统一，正因为如此，它不是作为自由而存在，而是作为必然性而存在的，因为特殊的东西必然要把自己提高到普遍性的形式，并在这种形式中寻找从而获得它的生存”①。这里的特殊性就是个人的需求，而且这种需求必须得到满足。个人的需要是一种特殊性的主观需要，而满足这种特殊性，使之成为客观性的就有两种途径，一是通过外在物，一是通过自己的劳动。通过这两种途径使个人的需要得到满足，使个体的特殊性转化为每个人都能够感受到的普遍性。这种特殊与普遍的转化就是消费与满足消费的生产之间的关系。“因为普遍性和特殊性两者是相互依赖、各为他方而存在的，并且又是相互转化的。我在促进我的目的的同时，也促进了普遍物，而普遍物反过来又促进了我的目的。”② 这种需求和满足的转化，就形成了一种承认，使原先抽象化的两个概念具体化和社会

① 黑格尔．法哲学原理［M］．范扬，张启泰，译．北京：商务印书馆，1961：201.
② 黑格尔．法哲学原理［M］．范扬，张启泰，译．北京：商务印书馆，1961：199.

化。我与他人彼此满足、相互配合，一切个别的东西就转化为社会的东西。对此，霍耐特认为，在对“需求体系”的思考中，黑格尔强烈地意识到，随着市场经济的确立，新的个人自由形式开拓了一种更广阔的维度，而且这种新的个人自由对现代社会的文化产生着决定性的影响。因为，“主体利用商品市场给予他个人购买商品的可能性，而学习把自己看成一个消费者，在购买商品的活动中，他能够以兴趣盎然地寻找和购买满意商品的方式来表达他个人意志的自由，因而也就成了他的一种自我认同”①。这种个人自由是由需求和满足需求的手段之间的不断转换而产生的承认所体现出来的，这样的话，“需要及其实现方式所表达的是人的自由存在方式，人的需要的实现方式揭示人是否自由以及在何种程度上自由”②。正是消费欲望的增加和满足消费的资本主义生产之间的相互满足，推动了资本主义经济的发展。

黑格尔认为，个人的消费欲望是不断产生而且无穷无尽，它超越了生活必须的要求。他以英国人的奢侈生活为例，“英国人所谓的 comfortable（舒适的）是某种完全无穷无尽和无限度前进的东西，因为每一次舒适又重新表明它的不舒适，然而这些发现是没有穷尽的。因此，需要并不是直接从具有需要的人那里产生出来的，它倒是那些企图从中获得利润的人所制造出来的”③。这说明他们的消费与欲望是一种完全无穷无尽和无限度前进的东西。需求促进了生产，而新的产品又刺激了人们更高的消费需求。生产劳动和满足需要的相互转换推动了资本主义的发展和社会财富的增加，他说：“在劳动和满足需要的上述依赖性和相互关系中，每个人在为自己取得、生产和享受的同时，也正为了其他一切人的享受而生产和取得。在一切人相互依赖、全面交织中所含有的必然性，现在对每个人来说，就是普遍而持久的财富。”④ 但是，在黑格尔看来，消费者并不是独立的活动者，他们还不能在封

① 霍耐特．自由的权利［M］．王旭，译．北京：社会科学文献出版社，2013：319.
② 高兆明．黑格尔《法哲学原理》导读［M］．北京：商务印书馆，2010：458.
③ 黑格尔．法哲学原理［M］．范扬，张启泰，译．北京：商务印书馆，1961：207.
④ 黑格尔．法哲学原理［M］．范扬，张启泰，译．北京：商务印书馆，1961：210.

闭的情况下决定自己的特殊需求，而是对市场和制造业有着依赖性。所以，他说，“生产者和消费者之间的不同利益，可能发生冲突。为了平衡起见，需要进行一种凌驾于双方之上的、有意识的调整工作。”因为，“公众权利不应受到欺骗”①。所以，在这里，黑格尔是为了防止由市场为中介的这种消费者和生产商之间的承认关系陷入冲突和分崩离析的危险，而想用一种公众性的组织来对经营自由做一定限制，以保护消费者的基本生活需求不受影响和免于生产者的诱导。可见，他非常有洞见，预测到了今天我们所看到的消费和产品供应之间出现的危机。而且，霍耐特认为，黑格尔预测的两个可能性，一个是经营性的对消费需求进行操纵的可能性，另一个是把自己装扮成贵族的炫耀性消费的可能性（黑格尔在《法哲学原理》第 195 节中以第欧根尼的例子来鄙视奢侈消费），这都在他去世之后不久成为事实，因为商品市场的整个领域都发生了重大变化。②

（二）资本主义社会市场供需伦理的变化

19 世纪之后，消费活动从各个方面逐渐展示了资本主义社会中人们的社会地位、阶级差异和自我表现的目的。但是，由于资本对利润的追逐，资本家对廉价的食品、衣服和住房等基本生活必需品的投资兴趣逐渐降低，这就导致了 19 世纪没有财产的无产者阶层遭受了极大的生活苦难。同时，也激起了底层人们“为面包而起义”的反抗，以争取他们基本的生活权利。在这种情况下，黑格尔以前设想的由公共权力出面来维护消费者的权利的理论就逐渐被重视起来了。在黑格尔的启发下，到 19 世纪末有了一种社会政策的雏形，它给予贫困阶层的消费者一种法律保障的住房或基本生活资助。而且，整个社会都呼吁对消费者的消费自由进行法律保护，通过法律形式公开监督市场经营活动的“正义性”。

随着资本主义生产力的提高和社会的发展，西方社会逐渐进入了现代化

---

① 黑格尔．法哲学原理［M］．范扬，张启泰，译．北京：商务印书馆，1961：240.

② 黑格尔．法哲学原理［M］．范扬，张启泰，译．北京：商务印书馆，1961：321.

的大众消费时代，使消费取得了与生产同等的道德价值地位。包括各个政府在内的全社会也都开始关心消费者的利益，这种普遍意识带来了国家对消费政策的强化。霍耐特认为，消费市场的健康发展要求供应商和消费者之间能够互补地帮助对方实现自己的合法权益，唯有这样，才能在消费品市场形成一种相互承认的道德经济主义的传统。而要实现这些目标，最终只有依靠一种规范的建立。这些消费领域的规范构想用黑格尔的话来说就是为“普遍的善”而服务的机制，是一种社会自由的体系。尤其是在20世纪后期，人们开始理性对待消费。这时，人们在消费时会做出比以前更仔细的考核。所以，霍耐特说：“此时的消费领域，在经历一个没有任何抵制的私人化炫耀性消费的长期发展阶段之后，又与传统的思想运动接上了轨，这些传统坚持认为在资本主义市场领域内部，需要对消费兴趣和意图进行一种事先的泛化。”①

除了人们对商品生产消费的机制规范之外，对自然的可持续发展逐渐引起了人们的重视，在消费的同时，许多国家注重对生态平衡的保护，推出了相关法律，要求工业领域的生产企业承担社会和自然可持续发展的义务，同时加强了对消费者利益的保护。这种转化的结果就是，我们在今天常能看到消费者的消费行为中已经有了一种“道德化”的理念，人们比以前更多地以生态或社会道德意识为自己的消费取向，来决定自己购买哪些产品或服务。于是，霍耐特认为：“从消费商品市场的这样一种‘道德化’的趋势中，可以辨认出一种运动，这种运动至少为消费者和生产商强化相互补充的关系开拓了前景。在最近几十年中，政治干预供应商价格的可能性增加了，与这种增加相应的是一部分民众通过他们变化了的需求行为，给实现消费领域的社会自由，又带来了新的可能性。”②

（三）对消费领域道德性的反思

不过现实的另一个现象却不容乐观，虽然人们都认识到可持续性发展的

① 霍耐特．自由的权利［M］．王旭，译．北京：社会科学文献出版社，2013：348.
② 霍耐特．自由的权利［M］．王旭，译．北京：社会科学文献出版社，2013：352.

道德标准的重要性，但是，却不一定按这种标准来决定自己的消费行为。霍耐特发现，物质的匮乏和单纯的以自我利益为中心等原因，都是转变消费态度的障碍。而且，缺少机制性的鼓励，消费者常常无法与其他人进行一些经验交换来改变自己的消费行为，因而也就仍然纯粹按照自己私人的考虑来决定自己的消费活动。所以，当代的消费领域缺少话语机制，缺少相互协商的条件。这些都表明市场“道德化”的情景并不那么乐观，因此，难免在今天又出现纯粹是想表明自己社会地位的炫耀性的消费。这就在今天又形成了两种分裂的消费群体：一种是注重消费行为道德化的群体，一种是豪华奢侈的消费群体。前者有着强烈的道德动机，后者则进行奢侈消费。因为缺少普遍性的信息交流媒介，无法对消费者的这种分裂进行探讨，故而双方在对商品的使用方式上存在对立。消费者群体的分化，导致生产商可以明确区别对待不同消费者的利益，以进行市场分类，根据不同类型的消费者采取不同的生产方式和营销策略，以使利润最大化。今天，琳琅满目的商品和无孔不入的商品销售广告，让人们在消费中受其引导而失去自我。对此现状，霍耐特说：“必须承认，在当代确实还几乎没有一种来自下层，即来自消费者方面的‘市场道德’。”① 于是，我们今天在市场经济中面对的就是这种明显的不均等的权利，企业随着生产和贸易的全球化，拥有的权利越来越大，使得消费者对企业的强大权利无力抵抗。所以，霍耐特说：“市场的消费领域在最近的几十年来，并没有成为民主伦理的一部分。”由于消费者缺少话语媒介和表达空间，就没有一个普遍化的机制形成一种共同的意见来对抗资本和生产。

现在我们需要思考一个问题，即消费者为什么会分化成为两个不同的群体？对此，霍耐特认为深层次的原因是他们处于不同的社会阶层，有着不同的教育背景、生活境遇以及高低不同甚至悬殊的收入。这些因素就是消费者强化自己对抗生产商的努力的最大障碍。霍耐特看到，社会要在消费者决定

① 霍耐特．自由的权利［M］．王旭，译．北京：社会科学文献出版社，2013：358.

他们的消费需求之前，就把他们看作与生产商有着平等权利的主体，这就要求社会必须缩小消费者之间的生活差距，这样消费者之间才能相互平等地进入彼此的想法中，并形成一种相互纠正各种想法观念的看法，最终能够团结起来形成强大的力量与生产商抗衡，实现消费领域中的社会自由。如果消费者之间的经济距离太大，各个阶层的社会群体就会因不同的消费价值而难以团结。由此可见，每个社会成员在社会结构中的地位，就是由他在经济循环过程中所承担的社会角色，以及在生产系统中的地位所决定的。所以，针对消费领域的这种现状，霍耐特看到，需要深入到市场分工的规范性中去，从解决根本性的劳动分工问题入手，才有可能使消费市场建立在道德秩序的基础之上，为人们带来消费领域的社会自由。

四、当代工人阶级的分化及其出路

美国学者罗默认为，“在市场经济条件下，劳动者的阶级地位是由自己对工作的‘最佳选择’内在地决定的。作为在资本限制下实现最优化的结果，他选择了自己的阶级地位。不同的生产资料所有权导致了不同的阶级地位”①。的确，20 世纪西方国家工人阶级队伍的结构状况发生了重大的变化，从而使工人内部不同群体之间有了巨大的差别。由于生产力的发展，在工人内部，脑力劳动者和体力劳动者的比例发生了深刻变化。一些具有较高科学知识和管理技能的工人，成为企业中的管理人员，他们所得到的劳动报酬比普通的蓝领工人丰厚，社会地位有相应地提高。而且，从事脑力劳动的工人人数已经超过了从事体力劳动的工人，加上管理人员形成的经理集体，成了新的中间阶层。所以，工人阶级内部由于文化素质、劳动技能、生活方式、政治态度等差异导致的多层次化，使工人阶级已不再是马克思当年所描述的一个利益完全一致的集团，这种阶级结构发生的变化对资本主义社会的发展

---

① 罗默．剥削与阶级的一般理论［M］．剑桥：哈佛大学出版社，1982. 转引自西方马克思主义的阶级定义及“中间阶级”问题［J］．天津师范大学学报（社会科学版），1999（3）：2.

产生了深刻的影响。工人阶级内部的变化使得他们的利益变得多元化，从而出现了相互竞争和各种矛盾。传统意义上的蓝领工人数量的减少使曾经比较清晰的阶级界限变得模糊。如今资本主义国家对管理措施进行了调整，使得工人可以持有企业的股票、参与企业的管理，而且白领阶层逐渐上升为中间阶层，这使资本主义的阶级结构和个人之间的关系变得复杂，这对工人阶级的阶级意识、组织性和团结统一带来了不利影响。所以，霍耐特在分析资本主义的劳动力市场状况时也充分考虑到了这种情况。另外，西方资本主义在经济发展的同时，也在社会福利方面进行积极的改善，这就使传统马克思主义所认为的工人阶级绝对贫困化的现象逐渐消失。政策的调整使得工人阶级的政治地位和经济基础也有了保障，从而逐渐淡化了他们的阶级意识，使资本主义社会内部的危机得到缓和。这使霍耐特在研究工人阶级的状况时，不再像传统马克思主义那样把工人阶级视为改变资本主义的革命动力，而是根据当今资本主义工人阶层的新情况提出了不同的认识思路。

在 20 世纪后期的发展进程中，霍耐特看到一些大企业重新强化以利润为企业发展的导向，而国家机构将协调行为与社会化行为限制在经济之外的监督职能中，工会也逐渐失去了参与决定的有力作用。这种情况发生的原因是：经济全球化的巨大压力、股东结构的急剧变化、激烈变化的世界市场的销售竞争，还有对企业领导要求的变化等，所有这些共同导致了资本主义经济重新开始了解组织化过程，从而走向金融市场资本主义。其后果是，跨国企业联盟及其生产战略极大地侵蚀了劳动者的规范性地位，这就造成我们前面讨论的劳动斗争成果的真正损失。这种损失的第一个表现就是，劳资协定所规定的工资的递减，二是失业的扩大和就业困难，导致人们对工作岗位能否长期固定的担忧，以及由此产生的不安全感。这种劳动关系的变化，被大多数工人视为是不公正的，他们不仅没有得到与他们的业绩相适合的报酬，却又对他们提出一种过高的灵活性要求。要从“道德原因”的角度分析这种变化，霍耐特就联系到我们前面讨论过的黑格尔和涂尔干关于道德经济主义的观点：如果资本主义劳动力市场不再能够保证所有劳动力市场的参与者都能得到一份可以赖以生活的收入，也没有相应的社会声誉和合作性地进入社会劳动分工的可能性，那么人们就可以把资本主义劳动力市场的机制看成是不公正的或非法的。但是，霍耐特看到，这种"不公正"已经激不起劳动者的集体自卫的抗议，所有的劳动者针对这种社会不公，都有着一种奇怪的、无声的，常常也是个人回避策略的特性，几乎没有人再有力量去公开地呐喊。霍耐特发现，这种情况的出现是因为，现在遭遇到贫困、低薪和被迫变通工作时间的那些工人，大都就业于服务行业，而服务行业几乎从来就没有过传统的劳动斗争，而且从事服务业的无产者由于前面谈到的分化，以及行业种类及性质的分散，他们中间已经没有关于共同利益的沟通，这样他们就不可能形成统一的社会组织。这种情况让人感觉到，每个人必须自己为面临着的失业和为被迫的工作变动承担责任，而别无他求。于是霍耐特叹息道："不到四十年前，公众大都还是认为，双方必须共同承担劳动力市场灾难的责任，因而也必须共同建构社会规则的范围，而现在在公众中广泛流传的想法却是，劳动生活的收入和成果都得靠自己一个人的努力。"① 这样，"资本主义市场所构成的不是一个社会自由的领域，而纯粹只是一个个人自由的领域。"②

从资本主义一开始就出现的为了劳动领域的社会自由而进行的斗争，经历漫长的进程，逐渐取得了劳资双方相互承认的发展态势，尽管其社会成果是不连续的，但至少显示出了一种清晰可见的进步的发展方向。也就是说，从资本主义经济社会道德角度来看，劳动力市场的逐步改革，是一种为人们普遍接受的社会工程，改善机会平等的条件、废除屈辱的单调疲劳的劳动形式、提高工人参与企业事务的可能等结果都表明，经济市场应当有利于所有的参与者，因而其必须是一种社会自由的机制。但是，近二十多年来的发展表明："经济活动的责任都强化在个人身上了，以致不再是'我们'，而是作

① 霍耐特．自由的权利［M］．王旭，译．北京：社会科学文献出版社，2013：410.
② 霍耐特．自由的权利［M］．王旭，译．北京：社会科学文献出版社，2013：402.

为个人的他或她，要对自己的经济成就负责，这就几乎让人们失去了内心深处的规范信念：对参与者来说，市场已经不再是一种给予我们共同机会自愿相互帮助对方满足各自利益的社会机构，而成了一个每个人都尽可能以智慧谋取自己最大利益的竞争机构。"① 今天，人们把道德上的不满纯粹看成个人的私事，因此也只能采取相应的个人方法来保护自己，这就是市场去社会化的结果。而这种错误的发展，使得我们在劳动力市场试图努力的规范重构陷入了困境，最终，寻求劳动力市场的社会自由也就此搁浅。然而，霍耐特并没有绝望，他又把目光投向了当代的政治领域。他企图在全球化的层面上来重新定位人们的社会态度，以把对社会自由的探索拓展到国家政治的层面。

第四节　对社会自由的政治诠释

我们知道，自由在黑格尔的法哲学思想中弥足珍贵，但是，个体自由不是一个抽象的概念，只有当个体的私人生活在一个更广阔的集体中时，才能实现这一点。所以，他从家庭、市民社会和国家等个人生活的不同集体形式来讨论个体自由的自我实现问题，只有当个体的特殊目的融入一种共同体的目的之中时，个体才能在更广阔的意义上去实现自我。对黑格尔来说，现代国家的合理性就在于它对自由的实现。可是，在他的《法哲学原理》中的国家观中却表现出了一种反民主的倾向。早在《不确定性之痛》中，霍耐特就根据普遍流行的观点指出了对黑格尔《法哲学原理》的两个批判观点，其中一个就是这本书具有反民主的倾向。他说："这本书有意无意地得出某种反民主的结论，因为它把个人的自由权利置于国家的伦理权威之下。"② 霍耐特进一步认为，黑格尔没有在康德的意义上把公民的个人自主理解为人民主权

① 霍耐特．自由的权利［M］．王旭，译．北京：社会科学文献出版社，2013：413.

② 霍耐特．不确定性之痛［M］．王晓升，译．上海：华东师范大学出版社，2016：7.

的原则，他把国家内部描绘得具有集中性和实证性，却漠不关心机制规定在市民社会中的平衡关系，这就使人们怀疑，他的伦理学对民主效用并不关心，而单纯停留在抽象权利或道德层面，无视对现实社会制度和生活的参与，这正是“不确定性之痛”的根源。于是，在对黑格尔法哲学的重构中，面对民主国家的现实，霍耐特认为必须与黑格尔保持距离。“与黑格尔不同的是，在霍耐特关于自由的政治领域的讨论中，他主要关注对现代公众社区的界定和理解、民主意志形成的场所以及现代交往技术等所带来的变化。”①所以，霍耐特另辟蹊径，以政治国家公众性为视角，寻求公民在社会政治中的自由条件。

一、从公众性的视角对现代政治国家的认知

从19世纪下半叶开始，在西方政治历史中，出现了一种思想，这种思想认为，在国家支配权力之外还需要有一个公众性空间，让人们在里面可以自由和轻松地进行一些话语交换，以构成自己的政治观点。这种思想表达了市民阶层反对贵族的统治和实施革命起义的形式。霍耐特指出，这种形式就是民主的公众性，而它就是在公共领域实现的。新兴技术的出现加速了信息流通，使得公众性的发展逐渐加快了速度，而且超越了国家的界限，一个地区的人们可以有机会关心和讨论另一地区甚至他国发生的事情，其结果是，政治信息交流的地方性开始解体，并被遍及全国民众的一种新形式所代替。进入20世纪之后，公众性的发展逐渐凸显出了互相矛盾的双重效应，“它把一种统一的政治公众性的条件和一种危险的民族主义的根源都集于一身”②。公共领域的公民一方面把公众性理解为前政治性的，即种族或民族意义上统一的种族主义，另一方面又把它看成新的普遍的自由和平等权利的表达。前者如曾经的德国和日本，以一种“人民”的民族主义的概念来替代它所缺乏的

① PIPPIN R B. Interanimations: Receiving Modern German Philosophy [M]. Chicago: The University of Chicago Press, 2015: 121.

② 霍耐特．自由的权利［M］．王旭，译．北京：社会科学文献出版社，2013：429.

政治统一，那么就为“种族的”民族主义敞开了大门，纳粹主义和日本军国主义的暴行就是赤裸裸的说明；后者如法国那样，由共和国思想决定了国家民族的统一，就能依靠自身的力量来抗拒民族主义的危险。

为了进一步说明这个问题，霍耐特借用了涂尔干的理论，认为国家公民必须遵守一种道德规范，只有遵守这种规范才能使得一个民主国家的成员有能力在相互尊重他们个人区别的同时，参与到对国家行动具有普遍约束力的基本法律的审议和谈判中去。涂尔干在论述公民道德与国家作用的关系时，把这一点谈得非常透彻。他认为，国家不是公民的简单相加，也不是公民情感和意志的简单表达，国家必须有理想的法律和伦理规范，而且民主国家的法律和伦理要体现出普世性的价值。他提出了一种“宪法爱国主义”思想来消除存在于民族国家中的、会突然变为专横的民族主义的危险，“如果每个国家拥有自己的目标，不去扩张或扩展自己的界线，而是坚守自己的家园，最大限度地为其成员创造一种更高水准的道德生活，那么国家道德和人类道德之间的所有罅隙都会被抹平”①。那么，在涂尔干看来，政府就是社会思维的专门机构，它运用观察监督的手段和智慧的方式来认知社会活动，以解决社会问题。这种政府的智慧就是要在政府和民众之间建立信息交流的渠道，通过这个渠道可以使信息在政府和民众之间双向流动，从而使政府机构具有社会性的特征和“民主的公众性”。所以，“霍耐特将黑格尔对公民意志的相当静态的概念与涂尔干和杜威更为动态的意志形成概念进行了对比。”② 但是，对于涂尔干的这种理论，霍耐特认为他特别强调了认知的作用，而缺少了社会自由的功能，但黑格尔最看重的是国家与公民社会之间的区别，这种区别对他来说是政治自由的必要条件。

二战后，全世界民族独立运动兴起，对民主的呼吁达到了空前的高度和

---

① 涂尔干．职业伦理与公民道德［M］．渠东，付德根，译．上海：上海人民出版社，2001：79.

② PIPPIN R B. Interanimations：Receiving Modern German Philosophy［M］. Chicago：The University of Chicago Press，2015：121.

广度。大众媒体在战后也急速地发展和普及，新闻媒体通过各种形式表达着公众的民主要求，当然也以评论、广告等方式影响着人们的政治判断和消费需求，体现操纵性的特点。哈贝马斯在《公共领域的结构转型》中对大众媒体同民主公众性的这种偏离进行了批判。通过批判，他在市民公众性的历史形态中挖掘了社会认知和社会自由之间的内在联系，这种内在联系与自由民主社会的规范结合在一起。而且他把他的思想与历史挂钩，从而第一次明确地表述了在民主公众性中共同合作的思想不仅是一种善意的构思，而且也表现了一种已经机制化了的要求。霍耐特赞同哈贝马斯的这种观点，而且认为，西方国家必须最大限度地开放自民族国家成立以来的由民族同质性决定的政治文化，使全社会以及那些没有相同的文化渊源却与社会的民主决策相关的民众，也能参加进来并在其中找到自己的认同。如今，随着经济全球化的到来，又有许多新的社会问题出现，这些构成了文化多元主义。于是霍耐特引用了哈贝马斯的一句话，说“（要）把自己从由于历史原因而与普遍的政治文化的联合中解脱出来，以便所有的公民都能够对他们国家的政治文化有一种相同的认同”①。

面对今天西方社会日益多元化、异质化的状况，要想让所有的社会成员都能参与到民主自我立法中去，而且在其中发挥各自的作用，就要发挥公共领域的相关作用，因为公众领域中的信息交流比社会其他领域的信息交流有着更重要的意义。霍耐特认为，现在需要一种实验性的谨慎和克制，来对公众领域进行一次历史性重构。其构思是：那些通过意见争辩的信息交流而相互补充的社会成员，必须在实施他们的社会实践时能够具有这样一种构想，即他们的决策有足够的能量，确实能够在社会的现实中得以贯彻，那么那个应当保证他们的信念拥有这么一种效用的，就是“民主的法制国家”。

二战之后，随着各个国际民主政治建设的推进，以及国际性的政治组织和经济组织的建立，各个国家的民主法制建设不仅有了统一的要求和标准，

① 霍耐特．自由的权利［M］．王旭，译．北京：社会科学文献出版社，2013：479.

而且突破了国家民族的界限，有了普遍性的性质。另外，亚非拉殖民地国家的民族独立运动及其胜利也是对传统民族国家思想的一种瓦解，让以前的殖民国进一步思考自己的民主政治体制。沿着民主政治的这种发展思路，西欧国家的职能区域随后就有所扩大，尤其加强了社会福利建设。但是，随着欧洲社会经济发展速度的减缓，民主建设的推进和福利国家的建设逐渐暴露出了许多问题。霍耐特看到社会或福利国家一方面在国家保障的基础上帮助工人形成了一种个人形式的自我价值，另一方面，由于其去社会化效应又阻碍了工人的社会化。霍耐特从这些变化中发现，民主决策正在不断与政治体系脱钩，使得民众怀疑国家组织并没有按民主宪法所要求的那样恰当地承担起它的职责。这就产生了当代公众对国家的不信任感，这种不信任导致今天公众普遍失去对政治的信心而退出政治决策的公众性舞台。所以，“不是因为日益普遍的私人化，不是因为人们对政治不感兴趣，而是因为民主自我立法的社会自由并没有延伸到它应当进入的法制国家的组织中去这样一种清醒的认识，使人们远离政治舞台”①。这就是民主法治国家今天所面临的危机情况。“这里，霍耐特提醒人们，自由是一个需要不断启蒙自我作为个人也作为阶层的存在感和变革的主动性，我们曾经所受益的自由的社会机制在其历史性作用耗散彻底后可能反过来成为阻碍人们缔造和享受新的自由的障碍。”② 在霍耐特看来，要摆脱这种危机，就需要社会运动和民众联合起来对议会立法施加压力，迫使其市场重新进入社会。可是，要形成这种公众性的力量是不容易的，它在今天面临一个障碍。因为，今天的资本主义社会，形成一种反对力量所需要的共同文化背景的源泉似乎已经枯竭。全球化进程和世界范围内的移民潮流的持续，不可能找到国家公民团结互助的新的道德源泉，所以政治融合碰撞到了它的界限。

---

① 霍耐特．自由的权利［M］．王旭，译．北京：社会科学文献出版社，2013：540.

② 张新国．真实的自由如何可能：霍耐特自由观及其意义［J］．道德与文明，2015（1）：104-109.

二、“欧盟”——民主公众性的现状

公众性决策的权利是所有民主宪法的规范的关键点，而在当前的这种形式下，显然就不能停留在一个依靠民族国家融合起来的公民的范围内，因为全球化的发展使代表一个国家政治的部分主权，已经让给了一个超越国家的共同体，而这个共同体做出的决定自然对所有参与国的人民都有效用。这意味着民主公众性的自我立法已经不会长久地仅仅停留在民族国家领土的范围内，而会将所有相关国家中的所有享有同等权利的公民都包容进去，这就要求在全球化的浪潮下，成立一种超国家的国际性民主共同体。对此，霍耐特以“欧洲联盟（European Union，简称‘欧盟’）”为例来说明。对 20 世纪两次世界大战的反思，催生出一种超国家的合作形式，通过几十年的发展，一个超越于欧洲各个国家的国际组织“欧盟”建立起来了。而欧盟的形成，与康德的相关思想分不开的。康德在其许多著作中曾经反复强调过“国际和平”与“和平联盟”的构想，甚至提出了“世界共和国”这一概念。而且他认为，“和平联盟”就应该是一个超国家政治和经济的实体，在这个联盟里，世界各个国家可以和平地建立关系。而且，“不遗余力地推动欧盟的当代哲学家哈贝马斯则一直把康德引为欧盟实践的主要思想资源，呼吁欧盟扬弃欧洲中心主义，追求康德‘世界共和国’的理想，为人类的未来指明方向”①。而经过不断地发展壮大，如今的欧盟实际上成为一个集政治实体和经济实体于一身、在世界上具有重要影响的区域一体化组织。

虽然欧盟实现了民主共同体的理论要求，但是，霍耐特认为，欧盟在解决一些共同面的难题上并不成功。因为，要在所有欧盟国家的层面上扩展一种民主立法原则，就要有政治和社会权利的最大程度的同一化，而这就需要有一种共同的文化背景。这种要求，让所有参与欧洲共同体的国家都陷入一种两难的困境：要么保留各成员国之间较大的社会国家的不同一性，要么寄希望于欧洲范围内将要形成新的团结互助关系。但显然，大多数欧洲国家选

---

① 丁三东．欧盟实践的困境与康德思想［N］．中国社会科学报，2016-10-18.

择了前者，只是在经济交往上进行了简单的融合，最终的结果是，欧洲共同体越是明显地只是按保留各个民族国家的决策实施政治融合，公民权利的国际化就会越局限在对单纯自由主义、自由权利的确保上，而这种自由却抽去了集体努力，把市场重新嵌入社会国家的基础之中。① 欧盟这几年出现的一系列困境就说明了这一点，如今的债务危机和难民危机持续加剧了欧盟成员国之间的裂痕，英国的脱欧更是雪上加霜。于是，许多人对欧盟前景表示担忧。因为，欧盟的各个成员国有着不同的历史和现实，加入欧盟的目的和动机都是不同的。这样，他们就在一些问题上不可能达成完全一致的意见。通过霍耐特对欧盟的态度以及欧盟的现实表现，可以看出霍耐特民主公众性思想的自相矛盾，一方面他希望通过民主共同体的思想寻求民主理论的扩大，以求在更广阔的视域内通过民主法制国家的重构来寻求政治领域的社会自由，另一方面他又表现出对这一思想的悲观和顾虑，而历史现实也证明了这一想法是有问题的。

面对这诸多的理论构建的困难和挫折，霍耐特在最后困惑地提出，“能够激起一个民主的公民整体团结互助，并避免我们这期间诊断的所有错误发展的道德资源究竟应当来自哪里?”② 带着这个终极的追问，他把目光投向了一种政治文化，以希望从这种政治文化中展望社会自由的实现前景。

三、对政治文化的前景展望

霍耐特通过观察个人关系和市场经济两个领域，发现要使一种民主商榷理论是“正义”的，必须首先在经济领域和家庭关系中存在这种正义的前提。在民主道德的社会体系中，民主决策领域的自由的实现，有着比前两个领域更高的地位，因为自由的实现有赖于前面两个领域自由原则的实现。所以，三个领域的关系中就产生出一种“道德偏袒性”和“历史方向感”的要

① 霍耐特．自由的权利［M］．王旭，译．北京：社会科学文献出版社，2013：540-543.

② 霍耐特．自由的权利［M］．王旭，译．北京：社会科学文献出版社，2013：544.

求，使人们能够以一种共同文化背景的形式在民主公众性中展开决策程序。而在公众性民主决策这个领域中，最终要面对民族属性的问题。因为，要想在公众中建立起相互充分信任和团结互助的情感，参加集体自我立法，首先就需要有民族上的共同体属性，只有共同的民族属性和由此产生的共同的文化情感，才会使人们积极地履行自己的义务，为民众决策做出贡献。同时，这种民族共同体的情感会产生一种互助的义务，能够深入到家庭成员和劳动中去，关心每个民族共同体成员的个人利益。那么，再次回到欧洲共同体这个话题上，由于欧洲共同体并不仅仅是一种经济上的统一，它最终要扩展为政治融合的关系。于是，根据上面的理论，就要求有一种更广泛意义上的共同体文化属性，这必然要超越单个国家民族的理念，形成一种欧洲新的共同的文化情感和共同认同形式，使欧洲各个国家的人们统一遵守和践行。只有这样一种超越民族界限的、包括各个国家的政治决策的公众性，才能排除欧洲的统一仅仅局限于单纯的自由贸易和经济交往的危险。回顾自由在各个领域的历史过程，霍耐特发现，现实的发展给我们展示了一种新的希望，他说："随着文化和社会进入现代化的突破，自由因为它的融合性和合法性而在结构性的行动领域被加以机制化，但是自由那种充满冲突并总是被暴力中断的发展，在欧洲的土地上已经编织成一种非常严密的主体互动和交换关系，没有一件在一个国家发生的事情不对其他国家产生影响，没有一桩在一个国家爆发的社会冲突不带起其他国家对它的争辩。"① 所以，现在已经没有一个传统意义上的单独的民族事件和民族文化，任何国家尤其是欧洲内部，人们对政治民主权利的进一步要求从一开始就为人们提供了一个超越民族和国界的信息交流空间，这种共振将一个国家的民愤浪潮波及其他国家，并同时在各个国家激起声援。霍耐特说："这些超越国界的对社会事件的相同的评判，会叠加成一种集体的记忆，并且把历史上有助于兑现机制所许诺的自

① 霍耐特．自由的权利［M］．王旭，译．北京：社会科学文献出版社，2013：552.

由的事件，看作一种社会进步的征象。”① 由这种集体记忆沉淀的爱国主义就成为在各个领域实现机制性自由的精神源泉。

以上就是霍耐特社会自由理论的基本构架和主要内容。霍耐特先从他对黑格尔自由观的批判开始，明晰其对黑格尔法哲学再现实化的思路，然后通过对消极自由和积极自由的批判为依据和起点，从历史与现实、个人与社会的关系入手，在个人生活、市场经济、民主政治这三个重要领域中研究了社会自由理论构建的时代状况，展示了他的社会自由思想的主要内容。我们在把他的劳动观与马克思主义的劳动观进行对比的基础上，分析了霍耐特社会自由理论在个人领域、市场经济领域和政治领域的表现及特征，以全面揭示霍耐特社会自由理论的基本思想及其现实状况，从中我们可以看到他的社会自由思想具有深厚的哲学基础，也体现出他对当代资本主义社会发展中的一些基本问题的深入思考，表现出一个哲学家对社会的应有担当。当然，从霍耐特的论述中，我们也可以发现他的社会自由理论无论是在内容上，还是在论证方法上所存在的问题都是不容忽视的。

① 霍耐特．自由的权利［M］．王旭，译．北京：社会科学文献出版社，2013：553.

第五章

向马克思主义的回归

第一节　对当代资本主义的病理诊断

资本主义在过去几十年的发展中，不断推动工业化的进步和技术的提升，创造了日益丰富的物质财富，在一定程度上改善了人们的生活，也让人的认识领域不断拓展，探索和了解更广阔的物质世界。但是，科学技术的应用却导致了资本主义全面物化的趋势。一方面，资本主义的发展导致越来越多的全球性问题，如生态恶化、战争频繁、霸权主义和强权政治、核武器和核辐射的威胁、恐怖袭击等，这些问题日益影响着人类的生存和发展；另一方面，新自由主义的蔓延和消费主义盛行，使得人们对物的占有欲望空前高涨，同时，高消费、浪费性消费也成为一部分富有阶层的生活常态，而普通人的生活权利和物质保障却在相对减少。而且，高科技的运用使得人们的生活隐私、日常行为日益被窥视，生活变得越来越缺乏安全感。另外，由于对物的过分追求和创造，个体被迫卷入物质制造和消费的快节奏之中，日益感到疲倦和空虚，并逐渐失去其独立的社会地位和自由的生活状态。

面对资本主义的这种现实，霍耐特沿用批判理论的批判传统，对资本主义的社会关系现状进行病理诊断。他认为，资本主义由社会民主时代进入新自由时代的过程中，虽然个体不断追求自身角色的多元化和自由的生活状态，但是现实并没有保证个体自主性的发展和自由的实现。而且，霍耐特强调，法国大革命时期提出的“自由”“平等”和“博爱”的价值追求，在今天的资本主义社会中一个都没有实现。相反，资本主义的政治制度和社会规范却逐渐成为对个体本身的束缚与麻痹。“因为在当代的广告、传媒以及各种文化产业的诱导下，在生产和服务行业的‘后福特制’的安排下，个人主义成为催生经济技术发展的新激素，个体逐渐丧失保持自己生命本身的自由，可能重新沦为制度的工具。在后现代的消费主义、享乐主义、性革命的强制效果中，个体的自我实现逐步凝固为一种意识形态。”① 这会导致今天的社会个体“更容易地陷入麻烦之中”。这一切在霍耐特看来，就是社会关系领域中“承认”价值的遗忘所引起的。

一、传统稳定的家庭承认关系已经趋于解构

霍耐特认为，在今天，工作时间和工作以外的业余时间，已经越来越没有界线，个人也就越来越难把自己的个人关系与对职业生涯规划的考虑完全分离开。社会对所有的个人关系都只是从职业发展的角度来评价，于是，“个人的职业升迁意向超过了必要的家庭义务，自我实现的目标超过了需要做出牺牲的意愿，性自由的愿望超过了曾经很自然的相互忠诚”②。这导致整个社会的离婚率不断增长，单身者不断增多。许多关于私人关系的激烈冲突的报道，都证明了一种为长期关系所要求的自我限制正在主体中消失。针对这样的现状，霍耐特进一步指出，不断增加的工作的灵活性、不断变换的工作位置和地点，以及工作中随叫随到的要求，使夫妻越来越难以按社会规则去实践自己的亲密关系，人们相互间应尽的帮助和关怀，往往因为工作后的筋疲力尽，而无法长久地去实施。各种资本主义的形式，似乎也开始占领了

① 胡云峰．规范的重建：关于霍耐特的承认论［M］．上海：上海人民出版社，2015：241.

② 霍耐特．自由的权利［M］．北京：社会科学文献出版社，2013：238.

现代亲密关系的领域，由于没有了工作时间和业余时间的界线，个人就处在一种随时听从使唤和预见使唤的状态，因此，社会成员也就越来越没有能力进入到一种真正的私人关系中去，以及进入到随之而来的相互依赖性中去。“如果一切真是这样，那么社会自由的这个强有力的机制就会在内部陷入被削弱的危险，被削弱的原因却完全是来自另外的领域，即资本主义的市场。市场的独立性和扩展性的倾向，剥夺了主体与另一个人长期关系所需的要素，从而取代了原本在浪漫爱情中成长出来的亲密关系。”① 霍耐特认为这就是经济殖民扩张对私人关系领域的侵袭，导致一切都出现“物化”的怪异现象。

二、市场中消费协商机制已经消失

霍耐特认为，在市场消费领域中，同样存在病理性的倾向。由于话语机制的缺少，消费领域中，消费者之间和生产商之间缺少相互交换看法的程序。从而出现了消费领域的两种景象：一方是“唯物质”的富有阶层，一方是有着传统道德观念的理性消费阶层。前者是“有足够财富，却又没有意愿以道德制约自己消费的那些人，又在以明显的骄傲姿态尽可能地购买许多豪华商品，这些商品并没有其他的用途，只是被用来表现富人与比那些富人较低层次、较穷一些的人的距离。这种炫耀性消费的重新复活，能够帮助我们解释，为什么大多数消费品生产企业近期以来又成功地通过投入广告手腕而极大地推动了对那些早就被认为是多余的或有害的豪华商品的需求”②。还有餐饮业或旅游业，今天也因为炫耀性消费的盛行又有迅速的增长。后一种消费阶层尽管注重消费行为的道德化，但霍耐特认为，这种消费主张也没有引起公众的关注，这就导致各消费阶层之间已经没有了兴趣和爱好的交流。“在当前的这种情况下，消费者相互间几乎没有对自己的消费行为做一种话

① 霍耐特．自由的权利［M］．北京：社会科学文献出版社，2013：238.
② 霍耐特．自由的权利［M］．北京：社会科学文献出版社，2013：354.

语表决的可能，而这恰恰是在这个领域的所有社会自由的先决条件。在消费者之间甚至没有隐含的默契，这种默契也许能够帮助消费者统一各自的需求，从而对生产商的价格和生产形态施加压力。”①

霍耐特认为，消费领域的这种状况，主要是商品生产企业和公司的盈利目的导致的。他们通过明确地区别对待消费者，对消费群体进行精准的细分，再采取不同的营销方式，逐渐影响和控制消费者的消费行为，以获得利润的最大化。“现在，不仅青少年，甚至儿童也关注着的，是市场那种极端快速的、能够把许多人都带进想象世界的有着广泛影响的宣传广告，他们想以此来构成自我形象和构思自我认同，这一切已经到了令人警觉的程度，这都是一种社会变态的标志，它表明了消费者即使在他的消费行为之外，仍是可以被影响和被塑造的。按生产企业最初的机制目的，它们实际上应该起的作用是提供商品，并对消费者需求变化做出敏感反应，但是那些在消费领域富有成就的企业，都在追踪消费发展的过程中，获得了一种影响消费的权力，这是他们中即使是最严肃的现实主义者在19世纪也不敢承认的。”② 总之，霍耐特认为，消费领域缺少话语沟通的机制就缺少消费者利益普遍化的机制，这就阻止了在这个领域里形成一种共同的意见或一种情绪，以引起公众认真对待。政府对市场调节做出的那些决策，也就自然没有消费者的共同参与，虽说从国家政治那一边，总是试图听取各利益集团的意见，但却总是只局限在一个仅有政府机构和专家团队的小范围内，没有消费者的参与。最终，这些现象不但导致了消费者权益被逐渐地损害，而且也破坏了个体与政府之间相互对话和沟通的传统。

三、政治领域中公民参与政治的热情在下降

霍耐特认为，由于西方社会的高度个人化，社会成员参与公众事务和影

① 霍耐特．自由的权利［M］．北京：社会科学文献出版社，2013：355.
② 霍耐特．自由的权利［M］．北京：社会科学文献出版社，2013：357.

响政治的愿望急速下降。今天的西方社会是一个在文化上越来越异质化的社会。让所有的社会成员都能够运用基本法保障自己的民主参与权，真正参与到民主自我立法中去，并且在其中起着自己的作用，这种目标的现实条件远远没有达到。因为，这种参与需要"一个能够让人总揽全貌的信息交流空间、一个高质量的大众媒体信息咨询系统、民众积极参与决策的愿望，以及一种能使所有参与者都坚守民主美德的政治文化. 除了这几项以外，当然还要有一些保障每个人的生存利益的社会政治措施. 这是民众自由参与公众言论表述的先决条件"①。但是，资本主义经济利益实现的障碍，导致今天具有同等权利的公民，并没有同等运用权利的机会。霍耐特借助哈贝马斯对公共领域的研究，认为今天的公共领域中，人们的参与热情不断地消减，"在公众性中行使一种自由的和同等权利的人民主权所不可或缺的许多机制性要求，常常最后多少只剩下一些有组织的公民论坛和一些民间联合会，并且这些组织自己也很不清楚，应当怎么去打破媒体的权力，怎么去对抗仍在继续着的社会歧视"②。霍耐特还认为，"民间社会"这一范畴，自 20 世纪 90 年代以来虽然在民主公众性中的关于交通和组织形式方面还有些概念上的意义，但对单项的科学研究已经没有多大的意义，失去了它往日的政治魅力和革命光环。而"大众媒体以及其他思想库以自己日益增长的影响力，相互强化同一主题，构造出对社会现实的虚拟描述，然后这些描述又回馈到读者和观众中去，影响他们的行为，这无疑是民主公众性领域（粗略地说）自上世纪 90 年代以来所面临的一个最大的挑战"③。另外，霍耐特还分析了互联网的普及对民主公众性形成的冲击，因为建立在数据技术上的互联网超越公众信息交流的国家边界，就像是在玩游戏一样，使得对全球性的信息交换根本无法再加以监督。"这种没有边界、没有区域的网络公众性的代价，自然是失去了所有理性的制约"，而且"这种新的媒体有着很强的离心力，它会使

① 霍耐特. 自由的权利［M］. 北京：社会科学文献出版社，2013：485.
② 霍耐特. 自由的权利［M］. 北京：社会科学文献出版社，2013：487.
③ 霍耐特. 自由的权利［M］. 北京：社会科学文献出版社，2013：491.

得当代民族国家内部的民主力量更加分散”①。

最后，在个人价值评价方面，过去确立的用来评价个人社会地位的一般成就原则在今天越来越遭到质疑。霍耐特认为：一方面是新的资本主义时代将市场成功作为个人成就的唯一标准，这种标准曾经引起人们的追捧，但是随着市场的发展，如今事件、关系、家庭背景、运气等偶然性因素被认为是市场成功的手段，这让人不断质疑价值评价标准的客观公正性；另一方面，“项目导向的资本主义”对如何完成项目所建立的关系、树立信任、保持灵活性等能力进行客观化评价，这也导致价值评价的困难。还有，项目完成也很难和国家认可的毕业文凭对应起来，这些因素综合起来导致了现代个体很难对成就原则的真实有效性保持信心。这就使得个人对社会价值观的遵从感有了动摇，对日益变异的社会无法适从，越来越多的人感到焦虑、彷徨和无助。

从以上对资本主义的诊断中，可以看出，资本主义社会中的“主体愈求在个体复数化中追求个体自主性和真实的自我，愈陷入困倦、沮丧、麻木和空虚；愈求在倾向性基础上建立爱的联系，愈被加上消费主义的枷锁和移动性的不稳定；愈求社会权利的平等，愈被抛进‘强制的责任’；愈求通过个体成功获取社会地位，愈遭遇到定义成功的困难”②。这是因为，资本主义的发展并没有克服现代社会本身的异化逻辑，霍耐特认为，这是整个社会物化的结果，而物化又是人们对承认关系的遗忘所导致的。“凭借资本主义，一种实践取得了统治地位，而后者迫使人们对其他人的价值方面漠不关心：取代了相互承认之关联的是，主体将自己感知为只按照各自利益的尺度而被承认的客体。”③ 而且，“资本主义今天依然能被解释为一种文化生活样式的或

① 霍耐特．自由的权利［M］．北京：社会科学文献出版社，2013：501.

② 胡云峰．规范的重建：关于霍耐特的承认论［M］．上海：上海人民出版社，2015：243.

③ 霍耐特．理性的病理学：批判理论的历史与当前［M］．谢永康，金翱，译．上海：上海人民出版社，2022：37.

一种社会虚构的制度性结果，在其中，一种受限的、‘被物化了的’合理性类型统治着实践。”① 正是全面的物化，导致今天人们把处于社会关系中的彼此当作没有感觉的物来看待，一切都要遵循物质交换的利益原则，社会关系趋向于以功利盘算为目的，“昔日对物之工艺的珍视，也被仅着重工具利用的态度所取代。就连最内在的主体经验都无可避免地透露出冷漠算计的气息”②。这就是资本主义生活实践病理（Pathologie unserer Lebenspraxis）即物化的表现，它今天正影响着社会生活的方方面面，约束着个体社会自由的实现。要破除这种病理状态，一方面需要以承认原则来规范社会关系，另一方面，需要借助马克思对异化的阐述，从对资本主义基本制度的批判性认知中去消除物化的影响。

第二节　在“共同体”中探求社会自由的完善

共同体是个体的集合，它是由相关个体成员按照一定的经济、文化、政治和地域等因素构成的不同层次、不同性质的集合。而历史上的城邦、王国、城市、民族、家族、国家抑或现代的企业甚至整个人类社会都是共同体的不同组织形式和表现形式。在共同体嬗变的历史中，个体的处境及其与共同体的关系始终是令人困惑的问题，因此，“个人与社会的关系是一切社会问题的根源”③。而对这一问题的探索，从古至今呈现出不同的形式。在古代基于自然血缘关系和本体论思维模式的社会中，与之相适应的共同体理念具有整体主义的特征。以柏拉图和亚里士多德为代表的整体论，倡导城邦共同体至上的观点，而此时的个体是被忽视的。近代的共同体以霍布斯、洛克和

① 霍耐特．理性的病理学：批判理论的历史与当前［M］．谢永康，金翱，译．上海：上海人民出版社，2022：39.

② 霍耐特．物化：承认理论探析［M］．罗名珍，译．上海：华东师范大学出版社，2018：5.

③ 鲍桑葵．关于国家的哲学理论［M］．汪淑钧，译．北京：商务印书馆，1995：78.

卢梭的古典自由主义为理论根据，倡导个体的解放、独立和自由，个体与共同体之间通过契约达成一种交换式的互惠关系，这凸显了个体在共同体中的作用和权利。以康德和黑格尔为代表的德国观念论从道德和伦理的角度阐释个体与国家共同体的关系，最终把个体的存在变成了抽象的道德化身和神秘的“自我意识”。但是，马克思从现实的个人出发，以人的本质存在为依据，以共产主义为理想目标，要求实现“人的解放”，进而实现“自由人的联合体”，这为正确认识人的本质、处理个体和共同体的关系提供了科学的理论依据。霍耐特正是沿着共同体思想演化的这一逻辑来认识个体自由与社会的关系的，他逐渐发现共同体是实现社会自由的一种有效方式。

一、古代“整体主义”的共同体

人类的活动在抽象意义上体现的是人与自然的关系，但人在面对自然时必须以社会的形式存在。在对社会生活不断的探讨与追问中，人们逐渐形成了共同体主义理念。早在古希腊社会，人们就以城邦为单位进行共同体的构思与实践。随着古希腊奴隶制体制下经济与民主政治的发展和融合，共同体思想逐渐产生，从而使得当时希腊人把共同体精神呈现在社会政治生活中。所以，古希腊城邦的生活就由共同体的政治理念所支撑，以雅典为首的许多城邦具有共同体主义的政治氛围。同时，古希腊的共同体精神又促进了城邦政治制度的发展和完善，使每个希腊人都对自己的城邦有一种发自内心的崇尚和热爱。在当时，城邦高于一切，一切要在城邦光芒的关照下才有意义。对于个人来说，最高的幸福就是能够参与城邦集体的生活和活动，这种活动赋予个人以认同感和归属感，在城邦中个人能体会到自由和平等。由于对城邦共同体思想的最早阐述和践行，古希腊的制度成为人类民主自由制度的最早楷模，亦成为近代人文精神复兴之后许多资产阶级思想家怀念和模仿的范本。

但是，希腊城邦民主生活的重要特点是整体主义。城邦共同体把私人生活领域与公共政治区别开来，而且又把个人选择的自由与尊重公共法律和道德联系起来，在公民的生活中必须以城邦共同体的利益为先。柏拉图在《理想国》中，从正义的角度探讨了个体与城邦共同体的关系，他认为，城邦对个体的培养和教育要服从整体的需要，个人的德性要由城邦整体的生活秩序来规定，即使是统治者，他的言行也要对城邦负责，而不能有私欲，他说："在任何政府里，一个统治者，当他是统治者的时候，他不能只顾自己的利益而不顾属下老百姓的利益，他的一言一行都为了老百姓的利益。"① 在亚里士多德的政治观念中，"所有城邦都是某种共同体，所有共同体都是为着某种善而建立的……共同体所追求的一定是至善"②。于是，在作为实体的共同体中，公正和友爱引领着希腊城邦伦理生活的统一性，使得城邦共同体具有最高的价值秩序，个人作为城邦的一部分通过遵守城邦的秩序而从属于城邦。同时，亚里士多德预设了城邦对个人和家庭的先在性，"因为整体必然优先于部分"③。由此可见，古希腊民主政治是以城邦整体为前提条件的民主制，个体与共同体是同一的，以城邦的整体性代替了个体性。城邦与个体处于一种包含与顺从的关系之中，作为城邦的附属，个体永远也离不开城邦。

所以，以古希腊为代表的古代共同体是一种整体主义的共同体。其中没有个体概念和个体权利，一切以城邦为先。国家就是一切，国家与个人构成一个整体，在整体面前，个体是渺小的甚至是可以忽略不计的。同样，欧洲中世纪的经院哲学延续柏拉图、亚里士多德的哲学理念，其相应的社会关系也具有明显的整体主义特征，此时的个体也是绝对服从于宗教共同体的。

二、近代早期"契约论"的共同体理念

随着文艺复兴以后对人性的张扬和宗教改革运动中"因信称义""人人

① 柏拉图．理想国［M］．郭斌和，张竹明，译．北京：商务印书馆，2015：25.

② 亚里士多德．政治学［M］．颜一，秦典华，译．北京：中国人民大学出版社，2003：1.

③ 亚里士多德．政治学［M］．颜一，秦典华，译．北京：中国人民大学出版社，2003：4.

皆祭司”观念的传播，对作为个体的人的重视逐渐取得广泛的影响力。对人的尊严与个性的尊重催生了古典自由主义，这是对古代整体主义思维的解构。以洛克和卢梭为代表的古典自由主义倡导个人的解放、独立和自由。古典自由主义在政治观点上主要表现为“社会契约论”。它将个人视为国家的基础，认为国家是由无数的个体以契约的形式达成的共同体。国家就是个人的集合，其存在是为了保障个体的权利。所以，与古代整体主义的共同体理念相反，古典自由主义重视个体而轻视共同体，视国家为一种“必要的恶”。

霍布斯以“丛林法则”的认识为基础，要求人们放弃所有权利，缔结契约形成国家，以规范个体的无序行为。洛克也从自然法的立场出发，认为“自然状态 ”存在着种种不安全，于是人们缔结契约形成国家。但是，与霍布斯的契约论不同的是，在洛克看来，个体并没有把所有的权利让渡出来，国家的权利和职能不是无限的，仅仅限于消除自然状态下个人的不安全。所以，国家的合法性来自个体的同意，国家的权力应予以必要的限制。洛克在《政府论》中以人们的财产权为核心权利，强调“天赋人权”的观念，这成为英国资产阶级的发展理念和古典自由主义的理论基础。但是，洛克的共同体思想过分夸大了个体的权利，因而蕴含着“无政府主义”的因素。

真正建构近代共同体思想体系的是卢梭。他从人的自然状态的假设入手，提出了人类社会发展过程中自由所经历的三个层次，即天然自由、社会自由和道德自由。卢梭认为自由是人的天赋权利，是人之为人的本性所在。他说，“一切行动的本原在于一个自由的存在有其意志”①。所以，自由是不能被放弃和被他人剥夺的。卢梭认为自然状态是人的本真状态，在这种环境中，人类和平相处，没有争斗和战争。这种状态的人有自我保存的自爱心和关注同类的怜悯心这两种特征。自爱心使人追求自己的生存而达到一种幸福状态，并且人人皆可平等享有。怜悯之情“是我们设身处地与受苦者共鸣的

① 卢梭．爱弥儿［M］．李平沤，译．北京：商务印书馆，1978：441.

一种情感”①，是人们对他人不幸状态的一种同情。正是这种情感，维持着自然状态中人的天然自由。所以，卢梭将自然状态描绘为人类的“黄金时代”。虽然伏尔泰等人批判和攻击卢梭的天然自由思想是一种倒退和复古，但是卡西尔说：“卢梭关于自然状态的描述并不是想要让其作为一个关于过去的历史记事，它乃是一个用来为人类描画新的未来并使之产生的符号建筑物。”②对自然状态的赞美和留恋反衬出他对现存社会的不满，因为在他看来“人生来是自由的，但却无处不身戴枷锁。自以为是其他一切主人的人，反而比其他一切更是奴隶”③。自由虽然是个体的自然权利，而现实的国家共同体处处使人受限，个体并没有实现真正的自由。

卢梭认为进入社会状态使人失去了天然的自由。社会状态中的人类因欲望与虚荣代替了天然的自爱与怜悯，人们之间的平等相处转化为主奴关系，从而失去了与生俱来的自由和平等。但是，卢梭主张人的自由是不能妥协的，失去自由就是放弃人格。于是，从社会契约入手，他主张每一个体及其自身的一切权利全部都转让给整个集体。这样一种“结合的行为包含有一个公众与个人之间的相互约定；每一个个人在可以说是与他自己约定时，便有了双重身份：即，对于个人来说，他是主权者的一个成员；而对于主权者来说，他又是国家的一个成员”④。所以，这避免了个人与他人约定时形成的奴役，既恢复了个人的自由，又使个人与共同体达到统一。而且，在这种社会契约中，卢梭强调个人自由的前提是对共同体的服从。他主张共同体代表公意，是众意的体现，个体只有在公意的法律约束中才能实现自由。所以，卢梭从个体道德自由的角度调整了个体与共同体的关系，这深深地影响了康德及后来的其他思想家。

---

① 卢梭．论人类不平等的起源和基础［M］．李常山，译．北京：商务印书馆，1996：101.

② 卡西尔．人论［M］．甘阳，译．上海：上海译文出版社，1985：78.

③ 卢梭．社会契约论［M］．李平沤，译．北京：商务印书馆，2011：4.

④ 卢梭．社会契约论［M］．李平沤，译．北京：商务印书馆，2011：21.

三、德国观念论对个体的抽象表达

康德的道德哲学深受卢梭的启示，如黑格尔所说，卢梭的自由观“提供了向康德哲学的过渡”①，康德也承认：“卢梭纠正了我。我学会了尊重人。”②康德把个体自由一分为二，即自由的任性和自由意志。康德说：“那种不依赖于感性冲动，因而能够由仅仅为理性所表现的动因来规定的任性，就叫作自由的任性。”③ 自由的任性能超出人的感性欲望，超越眼前直接的利害和欲求而去追求间接的、对于整体更为有利的东西，使一切感性都服从于纯粹实践理性自身的要求。但自由的任性最终还是为了个体的利益，因而是“片段地”使用理性。而自由意志则不同，它不受感性的干扰，而且能够一贯地使用理性，使个体能够超越一切感性欲求而实现真正的永恒的自由。所以，真正的自由就是意志自由，就是道德法则。康德把个体的自由建立在遵守道德法则即自律的基础之上。这种自律表达的是个体对作为道德共同体的一种适应与服从关系。而且康德提出了著名的绝对命令，来证明个体的道德准则与共同体的道德法则的一致关系，即“要只按照你同时能够愿意它成为一个普遍法则的那个准则去行动”④。这一命令具有普遍性或合法性。这样，人在他的意志运作中，以他给予自己的道德法则来作为他行动的准则，使个人的自我决定与共同体的道德法则的履行相结合。所以，康德的道德共同体是以个体的道德自律为实现条件的，而如果人类不能结合成一种具有共同道德法则的共同体状态，那么，个体的善良意志就会受到不良因素的诱惑而趋向堕落。尽管康德后来为了讨论个体自由的实现问题而提出了“灵魂不朽”和“上帝存在”的假设，但是其道德共同体的思想由黑格尔继续发展。

---

① 黑格尔．哲学史讲演录：第 4 卷［M］．贺麟，王太庆，译．北京：商务印书馆，1981：234.

② 迪特·亨利希．在康德与黑格尔之间：德国观念论讲座［M］．乐小军，译．北京：商务印书馆，2013：139.

③ 康德．康德著作全集：第 3 卷［M］．李秋零，译．北京：中国人民大学出版社，2013：512.

④ 康德．康德著作全集：第 4 卷［M］．李秋零，译．北京：中国人民大学出版社，2013：428.

像康德一样，黑格尔认为规范的社会正义都必须植根于个体的自由意志中。但是，康德偏重于道德原则而否定了个体的自然欲望和偏好，对此黑格尔是批判的。黑格尔首先强调个体自由不能从原子式的个人出发，而是必须研究普遍正义的社会伦理。所以，他的法哲学中仍然坚持青年时期的具有亚里士多德色彩的观念，也就是伦理共同体的实现并不单独植根于康德式的个体自由，而是应在社会交往当中去追寻。于是，黑格尔用共同体主义的伦理概念扬弃自然法的传统。他对古希腊城邦的自由民主制度格外眷恋和赞赏，面对当时德国社会发展的相对落后和市民社会的兴起，黑格尔以古代的共同体为蓝本，计划构建一种整体性的共同体，即“绝对伦理”，这也是他用以抨击当时德国专制体制的参考样本。因为，“只有在古希腊城邦（polis）或古罗马公民社会（civitas）这样的伦理共同体中，人类本质的社会性质才真正得以确立”①。但是，黑格尔并不打算简单地回归古代共同体，也不认为个体和共同体之间是不相容的。他一方面要避免个人主义，另一方面又要避免一般意义上的柏拉图式的有机整体，并试图解释共同体是如何为社会互动和个人认同的形成提供媒介的。

具体来说，黑格尔通过主体间的通约模式来调和个体欲求的特殊性以及共同体的普遍意志。因为，每个人都是在一定的社会中行进的，通过社会，我们才能获得人类所特有的能力、形成各种关系、实现个体目标。个体凭借着有关社会生活的经验和对社会生活的理解，来安排他们自己的生活。这使我们自觉地利用社会生活来决定我们自己的目标和意图。对于社会共同体中的所有规范和标准，我们并不是不加批判地全盘接受，而是以一定的方式对其进行配置，从而使自己能对不同的生活方式进行设计和安排。所以，社会的发展及演变是个人自我实现的基础。在《法哲学原理》中，黑格尔描述了市民社会的经济发展不仅扩大了个人自治的范围，还激发出了新形式的共同体的忠诚和团结。他通过特殊性与普遍性的关系说明个体与共同体的关系，

① 霍耐特．为承认而斗争［M］．胡继华，译．上海：上海世纪出版集团，2005：11.

即自身的利益追求促使个体既创造更多的产品，又增加自己对他人产品的需求，最终增进了社会财富。

从市民社会向国家的转化是伦理发展的必然趋势，这也是作为普遍性的国家共同体与作为特殊性的个体的一种完整结合。这样，在整体与个体的关系上表现出来的是，伦理性的国家就不再是一个异化的存在。进入国家并不意味着牺牲个人的权利和财产，国家的存在代表着社会中每一成员自我发展所必需的综合权利。因为，国家为每个人自我目的的实现提供了中介，为人们相互间的合作提供了资源。而将私人权利从公共义务中分离开来的企图，就只能使个体返回到那种所有人相互对抗的自然状态。那时，每个人都会成为他人满足欲望或达致个人目标的工具或牺牲品。黑格尔说：“国家是具体自由的现实。但具体自由在于，个人的单一性及其特殊利益不但获得它们的完全发展，以及它们的权利获得明白承认（如在家庭和市民社会的领域中那样），而且一方面通过自身过渡到普遍物的利益，他方面它们认识和希求普遍物，甚至承认普遍物作为它们自己实体性的精神，并把普遍物作为它们的最终目的而进行活动。”① 所以，黑格尔的国家观调和了“契约论”和“整体主义”，他使人们意识到自己的目标与共同体的目标是一致的。

由此可见，黑格尔既没有将共同体看成一种超个体的实体，也没有否定个体的权利和欲望。他主张特殊性和个体性都必须为普遍性的国家共同体所调和，个人只有积极参与共同体生活，才能实现其自由本质。同时，黑格尔在其法哲学中已经深刻地认识到资本主义市民社会的无序性与不合理性，主张以“完善的伦理实体”的代表即国家来规范市民社会，以实现普遍伦理。因此，可以说黑格尔的国家观是近代共同体思维的跃升，使共同体思想获得了坚实的哲学基础，也彰显了个体自由的重要性，倡导个体欲望、权利的合法性。但是当他将现实的国家引向“绝对精神”时，就把个体性导向了抽象，遂以一种宗教的神学倾向与近代以来的启蒙理性思维背道而驰。黑格尔

① 黑格尔．法哲学原理［M］．范扬，张启泰，译．北京：商务印书馆，201：260.

的共同体理论最终被马克思扬弃。

四、马克思主义社会共同体："自由人的联合体"

由于近代认识论的转向和自由主义对人的重新理解，个体与共同体成为两个平行的概念，个人在国家中的地位被给予空前的重视。但是，在古典自由主义之后，由于德国观念论哲学体系的思辨特征，共同体的研究被滞留于思想之中，因而要么个体变成康德的那种纯粹的道德实体，必须臣服于共同体的普遍道德律令，要么共同体就是黑格尔的代表绝对精神的国家，而人的本质就变成"自我意识"。面对这种抽象的哲学表达，马克思立足于生产力和生产关系的辩证本质，从现实的社会关系入手对黑格尔的国家观提出批判，揭示了个体与共同体关系的本质。他认为："人不是抽象地蛰居于世界之外的存在物。人就是人的世界，就是国家、社会。"① 个体离不开共同体，"只有在共同体中，个人才能获得发展其才能的手段，也就是说，只有在共同体中才可能有个人的自由"②。共同体是人的基本存在方式，而个体的人也是社会共同体的基本要素，人只有在社会共同体中才能获得自由与解放，因而个体与共同体是辩证统一的。

首先，"现实的人"是马克思共同体理论的构成基础。马克思在《德意志意识形态》中强调要从"现实中的个人"本身出发来说明社会关系。"现实中的个人"就是"以一定的方式进行生产活动的一定的个人"③。因为历史活动的主体完全现实化了，就要从个体的现实活动出发来说明社会，"社会结构和国家总是从一定的个人的生活过程中产生的"④，而不是相反。现实的人首先是具有自然属性的人，马克思反对把人看成纯粹的自然人，反对把人的自然属性理解为人的唯一属性，但马克思并不否认人是自然的存在物。

---

① 马克思恩格斯文集：第 1 卷［M］. 北京：人民出版社，2009：1.
② 马克思恩格斯文集：第 1 卷［M］. 北京：人民出版社，2009：119.
③ 马克思恩格斯文集：第 1 卷［M］. 北京：人民出版社，2009：524.
④ 马克思恩格斯文集：第 1 卷［M］. 北京：人民出版社，2009：524.

他认为人是“具有自然力、生命力，是能动的自然存在物，这些力量作为天赋和才能、作为欲望存在于人身上”①。所以，马克思主义哲学的出发点就是确认人是客观存在的自然的人。虽然人具有自然属性，但是，人的自然属性不是纯粹的生物性，而是通过人有意识的活动打上了社会关系的印记。于是，人的本质不是人的肉体的本性，而是“人的社会特质”。在现实的生活中，任何个体都不可能孤立地面对自然，而是生活在特定的社会共同体中。在共同体中，人们才能以一定的方式结合成有机的组织来面对自然，认识自然和改造自然。此外，随着历史的发展，人组成国家共同体来展现自己的社会特质。国家就是人的社会特质的存在方式和活动的方式。所以，现实的个人既是有意识的自然存在，也是参与社会生活的社会存在，是感性与理性的矛盾统一体。作为客观的自然存在，人的存在更具客观真实性，而通过国家政治生活，人成为共同体的有机组成部分。

其次，个体的实践活动是马克思社会共同体理论的存在形式。作为个体的人，其活动无论在时间上还是在空间上都是非常有限的。这种有限的个体，在其孤立状态下，都不足以形成真正的人类活动。为了克服个体的有限性，人必须结成共同体，只有在共同体中的活动才能表征人是真正的人。于是，共同体的存在形式就是人的实践活动。既然人是现实的存在，那么人的实践活动就是现实的具体的改造自然、改造社会的活动。以生产活动为内容的物质性的实践活动是人最基本最重要的实践活动，它决定着社会的经济活动和政治活动等其他一切实践活动。伴随着物质实践活动，人类又发展出了理论活动和艺术活动，创造出了观念的人化自然与审美的人化自然。而这些实践活动使共同体成为一个有机整体。共同体虽然是无数个体交互实践的产物，但个体的交互实践活动为共同体的需要所决定，使得共同体成为一个整体性的有机系统。其各构成要素具有内在联系而相互制约，并且共同体的内部能够自我组织、自我调节。其中，社会经济制度调节人们的物质利益关

---

① 马克思恩格斯全集：第 42 卷［M］. 北京：人民出版社，1979：167.

系，它不仅规范社会的经济活动，而且为规范人们的全部社会活动提供了基础；政治制度调节社会政治实践，它以强制性的力量保证社会总体的有序性；作为精神交往规范的意识形态，既是社会实践的反映，又规范指导人们的社会实践活动。所以，一个社会共同体的各种制度和规范限定和调整着个体的实践关系，使诸个体的行动协调有序，使共同体作为一个统一的整体而存在和运行。

最后，“人的解放”是马克思共同体理论的价值皈依。个体的有机结合构成了共同体，人类的实践活动推动着社会的发展。社会发展的实质就是人的发展，只有个体全面发展，才能创造理想的社会共同体，而良好的社会又为人的全面发展创造条件，为人的解放做好准备，最终使整个人类实现真正的平等、自由。马克思的共同体理论立足于19世纪世界发展的现实，是站在无产阶级的立场上对未来美好社会的一种构想。他的理论一方面揭露了资本主义社会的本质，是现实的写照与反映，另一方面他的思想又超越了当时的社会现实，成为人类通向“真实的共同体”的理论指南。

共同体思想嬗变的历史对霍耐特共同体思想的形成有着深刻的影响，霍耐特借助古代共同体理念和康德、黑格尔、马克思等人的共同体学说赋予了共同体思想以新的活力。当然，面对当今的资本主义社会，他认为传统的共同体随着封建制度的瓦解而消失，今天，人们需要一种全新的共同体理论。霍耐特借助承认理论和社会自由学说构建自己的后传统共同体理论。首先，对新自由主义进行分析和批判，认为新自由主义的经济理性和工具理性摧毁了社会的一体化，损害人们基于主体间共同情感和共同价值而相互理解的意识和能力，破坏和抵消承认规范在社会各领域的实际效果，使得共同体成员在“市场逻辑”的作用下失去承认，而以利益和算计来确立彼此关系，从而导致整个社会价值观的扭曲。这就需要建构一种新的社会价值体系来纠正人的关系和行为，霍耐特称之为“后传统共同体（Post-traditional Communities）”。一方面后传统共同体的理念是民主政治生活的持续存在的前提，另一方面这也正是支配个体自由的条件。

霍耐特认为，在个体和共同体的关系方面，传统共同体衡量个体的标准是荣誉观念。荣誉是个体成为共同体成员的一种资格，也是个体赢得他人承认的依据。而且，通过强调集体价值观而消解了个体价值的彰显，不断强调个人对共同体的贡献。其衡量原则是“按照人们对实现中心价值所做出的贡献和进一步被纳入引导个人生活的特殊方式的价值”来规定。①如果一个人通过自己的努力，为集体带来某种利益，其价值才能得到衡量，这样，他的一切将受到共同体的认可和保护，“在根据社会身份安排的社会中，如果个人能习惯性地满足与他的社会身份‘伦理地’相关的集体行为的期望，那么‘荣誉’就支配着个人所取得的相关的社会名望”②。但是，荣誉是阶级社会的产物，它与不平等有着天然的内在联系。于是对它的分配就带有阶级性。所以，真实的情况是，不是任何人的努力都会得到公平的对待，传统社会中，荣誉往往被统治者和上层社会所把持。那么，一旦站在个体的角度来看待传统共同体，那种集体性或公共性就会被阶级制度所代替。霍耐特指出，当后传统的启蒙哲学和国家理论开始影响人们的共享文化时，传统的共同体思想所强调的价值观和信仰就开始逐步丧失其标榜的价值。“除了它的有效性的形而上基础，共享的价值丧失了它的客观特性和建构社会威望体系的能力以及提升它的特定行为规范。”③ 霍耐特认为，现代性开始后，人们就在思考，是否还要依据传统的共同体价值来衡量自身的存在及价值？是否要重新定位个人的荣誉感？随着资本主义的快速发展，荣誉的个体化也融入了个体发展的完整性之中，人们看重的是自己的尊严感。这种转变引发了人类对自由权利和自我实现的不断追求，而这种追求只有在后传统共同体中才有可能实现。

在承认理论的解释框架内，霍耐特认为，在后传统共同体中，人们彼此

---

① 霍耐特．为承认而斗争［M］．胡继华，译．上海：上海世纪出版集团，2005：128.

② HONNETH A. Disrespect：The Normative Foundation of Critical Theory［M］. London：Polity Press，2007：259.

③ HONNETH A. Disrespect：The Normative Foundation of Critical Theory［M］. London：Polity Press，2007：260.

将他人承认为一个独立的个体。主体之间通过情感和法律建立起广泛的社会化形式，最终形成一个相互尊重的自由空间。这种共同体体现的是承认法则。其中，主体通过自信、自尊和自重三种承认模式，来实现自我关系。自信产生于原初家庭的亲情和亲密的友情；自尊是通过自我和他者作为平等的法律主体相互尊重，并对公共政治生活的参与和法律义务的承担而获得的；自重是通过个体有价值地参与共同体的生活而产生的，它意味着个体“经验到社会重视的同时也伴随着一种切实感觉到的信心，即个人的成就和能力将被其他社会成员承认是‘有价值的’”①。霍耐特认为：“对于共同体的社会整合而言，最重要的是所有成员都能相互地以对方相应的品质和能力将对方尊重为一个特殊的个体或团体。”② 所以，这种共同体是建立在对于个人的能力的价值评价的基础上，并以此维持团结的关系。在其中，个体要想获得平等的重视和尊重，就要积极地为共同体担负义务、做出贡献。这样的共同体中的成员根据共享的价值观念，以个体的成就和能力相互尊重。这种模式就接近于社会主义的共同体理念，个人在共同体中各尽所能，在分配上实行按劳分配，个体直接奉行集体主义的价值观，实现个性的解放和自由。

第三节 在社会主义理念中向马克思主义的回归

当社会自由的主张受到多方质疑后，霍耐特对其进行了反思，并在以后的座谈和文章中承认其社会自由思想存在诸多缺陷，其在当今复杂多变的资本主义现实中难以实现。但是，对个体自由的追求不能停止，对自由精神的向往不能消失。霍耐特面对资本主义社会今天的发展状况，从更加现实的角度出发，不再执着于传统哲学的思辨模式，也不再停留在黑格尔法哲学的框

① 霍耐特．为承认而斗争［M］．胡继华，译．上海：上海世纪出版集团，2005：34.

② HONNETH A. Disrespect：The Normative Foundation of Critical Theory［M］. London：Polity Press，2007：256.

架内进行纯理性的思维运动，而是把思绪转向了对近代历史的考察，并越出纯粹哲学的藩篱，把新的研究目标和对自由问题的解答锁定在对“社会主义”的深入挖掘上。具体来说，2015 年，霍耐特出版了《社会主义理念》一书，阐述了自己对社会主义思想的研究。当然，社会主义已经有五百年的历史，从早期的空想社会主义到马克思的科学社会主义，从社会主义的理论到社会主义的实践，从一国到多国，分为若干发展阶段。不过霍耐特仅从早期社会主义的概念中去挖掘这一思想的价值，以为当下个体发展的社会自由寻找社会实践基础。

一、霍耐特对社会主义的认知

尽管社会主义思想起源于 16 世纪的西欧，从早期人们对美好社会的文学式描绘的空想开始，逐渐过渡到 17 世纪法国的法学家摩来利、马布里运用法律思想构想一个法制的完美社会，以表达对当时资本主义社会的抵制，直到 19 世纪上半叶达到顶峰。这 300 年正是欧洲社会从封建主义生产方式转变到资本主义生产方式的过渡时期。资本主义的出现，使广大劳动人民虽然从人身依附的封建关系中解脱出来，但随即又陷入资本主义新的剥削方式中。面对资本主义生产的新型剥削关系，现代意义上的社会主义思想随之出现。现代社会主义思想是伴随着 18 世纪的科学革命、工业革命而兴起的。农业技术进步使耕种土地的农民人口比例减少了，剩余人口大规模涌入城市逐渐转变为工人。这样，在不断兴起和发展的各个城市中，形成了鲜明的贫富对比。这种对比显露了资本主义社会的生产关系，其本质是生产资料私有制下资本家对产业工人无情的剥削和压迫。这种越发悬殊的贫富分化，激发了人类本能之中对平等的诉求，点燃了左翼知识分子创造理想国的乌托邦情结。无论是乐衷于大规模计划经济的圣西门派，还是喜欢小集体合作社的傅里叶派；无论是走民主议会道路的宪章运动、工联主义者们，还是用社会实验来证明自己空想的欧文等人，或者是直接采用武装暴动夺权的巴贝夫、布朗基分子，社会主义者都有一些共同特点：他们都不信任自由市场，反对私有制度，认为自由资本主义会让穷人更穷，要求国家或集体发挥调节作用。这种反抗资本主义的精神，就是社会主义。

柯尔认为：“‘社会主义’这个词，是同19世纪早期欧文主义者一起登上现代历史舞台的，尽管他们后来被马克思轻蔑地称为‘空想社会主义者’。显然，欧文主义者是将‘社会主义’一词建立在一种社会伦理观、一种坚持某种生活方式和道德价值的信仰之上的。”① “最初使用‘社会主义’这一名词，指的是以合作为基础、以大众的幸福和福利为目标的人类事务的集体管理制，所强调的不在于‘政治’，而在于财富的生产和分配，在于加强对公民的毕生教育中的‘社会化’影响——教育他们在行为、社会态度和信仰方面遵守合作的而非竞争的方式。”② 可见，社会主义一开始就是立足于对资本主义社会生产分配制度的批判的，强调的是社会的公平和团结。与此同时，强调社会主义精神的人就是“社会主义者”，用柯尔的话来说，“社会主义者”指的是这样一些人：“他们反对当时流行的强调个人权利的见解，着重注意人类关系中的社会因素，并力图使社会问题在由法国大革命和随之产生的经济革命而引起的人权大辩论中受到注意。”③ 这种初期的社会主义理念，恰恰就是霍耐特所定位和研究的社会主义。因为，霍耐特并不赞同社会主义理论和实践发展的所有阶段，他仅仅对早期社会主义的思想持同情和肯定的态度，并在其《社会主义理念》当中进行深入研究。

在《社会主义理念》中，霍耐特分两步讨论他的社会主义思想：第一步，他将社会自由确立为社会主义的核心理念；第二步，他想在当代资本主义社会的语境中复兴社会主义的理想，以使早期社会主义的传统理念适应当代资本主义的社会现状。在具体的操作层面，霍耐特在方法论上借用杜威的实验主义，改造了早期社会主义的历史决定论。此外，他依然从黑格尔的政

① 安东尼·克罗斯兰．社会主义的未来［M］．轩传树，朱美荣，张寒，译．上海：上海人民出版社，2011：64.

② 柯尔．社会主义思想史：第1卷［M］．何瑞丰，译．北京：商务印书馆，1977：10.

③ 柯尔．社会主义思想史：第1卷［M］．何瑞丰，译．北京：商务印书馆，1977：8.

治观出发，将社会视为不同功能的集合，而且突出政治机制的作用，以代替早期社会主义理论所推崇的经济决定论。最后，霍耐特强调，推动社会主义复兴的关键是公民在社会共同体中具有充分的民主决策权利。

霍耐特在《社会主义理念》中，延续对社会自由的探讨，以揭示社会主义与社会自由之间的联系。他指出，法国大革命以来，人们提出了自由、平等、博爱（团结①）的要求，这三种价值不是彼此孤立的。“调和这三个由于主流经济秩序而相互冲突的原则的座右铭是‘社会自由’”②。霍耐特把共同体视为个体自由实现的基础，他说：“不是个体，而是博爱的共同体被视为实现自由的载体。”③ 所以，他对自由的理解不是传统意义上个人的自由，而是有共同体作为依托的社会自由，是共同体内部各个体之间在相互承认的基础上平等相处、团结互助的结果。“普遍共同需求的满足取决于主体间关系，这些关系只在某些规范条件下是‘自由’的——其中最重要的是相互的同情——只能在团结的共同体中找到。否则，个人主体不能依靠他人的互补行动来自由和自愿地满足自己的需要。社会成员不仅要‘与他人’，而且要‘为他人’，因为，这是他们能够自由满足共同需要的唯一途径。”④ 也就是说，社会自由就是要让参与到社会活动中的共同体成员之间能够相互给予对方更多关心，人们为了彼此的缘故而相互帮助，以实现各自特定的需求，这就是社会主义的基本特点。因此，在霍耐特看来，社会主义就是以一种共同体生活方式的概念为基础的，而不是简单的分配制度。

关于社会自由实现的条件，在《自由的权利》中，霍耐特已经告诉我们，其中有两个方面，首先，是社会中个体成员相互间的承认。承认既表现

---

① 霍耐特将博爱与团结这两个概念对等看待，在霍耐特的表述中，二者没有本质区别，在他的著作中两者往往可以替换。

② HONNETH A. The Idea of Socialism towards a Renewal ［M］. London：Polity Press，2017：27.

③ HONNETH A. Die Idee des Sotialismus ［M］. Sahl：Suhrkamp Verlag，2015：35.

④ HONNETH A. The Idea of Socialism towards a Renewal ［M］. London：Polity Press，2017：27.

为每个人都能在公共领域中自由表达自己的诉求，也使得个体间结成紧密的团结关系。其次，社会自由需要家庭、市场、国家三方面的机制协调。其中每个社会领域都是实现社会自由的必要环节。例如，家庭成员相互之间通过爱的原则能够满足个体基本的自然需求；在多元化市场中，个体的独特表现能获得他人的尊重；在民主决策中，个体对政治事务的积极参与、促进公共事业的发展，这又能让个体获得自豪感。

二、社会主义的本质

在霍耐特看来，传统的社会主义者，从罗伯特·欧文和普鲁东再到马克思，他们都认为，建立社会主义社会关系的关键在于对资本主义市场经济的改革或对其进行革命的克服。而且，他们也认为，克服资本主义的动机和意愿已经可以在当时成熟的社会关系中找到。工人、生产者和管理者都希望用某种合作的经济体系来取代资本主义市场。霍耐特把这种社会主义思想称为经济决定论。这就说明，“资本主义市场要么会被它所创造的危机所摧毁，释放集体化的经济力量，要么会作为不平等的结果产生更强大的抵抗”①。而且马克思按照历史唯物主义的规律性，说明了社会主义取代资本主义的历史必然性，这些思想鼓舞着早期的社会主义者。霍耐特认为，在资本主义的经济领域里，社会主义者联合无产阶级运动，它寻求将经济集体化，抵制资本主义竞争的破坏方式。因此，社会主义的目标是建立一个集体性的联合体，这个联合体通过战略启蒙和教育的手段来促进一种历史进程，这种进程必然会导致生产关系的合作化转变。而生产关系的合作化转变会导致基于互利原则的共同体，即社会主义的生产关系，最终以一种社会的（sozial）状态代替现存的市民社会。

这就是霍耐特对传统社会主义理论的三重理解：“（社会主义）在经济领

① HONNETH A. The Idea of Socialism towards a Renewal [M]. London: Polity Press, 2017: 31.

域为争取自由革命斗争；对已经存在的对立运动的反身依恋；最后，还有对这场运动不可避免的胜利的历史哲学期望。”① 但是，霍耐特认为，传统社会主义理论的致命缺点在于过分依赖经济决定论，而忽略了政治和道德因素。进入20世纪后，尤其是二战后，资本主义世界发生了巨大变化，这就需要我们对社会主义进行重新理解与思考。于是，霍耐特在《社会主义理念》中提出：“社会自由是社会主义的真正理念。”② 在当代社会，社会主义就是要扫除一切阻碍自由在团结的社会关系中实践化的因素。这样霍耐特就将构建团结的社会关系理解为社会主义的核心诉求。通过对社会自由的继续阐述，霍耐特引入了团结（或博爱）的社会关系，对传统社会主义理念进行了批判性分析，他又将社会主义的本质理解为对社会自由的实现，进而将团结确定为社会主义的核心理念。

霍耐特一方面批判了早期社会主义理论的“经济决定论”，认为社会主义构想不仅仅与劳动生产和资源分配有关，另一方面，从政治的角度出发，他认为社会主义的本质是实现法国大革命以来所倡导的理想价值，人们更应该关注自由、平等与博爱的问题。因为，资本主义市场的发展、经济危机的破坏、劳资关系的恶化，已经严重阻碍了社会成员对自由与平等的诉求。霍耐特认为，与资本主义生产方式有别，社会主义就是要构建一种有助于实现自由、平等、团结的价值目标的集体化生产方式，并不是建立一个新的社会分配秩序。

三、霍耐特对社会主义的改造

在确定了团结的核心目标之后，霍耐特开始对早期社会主义理念进行改造。他认为，大工业的时代特征是早期社会主义思想产生的社会历史背景，

① HONNETH A. The Idea of Socialism towards a Renewal [M]. London: Polity Press, 2017: 32.

② HONNETH A. The Idea of Socialism towards a Renewal [M]. London: Polity Press, 2017: 2.

但这种社会特点严重制约了社会主义者的理论视野。要想在今天复兴社会主义的理想，就不能简单照搬早期社会主义者的观点，而需要立足于今天资本主义社会发展的具体现状，寻找恰当的答案与措施。霍耐特认为，对传统社会主义的改造的首要问题是用民主政治的方式取代经济讨论的方式，具体来说，就是“通过民主的生活方式逐渐代替经济决定论的过时观点”①。我们知道，包括马克思主义在内的早期社会主义理论都将实现社会主义的主体确定为无产阶级。以无产阶级为中坚，联合其他社会力量，推翻资产阶级的统治，瓦解资本主义的经济关系，建立社会主义的生产关系。这种理论在俄国、在东欧、在中国等社会主义阵营已经被实践检验，并取得了成功。但是，在面对当今的资本主义社会现状时，霍耐特认为这种传统的观点必须得到更新。为此，他确立了三个步骤：用杜威的社会实验代替早期的历史决定论；在社会公共领域，使用民主决策，它是社会主义的基本特点；社会公民代替无产阶级成为实现社会主义理想的主体。

受杜威的启发，霍耐特认为当下的社会主义理论应借助“社会实验主义”的观点而重现其价值。因为，杜威曾指出：“传统形态的社会主义无法对历史的变化过程做实验主义的理解。”② 实验主义会给社会中出现的各种问题提供“最具普遍化”的答案。霍耐特也相信，社会参与者越广泛地被纳入实验活动之中，就能得到越稳定越好的问题答案 就越能克服一切为了阻挠社会成员解决问题而进行的“自由交往”。这样，与早期社会主义者不同，霍耐特否定了社会主义的合法地位来自历史决定论的预设，而把其合理性设定在能否有效解决当下具体的社会问题上，即“社会实验主义”。

霍耐特将社会分成三个不同的功能领域，即家庭、市场和国家，不同的社会领域具有不同的行动原则。“家庭保障自然需求的满足与社会化，市场

---

① HONNETH A. The Idea of Socialism towards a Renewal [M]. London: Polity Press, 2017: 113.

② 杜威. 杜威全集：第 11 卷 [M]. 朱志芳，熊文娴，潘磊，等，译. 上海：华东师范大学出版社，2015：40.

保障生活资源的足够供给，最后，在国家中，整体的伦理—政治整合得以形成。”① 当然，三个领域功能的实现都以社会自由为前提。家庭中的社会自由表现为原始的爱，所有家庭成员的真实需求和兴趣通过其他成员的帮助得到实现或满足，那么家庭中的相互承认和个体自由就得以可能；在市场领域中，人们以相互承认为基础，用自己的劳动行为满足彼此的社会需要，这样，也实现了个体自由；在政治领域中，只有每个参与者都能将各自的意见视为对普遍意志的贡献，国家才能完成伦理—政治整合。不同社会领域之间并不是相互独立的，必须相互流通，彼此交流，和谐相处，共同维护和发展社会生产。这有利于建构团结、民主的社会环境。而且，霍耐特认为政治领域的民主公共性是社会主义的主要特征。因为，“只有社会生活各个方面的弊端都可以在公共领域中明确地向所有人传达时，这些问题才能被共同协商而最终得到解决。”② 从这三个方面来看，霍耐特对社会主义的理解与早期社会主义者有着巨大差异，他注重从政治而不是经济的角度来看待社会主义。他的这种思想是为了适应当今资本主义社会发展的新变化，要求社会主义在今天的任务（或合法性）在于它是否能够有效应对当前社会中出现的问题，以至于能否实现个体的社会自由。总之，在他的社会实验构想中，一切问题都被放在社会共同体中进行分析和解决。当共同体成员通过大众传媒等现代化渠道获得关于社会的各方面的信息后，就在公共领域中对所关注的各种社会问题展开讨论，其结果是寻求国家对公共意志在法律层面的支持和保护，从而保障每个社会共同体成员社会自由的实现。

所以，霍耐特非常看重公共领域的政治作用。他反对早期社会主义者将变革经济关系视为实现社会主义的核心方法。他认为马克思将这一方法视为所有的社会领域变革的唯一方法，将一切关系都视为经济关系，而没有区分

---

① HONNETH A. The Idea of Socialism towards a Renewal [M]. London: Polity Press, 2017: 112.

② HONNETH A. The Idea of Socialism towards a Renewal [M]. London: Polity Press, 2017: 128.

不同社会领域不同社会成员的需求差别。“如果社会主义者无论自由的好坏，都将其置于经济行动的领域中，那么，人们就没有机会在自由的范畴中去进行民主协商的思考。”① 如果由经济决定社会的一切，那么民主政治必然会被忽视。即使通过生产力革命能够克服资本主义经济领域的劳动异化现象，但家庭、市场及国家政治领域中的种种病态是没法通过这种方式消除的。而在公共领域中，情况就有所不同，在其中，个人以社会公民的身份参与到公共事务中，破除性别、阶级、种族的壁垒，能够自由平等地对公共事务发表自己的意见。这就是霍耐特社会主义理念的理想状态，即一种民主的生活方式。

最后，社会公民是社会主义的主体。早期社会主义者认为，社会主义的自由人联合体是由雇佣工人构成的，每个成员都希望“社会应该朝向生产者都不被压迫的共同体化方向发展”②。个体成员的劳动能够在社会当中被承认和尊重，而且其基本的需要也应该得到满足。但是，霍耐特认为，随着资本主义进一步发展，这一观点的社会背景发生了变化。二战后，资本主义世界的劳动力市场结构发生了根本性的转变，此时，产业工人由过去的受压迫角色变为劳动力市场中占据主导的力量。由于战后许多资本主义国家采取诸多措施不断创新社会发展模式，如股份制的发展出现了法人资本所有制，劳动者既是企业的工人，也参与企业管理，同时是资产所有者，他们的生活水平和社会地位得到大幅提升，这导致他们失去之前那种革命热情与需求。于是，霍耐特认为，“社会主义只能在政治公共性的舞台中寻找为其规范要求而斗争的同盟者，在公共政治领域，社会主义的成员，才具有致力于与他们自身的利益没有直接关联的领域进行改善的能力”③。

从以上对社会主义理论的改造中我们可以看出，霍耐特从道德哲学的角

① HONNETH A. The Idea of Socialism towards a Renewal [M]. London: Polity Press, 2017: 101.

② HONNETH A. The Idea of Socialism towards a Renewal [M]. London: Polity Press, 2017: 58.

③ HONNETH A. The Idea of Socialism towards a Renewal [M]. London: Polity Press, 2017: 127.

度阐释了社会主义的理想，将社会主义与社会自由关联了起来，并揭示了二者之间的关系，突出了“团结”的整合的重要性，强调民主协商在社会共同体中的政治作用，以此来批判经济至上的社会问题解决方案。他认为：“‘只有市场才能解决经济领域的制度问题’是新自由主义者编造出的谎言。但这种想法已经如此根深蒂固，以至于人们受其思想禁锢，已经无法想象任何其他的替代方案了，甚至认为，除此之外毫无其他选择余地。这一现象席卷了全部的经济交易领域……我们不再设想基本需求可以通过国家得到满足。我们在 1950 年代，甚至 1960 年代初还提出过这样的设想，但现在所有这些设想都已经破灭。”① 鉴于这种现状，霍耐特提出了公共协商的理念，他说：“我心目中理想的画面是：普通民众，哪怕未受过高等教育，也能踊跃参与公共协商。他们可以互相辩论，劝说对方加入自己的阵营。在当时的情形之下，人们必须互相交换理性的论点和论据。党团会议制度要求人们必须进行公开协商。这非常了不起。所以，我认为，过去 50 年里，我们丧失的不是希望，而是想象力——我们不再想象在现状之外还可能有其他的制度选择和制度变革。只有重新恢复这种想象力，我们才能朝着正确的方向前进。”② 霍耐特的这种“想象力”就是对社会发展的政治关照，就是要求人们发挥民主协商的作用，共同关心、讨论和解决社会问题，以实现一个团结和谐的社会即社会主义社会。

当然，霍耐特并不是要彻底否定经济活动与社会主义的关联，他是在面对在单纯的经济发展措施下产生越来越多的社会问题的情况下，企图改造早期社会主义的理念，一方面提升博爱（团结）在社会政治中的地位，另一方面明确政治参与同社会主义间的关系。这对于我们发展社会主义民主政治具有一定的启发意义和借鉴价值。

---

① 霍耐特，李汉松．社会主义的理念：对话阿克塞尔·霍耐特［J］．国外理论动态，2020（4）：19-27.

② 霍耐特，李汉松．社会主义的理念：对话阿克塞尔·霍耐特［J］．国外理论动态，2020（4）：19-27.

第六章

霍耐特社会自由理论的主要特征及得失

霍耐特对自由的研究深入整个西方自由理论发展的历史，他的社会自由思想的提出及阐释已经包含着对自由理论本身的一个根本观点。因此，对霍耐特自由理论的研究不仅有利于我们把握当代社会批判理论的发展动向，也可以从他的社会自由思想中考察和反思当今的社会发展特征，以便继续推进自由理论的发展。所以，在对霍耐特社会自由理论的思想渊源、理论背景和主要内容进行阐述之后，本章将对霍耐特社会自由理论进行总体反思，勾勒出霍耐特的社会自由理论的基本特征，阐述其独特之处。同时，分析社会自由思想的得失，既要看到其对深化自由理论研究、推进社会批判理论发展和分析当代资本主义病理的积极意义，也要结合国内外学者对霍耐特社会自由理论的评析来分析霍耐特承认理论所面临的一些困境，使我们能够对这种理论有更加全面的认识和评价。

第一节　霍耐特社会自由理论的特征

“霍耐特为一种社会的交往观（communicative vision）辩护，亦即一种由开放的背景共识塑造并最终建立于其上的社会融合观，而这种共识是由与社会总目标相关联的核心规范与价值构成的。”① 霍耐特为了实现黑格尔法哲学的伦理计划，以达至黑格尔的自由理论的理想目标，“他汲取了黑格尔的承认概念，并透过米德的社会心理学理论，建构出彼此相互承认的互为主体性关系，欲使个人与社会的内在性联结关系得以重新获得巩固，进而解放个人长期所忍受的‘不确定性的痛苦’，以期使每一个社会成员都能拥有自我实现的机会”②。沿着这个思路，霍耐特的社会自由理论体现出诸多与众不同的特征。

第一，霍耐特对社会自由的分析体现了历史唯物主义的基本观点。霍耐特将社会自由的目标设定为个体的自我实现，而其前提是个体身份的自我确认与被承认。他根据爱、权利、团结三种相互承认关系，来表明个体身份的形成由相互承认的社会关系所决定，从而使社会自由的基础建立在社会承认关系之上。这是一种历史唯物主义的阐述方式。因为，“人的本质不是单个人所固有的抽象物，在其现实性上，它是一切社会关系的总和”③，霍耐特对法兰克福学派前期批判理论社会性的缺失问题进行了批判，以人的社会性本质为出发点，深入研究资本主义社会各个领域发展的历史，以使自由的阐述具有深厚的社会基础。另外，从历史唯物主义视角看，生产力决定生产关系，经济基础决定上层建筑。而霍耐特在讨论资本主义社会的经济领域的社会自由时，表现出的也是这种历史唯物主义的认识观，他认为，资本主义社会中，消费者的经济收入和生活境遇决定了消费关系的形成机制。他看到，不同的社会生活境遇和收入的差别，招致消费领域社会自由的努力失败。这就使消费者之间没有对自己的消费行为进行一种话语表决的可能和隐含的默契，以实现消费活动的社会自由和对生产商的生产和价格施加压力。而且，对个人关系、市场关系和民主政治三个领域自由的实现之间的关系的分析，

① 让·菲利普·德兰提．作为一种唯物主义方案的承认伦理学［M］．余永林，译//当代国外马克思主义评论．北京：人民出版社，2008：263.

② 周明泉．书评：Axel Honneth，《自由的法权》［J］．哲学与文化，2016（4）：131-136.

③ 马克思恩格斯选集：第1卷［M］．北京：人民出版社，1995：60.

也反映了生产关系决定了其他社会关系的历史唯物主义观点。

第二，霍耐特通过运用“社会分析”的方法和“相互承认”的机制论证社会自由的发展及其实现。霍耐特以一种“社会分析”的方式，研究社会自由的实现路径，使用“社会病理学”的方法观察法律自由领域和道德自由领域中的社会病态现象，并进行社会分析，为实现自由的真实性提供了经验性的理论基础。另外，从康德哲学中“机制被遗忘”的问题中，霍耐特发现“当今学术界所做的几乎总是将规范性的原则以诠释学的方法，调整到现存的机制结构或占主导地位的道德信念中去，而没有同时再去证明这些规范性原则自身的内容是否是理性的或合理的”①，从而就缺失了社会真实性。而黑格尔虽然在当时把机制化了的现实作为理性来阐述，同时他又将道德的理性植入现代社会的核心机制中，使这种机制具有道德的现实性和合法性，也使个人自由具有可能性和可行性。但是，随着时代的发展，黑格尔的这种机制化已经在现代化进程中失去了最初的形态，不再适应时代的要求。于是，霍耐特就根据现时代社会发展的特征，将社会机制引入自由的实现过程，他说：“我们社会每个基本领域所体现的机制，也就是我的研究的首要出发点，是我们个人自由经验的一种特定观点。”② 于是，在对社会自由的研究中，霍耐特试图在现代各个自由领域间建立机制性的平衡关系。我们发现，通过对自由的历史和现实的剖析，霍耐特在阐述社会自由的过程中，将承认理论成功地融入自由体系的建构之中。

第三，霍耐特在社会自由的研究中，采用跨学科的研究方法，将哲学、伦理学理论与社会学研究方法相结合。霍耐特认为，当今学术界研究的弊病之一就是将规范性原则以诠释学的方法整合进理论中，导致了学术研究中社会现实性的缺失。所以，他在再现实化黑格尔的法哲学的时候，也借鉴了黑格尔的研究方法，注重思想的现实性，从实证的角度用规范分析与社会分析

---

① 霍耐特. 自由的权利［M］. 王旭，译. 北京：社会科学文献出版社，2013：11.

② 霍耐特. 自由的权利［M］. 王旭，译. 北京：社会科学文献出版社，2013：5.

来讨论自由问题。具体来说，霍耐特的社会自由理论一方面体现出典型的伦理学特征，因为“霍耐特透过规范性重构程序所重建的对象，正是在黑格尔法哲学脉络中，具有社会性的伦理（sittlichkeit）概念。对霍耐特而言，伦理就是社会事实，就是一种社会实在性、现实性与规范性秩序的自身。因此，他欲以符合社会现实的社会伦理，超越奠基在康德式的道德形式主义之上、遗忘现存社会制度与机制的正义理论”①。同时，也如王凤才教授：“《自由的权利》意味着霍耐特的民主伦理学基本形成。”② 所以，可以说，伦理这条线索一直贯穿于霍耐特社会自由思想研究的始终，他以伦理这个概念分析资本主义社会的经济状况和政治状况，在此基础上，他将伦理与正义结合起来，用社会分析的进路寻求一种社会自由的正义原则，从而表明“个人自主性的自由是奠定所有正义理论的基石”③。另一方面，霍耐特社会自由理论的阐述体现出社会学的特征。霍耐特说：“在一些制约当代政治哲学最大的局限中，其中有一个局限就是它与社会分析的脱节。这使得哲学只能定位在纯粹规范性的原则上。”④ 而要实现自由的承诺，他认为，就需要有一定的社会前提以及各方的相互谅解。其实，从我们开始讨论自由概念以来，就发现西方的自由史也具有社会性的内容，但这种社会性长期以来只是作为理论背景而被遮蔽起来了，使自由一直处于哲学的形而上学分析之中。在对消极自由与反思自由作了历史性回顾之后，霍耐特过渡到对社会自由的分析，这种分析就使自由从理论的形而上学形态向社会的回归，表现的是霍耐特对于真实的自由如何实现的思考。而且，对社会自由理论的分析也更加鲜明地体现了社会学的分析方式。其实，在《为承认而斗争》那里，霍耐特就使用了社

---

① 周明泉．书评：Axel Honneth，《自由的法权》［J］．哲学与文化，2016（4）：131-136.

② 王凤才．承认·正义·伦理：实践哲学语境中的霍耐特政治伦理学［M］．上海：上海人民出版社，2017：247.

③ 周明泉．书评：Axel Honneth，《自由的法权》［J］．哲学与文化，2016（4）：131-136.

④ 霍耐特．自由的权利［M］．王旭，译．北京：社会科学文献出版社，2013：9.

会学和社会心理学的相关理论作为分析的工具来论证自己的承认学说，而在对社会自由的研究中，他直接利用涂尔干和帕森斯等社会学家的社会学的研究方法来分析现代社会中自由的各个领域的发展历程，以充实和完善社会自由理论的内容，从而使他的社会自由理论更具现实性。

第二节 霍耐特社会自由理论的主要贡献

霍耐特的社会自由理论与传统的自由理论相比，有其独特之处，而这些特点也就是它的主要贡献。具体来说，霍耐特的社会自由理论一方面实现了对黑格尔法哲学思想的再现实化，另一方面，它是对法兰克福学派社会批判理论传统的继承与发扬。

一、对黑格尔自由思想的再现实化

如果说承认理论是霍耐特思想的基石，那么社会自由理论则是他的承认理论发展的新阶段。霍耐特指出，近代以来，自由与正义的概念之间形成了一种亲密的联系。在现代意识中，社会制度是否公正的问题越来越多地以其是否允许公民过自由自在的生活来衡量。与此同时，传统的自由或自治这个概念就显得太薄弱，无法确定对具体的社会制度究竟是什么要求。这需要更具体的自由概念。在这一点上，霍耐特转向讨论自由史上三个最重要的自由概念。他以黑格尔的《法哲学原理》为基础，在《自由的权利》中，通过消极自由（法定自由）、反思自由（道德自由）和社会自由这三个不断推进的层次，用承认理论对现代以来的诸多历史事件进行社会分析，建构起一种批判的自由体系。“从霍耐特这本书（《自由的权利》）的结构、从它所涵盖的内容来说，它是黑格尔《法哲学原理》的再现实化的范本。或者说，霍耐特在这里以建立正义理论为目标，构建了一个与黑格尔法哲学的框架基本一致的新的‘法哲学原理’。”① 不过，霍耐特只是试图融合康德的“道德”与黑格尔的“伦理”。他借助对黑格尔法哲学的独特诠释来重构他的社会自由构想。而霍耐特自己也指出：“要弘扬法兰克福学派的批判精神、延续社会批判哲学的大业，就必须走规范性和经验性相融合的路子，而重要的是继续重构在第一代批判理论家那里被淡化的规范……在《为承认而斗争》中，他指出了一条返回本源之路——返回到早期的黑格尔。”② 这条道路一直贯穿在霍耐特的理论体系当中。如果说，霍耐特的承认理论沿袭的是黑格尔早期的承认思想，在《自由的权利》中，他又用黑格尔的“伦理”改造康德的“道德”，使道德主义与伦理主义相融合，从而使规范性研究与经验性研究相结合。所以，霍耐特自由思想的主要和直接来源是黑格尔的自由观，而且他借用了黑格尔的理论框架。

在讨论自由问题的时候，霍耐特深入到了西方自由传统的理论核心，从自由思想发展的过程中梳理出了自己对自由的看法。他在《自由的权利》中从否定性的角度对卢梭和康德的自由理论进行了批判，指出了消极自由和道德自由在当代的理论困惑及病理特征，从而启发了他的社会自由概念的生成。他在《不确定性之痛》中对黑格尔的自由理论进行分析，指出黑格尔自由理论的缺陷，提出了要将黑格尔法哲学再现实化的意图，而在《自由的权利》中，他对黑格尔的理论进行重构，在现实的社会中探寻保障社会自由的关系机制。所以，他所做的是在现代性背景下对黑格尔自由观的重建。哈贝马斯也认为：“霍耐特为了对从黑格尔到马克思的思想发展纲领做新的调整，把历史的脚步从马克思退回到黑格尔。”③ 社会自由概念不仅拒绝原子主义的自由观点，而且为实现个人自治而接受了大量的社会条件，还把这些条件作

① 王晓升．“自由的权利”还是“自由的法”：关于霍耐特“Das Recht der Freiheit”一书的译名问题［J］．哲学动态，2014（12）：14-19．

② 参见霍耐特．自由的权利［M］．王旭，译．北京：社会科学文献出版社，2013：译者前言．

③ 参见霍耐特．自由的权利［M］．王旭，译．北京：社会科学文献出版社，2013：封底．

为自由理想的一部分。这就使自由从反思自己的社会角色转变为与其他人的互动，即黑格尔的“在他人中保持自我”，一个人只有被他人承认，才有社会自由的基础。这也是黑格尔社会自由思想的初衷。同时，在《自由的权利》中，霍耐特也认为有必要借助社会学的研究来分析当代资本主义社会中的自由形态。所以，我们可以发现，在对社会自由的分析中，他将哲学与社会学的方法结合起来，以大量的社会史实来说明社会自由的现实性。当然，从哲学向社会学的转向不是霍耐特的独创，早在黑格尔《法哲学原理》中就已经表现出来了，马尔库塞在谈论到这一点时也认为：“从哲学向国家和社会领域的过渡已经成为黑格尔体系的一个内在本质部分。他的基本哲学观点在国家和社会所假定的特殊历史形式中，已经实现了自身……哲学已经转化为社会理论。”① 可见，霍耐特在社会自由理论的研究方法上也体现出对黑格尔《法哲学原理》的重现。

二、对批判理论传统的继承与发扬

霍耐特从一开始就试图拯救社会批判理论，因为法兰克福学派的社会批判理论一开始就带有一定的缺憾。早期的“大众文化”批判没有从现实社会和艺术属性的角度去分析文化的发展规律，因而表现出一种理想主义。哈贝马斯把科学技术理解为“意识形态”，使批判只对准资本主义的科学技术，丧失了对整个资本主义社会的批判，从而缺少挖掘科技异化的社会根源，随后他又转变了批判方向，把对资本主义社会本身的批判消解掉了。而霍耐特从一开始就致力于展开权利批判的新维度。随后，在后形而上学的视野中，他继续为批判理论寻找新的规范，试图消除其内部危机。霍耐特从研究承认理论开始，就旨在弥补批判理论的哲学缺陷，他主张从社会性入手，将自由从传统形而上学的玄思中解放出来，进一步从方法上填充批判理论的缺失。

① 马尔库塞．理性和革命：黑格尔和社会理论的兴起［M］．程志民，等，译．上海：上海人民出版社，2007：21.

进入21世纪，霍耐特对现代文明发展的一些问题，尤其是法律自由和道德自由的扩张，又表现出法兰克福学派的敏锐性和批判性。虽然西方资本主义社会在发展，但是，科技文明的进步并没有带来自由和公正，对法律和道德的追求，让人们变得麻木教条，面对资本主义经济对生活世界的逐渐侵入，人们只有默默接受而无力抗衡。传统的工会和社团组织在今天已经消失或声音微弱，无法再为广大成员争取社会权利。以往的公共领域已经衰落，个体表达自我的领地和空间逐渐缩小，人们对政治决策也失去了往日的参与热情，对重大的政治事件也缺乏关注兴趣，等等，所有这些变化和倾向都是霍耐特所关注的，也是今天西方许多知识分子所疑惑的。霍耐特从对两种自由的批判中发现：法律自由缺少行动的主体性；道德自由虽然是内在自决的，但没有涉及自由的客观性领域。而阿佩尔和哈贝马斯的交往行为模式虽然试图弥补传统自由模式的缺陷，可是始终没有到达“社会自由”这个门槛。于是，霍耐特重新挖掘黑格尔的“社会自由”，以关注实现自由的社会现实条件。因为，黑格尔的社会自由既讨论自由的可能性，也关注自由的现实性和实践性。霍耐特利用黑格尔所倡导的社会自由，通过在个人关系、市场经济和民主决策这三个领域重建一种相互承认的规范性结构，以建构一种新型的社会自由。所以，“在某种意义上，这种从理论到实践、现实的追求与马克思当年的思考进路一样，都主张从一种抽象的解放进入现实的实践领域。但与马克思主张用革命的手段来变革资本主义制度不同，霍耐特主张一种伦理的或政治文化的启蒙学习，来渐进地改良资本主义制度”①。可见，霍耐特延续了法兰克福学派的批判路径，诉诸机制性的重建来追求社会自由。同时，霍耐特的自由学说的独特之处在于他通过立足于主体间的相互承认，用病理学的社会分析来探寻自由的发展进路和实现机制，体现了西方自由理论发展的新形式。因此，可以说，“霍耐特准确地抓住了现代西方社会的病

① 贺翠香．论霍耐特的社会自由概念及其正义论构思［J］．哲学研究，2016（4）：108-113.

理学特征，建构了一种宏大的、以互惠承认为基础的正义论叙事。这本著作（《自由的权利》）也是继哈贝马斯之后，以'相互承认'为核心概念的新一代批判理论体系完成的标志"①。

第三节 霍耐特社会自由理论的缺失

一、对马克思基于劳动生产范式的背离

在一般意义上，我们将霍耐特视为西方马克思主义的代表。作为法兰克福学派的重要人物，他早期的思想体现的是一种马克思主义的认知方式，尤其是运用历史唯物主义的方式去从事思考和批判，"事实上，在 1992 年以前，他主要参照卡尔·马克思。像当时的哈贝马斯一样，霍耐特在其第一批著作中试图根据变化的理论和历史条件给出一种重建的历史唯物主义。的确，霍耐特对哈贝马斯社会理论的批判直接受惠于马克思本人以及 20 世纪 70 年代和更早时爆发的围绕历史唯物主义的解释之争所提出的论点"②。但是，如今，我们看到，在对社会自由思想进行讨论的时候，他的思想已经发生转向。如前文所述，霍耐特对马克思的阶级斗争理论进行了批判。他认为，马克思建立在劳动基础上的阶级斗争理论缺乏道德内涵，而提出用为承

① 贺翠香．论霍耐特的社会自由概念及其正义论构思［J］．哲学研究，2016（4）：108-113. 此外，霍耐特的社会自由思想也被解读为霍耐特物化思想的一个全新展示。美国学者 David T. Schafer 就认为《自由的权利》应该被理解为继续发展许多关于物化的中心思想，"可以从《自由的权利》的资源中发展出一种物化的说明，它避免了正统马克思主义观点的不可接受的形而上学，同时也摆脱了哈贝马斯对社会制度的不足批判的观点。"这也可以说是对自马克思、卢卡奇以来马克思主义的物化或（异化）思想的传承。参阅 SCHAFER D T. Pathologies of Freedom：Axel Honneth's Unofficial Theory of Reification［J］. Constellations，2017（00）1-11.

② 让·菲利普·德兰蒂．作为一种唯物主义方案的承认伦理学［J］．余永林，译．当代国外马克思主义评论，2007（11）：262-274，426.

认而斗争的理论来重新认识资本主义社会的问题。霍耐特指出，马克思早期的异化理论中对其劳动观的诠释，具有“为承认而斗争”的性质，“马克思把他颇具原创意义的人类学建立在一种劳动概念上，这一劳动概念具有十分规范的内涵，以至于他可以把生产活动解释成主体间的承认过程”①。所以，他认为马克思也讨论过劳动过程中劳动者自身和他人的相互肯定，即通过生产劳动，一个人能够认识的自己是具有特殊能力的个体，同时也发现自己也能够满足协作伙伴的要求。是劳动构建起来人们之间的相互承认关系。但生产资料的私人占有关系破坏了这种承认秩序，产生了“为承认而斗争”的阶级矛盾。所以，“青年马克思才会把他所处时代的社会冲突解释为被压迫的劳动者为重新建立充分承认的交往关系而发动的道德斗争”②。

然而，后期的马克思放弃了“为承认而斗争”，在劳动理论的指引下转向为无产阶级的物质利益而斗争，这使得他的劳动概念丧失了道德基础，导致“那些并非直接源于合作的自我管理过程的主体间承认的全部特征，就被排除在马克思所处时代的社会斗争的道德范围之外”③。因为，马克思将劳动概念局限在了“生产美学”的范围内，从而只对生产劳动进行批判，就把资本主义社会当作人类自我异化的一种经济形态。在这种情况下，生产劳动中的个人就不能得到其他人的承认。最终，异化劳动中的道德问题就不能用主体间的承认关系去解决。所以，马克思就选择了以物质利益为基础的功利主义的社会冲突模式，把资本主义的阶级矛盾和斗争解释为经济利益上的矛盾和斗争的传统模式，从而失却了道德上的关怀。因此，霍耐特认为，“马克思实际上根本不可能把他所设计的规范目标安置在他一直都用‘阶级斗争’范畴加以考察的社会过程之中”④。

在对马克思的劳动观进行批判之后，霍耐特提出了自己的斗争理论。在

① 霍耐特．为承认而斗争［M］．胡继华，译．上海：上海世纪出版集团，2005：152.
② 霍耐特．为承认而斗争［M］．胡继华，译．上海：上海世纪出版集团，2005：153.
③ 霍耐特．为承认而斗争［M］．胡继华，译．上海：上海世纪出版集团，2005：154.
④ 霍耐特．为承认而斗争［M］．胡继华，译．上海：上海世纪出版集团，2005：157.

他的承认理论中，他提出了三种承认形式来说明社会冲突的道德逻辑。在他看来，社会斗争主要是对被蔑视感的一种反应。因为，一个人在社会关系中，希望得到互动伙伴的承认，并由此获得自信、自尊和自重的社会价值。当主体在社会中得不到承认时，就会产生被蔑视的情感体验，“仅当主体能够在主体间解释框架内表达对伤害的感受，并把它作为整个团体的表征时，这种对伤害的感受才能成为集体反抗的基本动机”①。这就是为承认而斗争的道德动机。霍耐特重视社会反抗的道德意义，反对马克思从劳动工具论立场出发，用物质利益范畴来说明社会斗争的动力问题。霍耐特通过为承认而斗争的互动理论，建立了主体间承认关系来消除这种蔑视体验。通过对马克思生产劳动范式的批判，霍耐特从“为承认而斗争”到“自由的权利”，所体现出来的问题是，资本主义社会要解决的问题不是资产阶级与无产阶级的经济利益矛盾，也不是探索无产阶级自由解放，而是社会交往中道德情感上对他人的尊重的问题。所以，无论在承认理论还是在社会自由理论中，霍耐特都把批判的对象集中在了人与人之间的道德关系上，而不是生产劳动领域。于是他的结论就是：马克思所推崇的生产力的发展，是不能自发地推动资本主义社会人们的自由解放和幸福生活的。

当然，考察当代资本主义社会，我们也发现，人们面临的基本问题不是生存斗争问题，而是人与人在社会生活、经济生活和政治生活中的公平问题和自由问题。但当代资本主义社会在市场经济中，却通过各种技术手段，不断激发人的物质需求、改变人的思维方式、扭曲人的需要，从而把为生存斗争的模式永恒化，使经济斗争成为社会的主要矛盾，以此来淡化人们的自由平等的伦理和政治诉求。从这个角度看，霍耐特的这种政治伦理转向是有一定的依据和合理性的。但是，问题的关键在于，人们之间的道德伦理斗争是以社会经济关系的斗争为前提的，对道德问题的追寻不能脱离生产劳动的经济基础。所以，只有通过经济斗争，在生产关系平等的基础上，人们才能平

① 霍耐特．为承认而斗争［M］．胡继华，译．上海：上海世纪出版集团，2005：170.

等地讨论伦理道德问题，以追求相互承认和社会自由。总之，霍耐特从批判理论的传统出发，对人与自然和人与社会关系的思考是针对启蒙的历史观和价值观的，这种批判态度必然会对马克思劳动理论的工具性持否定态度。其结果就是，霍耐特从其承认理论出发，侧重于用生产关系解释社会冲突，但是失去了生产力的物质基础。尽管霍耐特看到资本主义社会的社会冲突问题，但是，他却摒弃了马克思主张用革命的手段来变革资本主义制度的观点，主张一种伦理的或政治文化的启蒙学习，认为通过资本主义生产关系的内部调整就可以解决这些社会问题，渐进地改良资本主义制度。所以，他最终偏离了马克思的生产范式和解放精神，无法对资本主义社会进行深刻的批判。

另外，马克思在讨论自由的时候，是从“必然与自由”的关系来论述人类未来的自由王国的。当然，这个关于自由的理想，康德早已提出来了，即“目的国”，每个人在这个“目的国”中都是目的，都是自由的，不过它不同于“自然状态”中那种为所欲为的自由。“康德的目的国也可以看作共产主义理想的思想来源”①，马克思先后在《共产党宣言》和《资本论》中强调过人的自由发展问题，并把共产主义社会称为“自由人联合体”，就是说一个社会是由所有自由的人联合起来的。所以，马克思通过对作为自然界的必然王国与作为人类社会的自由王国的比较，认为必然王国向自由王国的飞跃是一个“铁的规律”，人类社会一定会获得真正的自由，自由社会必然会到来。并且，马克思认为，这个实现过程需要生产力的发展，“资本家只有作为人格化的资本，他才有历史的价值，……他肆无忌惮地迫使人类去为生产而生产，从而去发展社会生产力，去创造生产的物质条件：而只有这样的条件，才能为一个更高级的、以每一个个人的全面而自由的发展为基本原则的社会形式建立现实基础”②。但是，通过对社会自由的认识，我们发现，霍耐

① 邓晓芒．什么是自由？［J］．哲学研究，2012（7）：64-71，129.

② 马克思恩格斯选集：第2卷［M］．北京：人民出版社，1995：239-240.

特无论是在《为承认而斗争》和《不确定性之痛》中，还是在《自由的权利》中，都推崇黑格尔的理论，并且把对于黑格尔相关理论的再现实化看作他的主要任务，这与法兰克福学派的马克思主义传统就有一定的距离。

当然，如前文所述，在对资本主义的时代症结的诊断中，霍耐特的“社会分析”的方法与历史唯物主义有相似之处。但是，霍耐特立足于卢梭自由观的自我实现的思路，认为社会斗争的本质目的不是占有更多的物质资源和权力，而是达到超越于物质范畴之上的自我实现。同时，霍耐特反对马克思将社会解放的任务抛给无产阶级的理论，而是主张为超阶级的社会规范斗争，以达致个人的社会自由和自我实现，这又是对马克思自由观的偏离。

二、霍耐特社会自由理论的困境

我们看到，霍耐特试图寻求一个平衡点，以期调和社群主义与自由主义的理论纷争，从社会自由这个概念入手，他实现了对这两个流派的理论观点的扬弃，既为当代自由主义的发展提供了一个全新的进化路径，也拓展了社群主义的视野。但是，他的社会自由理论无论是在内容上，还是在论证方法上所存在的问题也都是不容忽视的，而这些问题提醒着我们应该继续探寻达致社会自由的最终道路。

第一，社会自由理论规范性原则的缺失。我们知道，虽然黑格尔的正义理论包含一种批判的精神，即正义的制度是客观精神在社会生活中的实现，是合理的制度，但是在《法哲学原理》中，当黑格尔把现存的社会制度纳入到他的法哲学体系的时候，却潜在地证明了现存制度的合理性，这是黑格尔哲学中的保守趋向。对霍耐特来说，他就应该指出这个趋向，在建构正义的社会秩序中发挥黑格尔哲学的作用，以恢复黑格尔哲学的批判向度。然而，霍耐特所继承的黑格尔哲学却堵死了这条思路。因为，要判断一个社会制度究竟是不是正义的，就要有一个标准，康德的道德哲学已经给出了这样一种思路。根据这个思路，罗尔斯和哈贝马斯都提出了一个正义标准，并以此来判断当代的社会制度。而且，马克思也提出了共产主义的理论构想和自由标准，并以这个标准批判资本主义社会。但是，黑格尔并没有遵循这条思路，他的法哲学中并没有提供批判现存的各种社会的标准。而霍耐特在把黑格尔的法哲学再现实化的过程中，在社会自由理论中最终也没有提供一个批判社会自由和正义的标准。所以，"尽管本书名为《自由的法权》，但本书的写作目的既不是提供一套自由理论，也不是建构新的法律或人权哲学理论，对于正义概念的社会分析，最终也不是为读者提供一套可遵循的规范性原则。"① 而且，霍耐特最终把社会自由寄托于一种政治文化，但是，"是否可以把现代西方社会的自由困境完全归罪于'社会自由'的不足，即相互承认的政治伦理文化的缺失?"② 在这个问题上，霍耐特的观点就是值得怀疑的，因为，《启蒙辩证法》中强调的两种支配方式，一是人对自然的控制，如工业的发展，一是抽象的同一支配，即启蒙知识和理性的支配，这两种支配最终使获得自由的人却变成了"群氓"，也就是说"随着支配自然的力量增长，制度支配人的权力也在同步增长"③。据此，现代人的自由困境应该从人与自然、社会、自我等世界的关系中来寻找根源和答案，而不能仅仅像霍耐特最后主张的追溯文化上的价值根源。

第二，社会自由理论对权力关系的忽视。按照霍耐特对黑格尔的分析，现存社会中，由于人们将消极自由和积极自由这两个不完整的自由概念当作整体把握并且把它们贯彻到社会中，而产生了"不确定性之痛"。"我们不能否认，在现实生活中，一些人把消极自由当作唯一合理的自由模式，这种自由模式的贯彻导致了某些人的权利受到伤害的状况。一人的权利没有得到承认。人们失去了更加确定的标准来判断如何看待自己的自由。但是，现实社会中承认关系所受到的破坏，都是根源于这样一种认识上或者实践上的原因吗？在这里，是不是不平等的关系影响着人们之间的相互承认？这是霍耐特

---

① 周明泉．书评：Axel Honneth，《自由的法权》［J］．哲学与文化，2016（4）：131-136.

② 贺翠香．论霍耐特的社会自由概念及其正义论构思［J］．哲学研究，2016（4）：108-113.

③ 霍克海默，阿多诺．启蒙辩证法［M］．上海：上海人民出版社，2006：36.

在《为承认而斗争》中吸取福柯思想的时候提出的。然而，霍耐特在这里忽视了权利对于人的自由实现以及它对于承认关系所产生的影响。现实社会中，人的自我实现、人的自由无法得到保障恰恰是由于社会中不同的权力和地位。在现实社会中，权力关系不仅要求人们的身份、地位、社会贡献得到承认，而且还会在一定程度上限制人的自由和自我实现。霍耐特如果能够更全面、更深入地看到权力关系对于自由和自我实现所产生的副作用，如果能够进一步把财富的正义分配作为其正义理论中的要素来考虑，那么他就能够恢复正义理论所具有的社会批判功能。"① 但是，霍耐特并没有讨论权力在社会关系以及社会自由中的作用，致使他的自由理论有所偏颇。

第三，霍耐特对黑格尔法哲学解释的"合法性"值得怀疑。霍耐特在对社会自由的阐发中，以黑格尔法哲学的框架来构建自己的承认理论和社会自由结构，把黑格尔的"伦理实体"理论解释为在现代家庭情感生活层面、社会物质生活层面以及国家政治生活层面相互承认的交互主体性制度构想。但这一对黑格尔法哲学的解释的"合法性"却遭到了波尔（Karin de Boer）的反对，他在《超越承认？对霍耐特的黑格尔〈法哲学〉解读的反思》一文中就集中批判了霍耐特对黑格尔法哲学的承认解释。波尔不反对霍耐特基于对黑格尔哲学的发挥和引申而来的当代政治哲学创造，而且，他也肯定了相互承认的构想在黑格尔耶拿时期的作品中扮演了重要的角色，但他反对霍耐特把《法哲学原理》解读为对现代社会各领域相互承认的制度的勾勒。波尔首先认为，在《法哲学原理》中"没有任何文本证据表明，黑格尔把家庭、市民社会和国家这三个领域考虑为相互承认的三种不同的形式"。其次，波尔强调，当黑格尔在《法哲学原理》中提到"相互承认"的形式时，它们也不是霍耐特大加发挥的一种平等的对称关系，而是非对称的关系。最后，波尔指出，黑格尔在《法哲学原理》中使用"承认"概念时主要是刻画对特定价

① 参见霍耐特．不确定性之痛［M］．王晓升，译．上海：华东师范大学出版社，2016：译序．

值或法律的承认，而不是刻画主体间的关系。① 因此，在波尔看来，霍耐特对黑格尔的解读，从解释学的标准看，仅仅代表霍耐特个人的意见，实际上，他扭曲了黑格尔文本自身的含义，而表现得太过自信。

第四，霍耐特对于主体间的承认机制如何实现自由以及自由的动力缺失等问题语焉不详。我们知道，承认理论是霍耐特思想的核心，他先以承认理论为基础，然后不断地阐发出其他的思想，而社会自由思想就是由他的承认理论引出的对当代社会发展状况的一种构想。通过其社会自由的设想，霍耐特在社会中所想要实现的，就是各个社会个体之间相互承认、相互尊重的社会自由机制。但是，从个人关系领域中的友谊一直到民主决策中的民主法制国家的实现，在他对社会自由进行阐述的过程中，却鲜有承认理论的辅助。因为，我们把霍耐特的整个思想体系看成一个有机的统一体，各个思想部分之间是有机关联的，可是，在这里我们很难发现他的承认理论对社会自由思想的支持。霍耐特在论证的过程中，都是在陈述各个领域的发展历史，而对社会自由的实现始终缺乏具体的实施路径，即在现实中真正使社会自由和相互承认的机制结合起来，以实现社会自由的机制，但他却没有做具体的说明。所以，尽管在社会自由的分析中，主体间的合作性互动和友好的相处都是实现自由的前提性条件，都要在相互承认的关照下展开，但是，对于承认机制是怎么成为主体实现自由的合理性和合法性的唯一依据的这个问题，霍耐特的社会自由理论基本没有说明，致使相互承认所达成的社会自由更多地体现在应然自由的层面，实然自由依然遥遥无期。

第五，霍耐特关于社会自由领域的重建缺乏整体性思考。从社会自由的整体结构来看，霍耐特对社会生活中各自由领域的社会分析及反思与重构，与他最初所倡导的社会自由理论所要完成的目标是有一定差距的。霍耐特在《自由的权利》的一开始就宣称："在一些制约当代政治哲学最大的局限中，

---

① BOER K. Beyond Recognition? Critical Reflections on Honneth's Reading of Hegel's Philosophy of Right [J]. International Journal of Philosophical Studies, 2013, 21 (4): 534-558.

其中有一个局限就是它与社会分析的脱节，这使得哲学只能定位在纯粹规范性的原则之上。”① 也就是说，他的社会自由思想的构建，就是要克服当前政治哲学停留在理论结构的纯粹规范性研究原则上的局限，而要采取“社会分析”的理论建构方式。但是，我们发现，在通过其民主伦理思想的建构原则而形成的社会自由思想中，他提出的“社会分析”仅仅是对个人关系、市场经济活动和民主决策三个领域的相关方面进行社会概念的历史性回顾，是基于对其进行社会历史事件的理论分析和经验考察。尽管霍耐特站在历史的高度，对这些领域的分析是比较彻底的，同时使用社会学的研究方法，相关的论述也是非常丰富和翔实的。但是，社会现实是多方面的，涉及的社会自由领域更是多种多样的，而他仅凭这些分析在此意义上就宣称这是一种全面的、对社会自由机制领域的完整分析，显然具有以偏概全的嫌疑。

其次，霍耐特对当代社会发展进程的估测具有片面性。霍耐特的社会自由构想没有对整个世界的现状进行差异性的思考，而仅限于欧洲社会某种相同的社会环境，在这种具有同质性的社会环境中的政治生活、制度设计、经济发展程度和文化特质都处于相同水平的情况下，他的这种理论设想是可以成立或者能够实现的。但是，对于整个世界和当今的人类社会的发展来说，每个国家和民族都有其自身的特殊性，都有自己的发展方式和特殊道路，所以，在进行社会自由的构想时，就要考虑这种差异和特殊性。而且，霍耐特在开始也认为：“还有许多要做的，这是我现在回顾时必须要说的，比如对所有发展进程的估测，都还必须表述出民族的特殊道路的相异性，并且对当代社会所做的诊断也还肯定需要进一步深化。”② 但是，“比较遗憾的是，霍耐特透过社会分析的研究实验，如同早期的批判理论前辈一般，仅限于西方世界甚至德国而已。对于全球治理的民主化过程、国际恐怖分子的自杀工具与对自由现代社会的威胁，以及在后民主格局之中针对公共议题的讨论等，

① 霍耐特．自由的权利［M］．王旭，译．北京：社会科学文献出版社，2013：9.

② 霍耐特．自由的权利［M］．王旭，译．北京：社会科学文献出版社，2013：6.

其着墨甚少”①。所以，他只停留在对欧洲范围内的社会发展状况进行分析，并没有完全深入到当代各个社会发展的时代生命中去对于各个国家之间的差异性进行全面认识，也没有对目前世界发展过程中出现的一些新的社会现象进行综合考虑，他虽然在起初提出要把这些纳入他所要构建的视域之内，但在最后却并没有完全付诸实施。

三、对霍耐特社会自由的正确定位

霍耐特的社会自由理论是近 10 年提出的。当下，世界形势处在深刻变动的历史时期，经济全球化的深化将进一步推动世界经济一体化的进程，信息技术把世界经济和人类社会推进到一个新的发展阶段。在这一背景下，霍耐特以承认理论为基础，以欧洲社会民主自由的发展为线索，在时代的感知下，提出了社会自由的思想，这是社会现实的反映。正如他所指出的：“在苏联崩塌、西方世界围绕共产主义进行争论的当下，为阐明民主的规范基础做出各种努力已经成为时代风尚。”② 所以，社会自由思想作为 21 世纪初的产物，是在当今的社会环境、实践活动现实需要的前提下逐步提出并形成的，也是对全球化背景下资本主义现实状况的深刻思考。

因为，正是全球化动摇了民族国家的固有形象，使国与国之间的界限不再那么壁垒森严，形成了一种新的权力形式。吉登斯把全球化视为现代性的后果，他认为：“现代性以前所未有的方式，把我们抛离了所有类型的社会秩序的轨道，从而形成了其生活形态。在外延和内涵两方面，现代性卷入的变革比过往时代的绝大多数变迁特性都更加意义深远。在外延方面，它们确立了跨越全球的社会联系方式；在内涵方面，它们正在改变我们日常生活中

---

① 周明泉．书评：Axel Honneth，《自由的法权》［J］．哲学与文化，2016（4）：131-136.

② HONNETH A. Democracy as Reflexive Cooperation：John Dewey and the Theory of Democracy Today［J］. Political Theory，1998，26（6）：763.

最熟悉和最带个人色彩的领域。”① 在全球化的全面推进过程中，资本主义社会出现了新情况，这些新情况又引发了新的冲突和矛盾。首先，随着资本流转速度的加快和资本力量的持续增强，单一国家或地区对资本的约束能力、管理能力和规避风险的能力大大减弱；其次，各个国家在经济竞争中拓宽竞争机制，对文化、制度和科技等非经济因素方面逐渐给予极大关注，使得传统的以物质竞争为主的资本主义的社会结构被弱化，而且，对资源的拥有和开发程度不同，也使人们对资本主义社会发展有不公平的感受，从而各种各样的社会冲突和矛盾充斥着资本主义社会。这样，马克思主义所倡导的阶级斗争已经不能涵盖新的社会反抗的全部立场和道德诉求，更不能包含所有受压迫的社会群体的斗争形式。所以，多元的新的社会运动形式代替了传统的单一的工人运动。与这种趋势相应的是，人们对公平正义的要求大于对物质资料的原始主张。而且，即使人们的利益问题得到了公平的解决，但其有可能被排除在社会政治系统的承认之外。因为，在政治生活中，“一方面，妇女、少数族裔、同性恋者日益成为西方国家在全球竞争中首先遭受新的‘社会排斥’的边缘人群和弱势群体；另一方面，在当今西方和整个世界，人们提出了现代历史上最广泛的平等要求，出现了最多样的新形式的社会抗议运动：有色人种、女性、少数族群、生态主义者、农民等等，各种散落在边缘的社会力量的能量在尽情释放”②。所以，这样的一些人依然处于权利差异的不平等中，在霍耐特看来，他们尽管不再为经济上的或物质的分配而斗争，但是，却要为自身的政治权利和文化价值受到尊重而斗争。“不是消除不平等，而是避免羞辱或蔑视代表着规范目标；不是分配平等或物品平等，而是尊严或尊敬构成了核心范畴。”③ 这就说明了以自我尊重和被承认为核心的政

① 安东尼·吉登斯．现代性的后果［M］．田禾，译．南京：译林出版社，2000：4.

② 凯文·奥尔森．伤害+侮辱：争论中的再分配、承认和代表权［M］．高静宇，译．上海：上海人民出版社，2009：译者前言 5.

③ 霍耐特．承认与正义：多元正义理论纲要［J］．胡大平，陈良斌，译．学海，2009（3）：79-87.

治权利诉求是社会冲突的一个重要方面，其最终的目的是在被社会承认的基础上寻求政治生活中的一种社会自由状态。于是霍耐特在政治领域讨论了社会自由实现的机制性问题。而我们从霍耐特在政治领域对社会自由的阐述中可以看出，这条道路也是布满荆棘的。现实的社会政治状况与他的理论构想之间存在着很大的差距，从而使他对自己的探索道路不断进行反思，在反思之后，他又寄希望于另一种解决途径，到最终，他的社会自由思想的建构仍然没有在社会政治领域中找到具体实现方式，而只能寄希望于一种政治文化的前景展望，以致使他的社会自由呈现出一种缺憾。

不过，在批判之余我们必须要承认，虽然霍耐特背离了马克思的劳动范式，而且，他的社会自由理论还有种种问题，缺少实现社会自由的具体途径和实践路径等。但是，他对思想史的研究和对当代社会的分析，对我们有启示和借鉴意义，并且在对社会主义的态度上又再次接近马克思主义。霍耐特的社会自由理论确实为我们打开了一条通向自由的特殊途径，给我们呈现了实现这种社会自由的目标及其可能性和确定性。社会自由的理论目标，是霍耐特在他的整个理论框架和思想体系中所进行的，是一种对自由的当代形态的理论构想和原则性建构。这对于生活于不同的社会现实中的人们而言，霍耐特对社会自由的构想和论证，应该能成为一种内在的力量，让人们在追求和实现个人的真正自由的道路上，有了参考的方向和前进的目标。

第七章

社会主义自由理论的建构

霍耐特的自由思想立足于西方传统哲学的基础，又对马克思主义哲学进行了批判性吸收，尤其对社会主义理念进行了分析和借鉴。所以，他的自由理论游走于西方价值观和科学社会主义之间，有其科学合理之处，也有不恰当之处。其科学合理的思想，可以供我们参考和借鉴，但对不恰当的思想，我们要进行批判，在建构我国社会主义自由价值观时要避免类似的思想错误。而要建构社会主义自由价值观，我们还是要坚持马克思主义的自由观。

第一节　马克思主义自由观的价值取向与当代意义

马克思主义哲学从现实的人出发，它所关注的是人的对象世界，也关注这个世界同人的对象性关系。所以，马克思主义哲学总是指向人的现实活动。在马克思看来，人在现实世界中生活，却要为自己构建一个理想世界，让这个理想世界引导自己生活。人的活动就是要把自然世界改造成为适合于自己目的的理想世界，就是不断地制造这个世界的分裂，又不断地实现这个世界的统一。“人类活动论视野中的世界统一性，即因人类活动而分裂了的世界的统一性，在实质上归结为人类活动中的必然和自由的统一性。”① 人类拥有两个世界。一个是人活动于其中，与之进行物质能量交换，并受自然必然性约束的自然世界；另一个是人给自己构建的理想世界，而理想世界的本质或存在规律是扬弃自然必然性，实现自由。马克思认为，人的全部活动就是把自然世界改造成适合于自己目的的理想世界，其实质就是解决必然和自由的矛盾，并实现二者的统一。自由与必然的关系体现的就是理想与现实之间的关系。在对自由的追求中，马克思主义从求真、求善和求美三个维度来认识，认为人的自由就是真善美的统一。

一、人类自由的前提：求真

人类的活动和认识的发展过程是不断追求真理、不断扩大自由的过程。人要获得自由，就首先得认识世界的客观规律，进而追求真理。马克思用实践的观点超越了之前经验论和唯理论对真理的错误认识，并在实践基础上达到了两者的统一，说明人是在实践基础上获取和证实真理性的认识的。而真理就是主体在实践基础上获得的反映事物客观规律性、具有普遍可证实性的认识。真理具有客观性、普遍性和必然性的特征。检验真理的标准也是实践，因为只有实践才具有检验真理的优越性品格。认识是否具有真理性，指的是主观认识是否符合客观对象的问题。主观认识与客观对象分处两极，任何一极都无法证明两极之间的统一性问题，即无法证明主观认识是否正确反映了客观存在。而只有兼具主观性和客观性的实践作为中介，才能将这两极联结起来并加以判断。

对真理问题的探究受到各个时代科学家及哲学家的普遍关怀，其深层原因在于真理性认识对于人类社会发展和个人的生产、生活有着重要意义。马克思认为，人的存在是实践的存在，人的活动要受到外部世界客观规律性的

---

① 陈晏清，王南湜，李淑梅．马克思主义哲学高级教程［M］．天津：南开大学出版社，2012：8.

制约，实践活动要想成功，就必须把握和遵循客观事物的规律性。人对客观规律的把握就是对真理的追求，认识的真理性就是人类实践的合规律性的理论保障。一方面，人的真理性认识可以避免或克服任意性的意志，形成自由意志。“意志是主体根据自身需要做出的对事物现状的观念上的否定，体现了主体实践的目的性。但是，主体对事物现状的观念性否定中又需包含肯定，包含对事物客观必然性、规律性的自觉认识与遵从。只有建立在对事物客观必然性认识基础上的具有真理性的意志、目的才是自由的意志，才能引导实践合规律地进行。……如果主体的意志中不包含真理性认识，超出必然性所限定的可能性空间去‘任意’选择，那就是一种任性。”① 任性不是一种合乎真理的意志，因而就不是自由的意志。因为只有真理性的认识才能提供必然性的知识，才能给人以选择的自由度，因而才是真正自由的认识。另一方面，真理性的认识有助于扩展实践的范围。“主体认识对实践的相对独立性，使得认识的范围广于实践的范围。认识活动活跃在已知世界和未知世界的联结面上，它不断由已知世界向未知世界拓展，不断变未知世界为已知世界，显示出真理不断发展、不断由相对走向绝对的趋势。主体认识范围的扩大，又会促使主体不断扩大实践范围，把越来越多的自然物转化为实践对象。”② 人不会满足于已知的世界，需要不断地探索和扩大自己的认知范围，以提高自身的实践能力，满足人类不断增长的物质需要。所以，人类取得的每一次重大科学发现，都把自身的实践活动推向更广阔的范围，从而实现人类社会的不断的进步和发展。

二、人类活动的价值指向：求善

人的活动一方面是求真的，但又不止于追求真理，还有对善的向往。善

---

① 陈晏清，王南湜，李淑梅．马克思主义哲学高级教程［M］．天津：南开大学出版社，2012：361.

② 陈晏清，王南湜，李淑梅．马克思主义哲学高级教程［M］．天津：南开大学出版社，2012：363.

是一个古老的哲学范畴，中西方哲学对其都有研究和阐述，它一直与道德学说联系在一起。“求善是人的内在价值尺度的运用，是人类活动的价值指向。”① 古希腊时期，苏格拉底、柏拉图和亚里士多德对善都有研究，苏格拉底把追求善的普遍概念作为哲学的根本任务，他把知识和美德联系起来，提出“知识即美德”的著名命题，认为追求善就是探寻事物的真理。柏拉图把善和真区分开来，同时把善作为高于真的东西来对待，认为善是比真理和知识更重要的东西。而亚里士多德把善理解为对人的好处和人的活动的目的，从而把善等同于好，揭示善是人们一切行为所追求的目的。这三位哲学家对善的理解对近代哲学产生了深远的影响，为以研究知识论、真理论为主旨的近代哲学开辟了研究视域。休谟认为，真假属于人的认识领域，善恶属于内心的道德领域，前者讨论“是”与“不是”的问题，后者“没有一个命题不是由一个‘应该’或者一个‘不应该’联系起来的”②，即对“应该”的探讨。这样，休谟就把真和善区分开来，明确研究二者之间关系的问题。后来，卢梭也针对这一问题进行探讨，他认为，由知识把握的自然界属于必然性领域，而道德实践是由自由意志支配的领域，它是由人的意志在善恶之间进行自由选择的领域。而且，知识在道德领域是无能为力的，人们往往知道善却偏偏作恶。“真理虽使我能够确定我的主张，但不能保证我的行为，不能使我表里一致……有些人想拿理智来建立道德，这是不可能的”③。所以，在他看来，决定善恶的根据不在于人的理智，而在于如何对待公共利益和自己利益的关系。受休谟和卢梭的影响，康德将自然界和人的内心世界作为两个基本的研究领域，认为自然界属于必然性领域，是人的认识的研究范围，提出“人为自然界立法”的求真问题，人的内心属于人的自由王国，是道德研究的范围，要解决人为自己立法的求善问题。但是康德却把这两个领域割

① 陈晏清，王南湜，李淑梅．马克思主义哲学高级教程［M］．天津：南开大学出版社，2012：363.

② 休谟．人性论［M］．北京：商务印书馆，1980：509.

③ 卢梭．爱弥儿：下［M］．李平沤，译．北京：商务印书馆，1978：419.

裂开来，使整个哲学体系成为二元分立的体系。“他所理解的善依然仅仅是道德行为规范，他还不懂得合目的的物质实践在人类生活中的重要意义；而且他把善仅仅视为主观的‘应当’，把理想的现实推向不可企及的彼岸世界，还缺乏将主观理想付诸实践的信心和勇气。”① 黑格尔虽然批判康德对善理解的道德性，认为康德把善理解为在现实中无法实现的“应当”是软弱无力的，指出善不仅是应当，而且是实现善的行动。但是他理解的善仍然是一种精神性的劳动，是绝对理念发展中的一个环节，而不是真正的感性的物质实践活动。

马克思主义哲学认为，善的观念和善的行动是两个相互联系的环节，善的观念是人自己提出的需求，属于主观范畴，并不具有现实性。只有把这种主观意志付诸行动，通过实践活动，把人的尺度加入对象之中，使之满足人的价值需要，才是善的实现。所以，善是人把自身的价值尺度通过实践活动运用到对象，赋予对象以某种意义的活动，是人的活动的价值指向，对善的追求就是人类对理想的追求。人的活动是有目的的活动，也是有价值追求的活动，在对善的价值追求中，人类历史表现为由低级到高级的辩证运动过程。社会进步的同时也推动着人的发展，但是，在社会发展的低级阶段，人的发展是以牺牲劳动阶级的发展为代价的，新社会的建立总是会带来分娩的痛苦，马克思认为，这种痛苦又是未来快乐的源泉，“‘人’类的才能的这种发展，虽然在开始时要靠牺牲多数的个人，甚至牺牲整个阶级，但最终会克服这种对抗，而同每个个人的发展相一致”②。所以，社会的发展和人的发展是同一历史过程的两个方面，而社会进步的本质就是让历史向着人的需要的方向前进，是一个不断趋向于善的过程，离开人的价值追求谈社会发展是没有意义的。

---

① 陈晏清，王南湜，李淑梅．马克思主义哲学高级教程［M］．天津：南开大学出版社，2012：366.

② 马克思恩格斯全集：第26卷［M］．北京：人民出版社，1973：125.

三、人的个性的自由和完善：求美

人不仅认识世界、改造世界以获得对真和善的把握，而且人还要追求美，以实现更高层次的价值目标。对美的探究古已有之。在我国，汉代的许慎在《说文解字》中认为："美，甘也。从羊从大，羊在六畜，主给膳也。美与善同意。"后宋代有人提出"羊大为美"的看法，凸显了美的实用性，这一思想深刻地影响着中国传统文化的审美观。在西方思想史上，从古希腊的柏拉图、亚里士多德到近代的康德、黑格尔，从马克思、恩格斯到拉法格、卢卡奇，从现代哲学的海德格尔、卡西尔到德里达、福柯和罗蒂，无不对美的问题进行过哲学关注。同样，在中国哲学史上，从先秦的诸多思想家到近、现代的许多哲学大师，总是在对"天人合一""知行合一"的探索中追求真善美的统一。尽管中外的思想家认为美既与客观对象的自身属性有关，也与人的主观感受有关，但在对美的本质的把握上却没有形成统一的看法。不同时期、不同思想家对美的认识都不一样。柏拉图认为在具体的事物之外，先存在着"美的理念"，个别美是对"美的理念"的"分有"，所以，他把美的普遍观念理解为脱离具体的美的事物，把美引向了抽象。亚里士多德从个别事物所具有的"秩序""匀称"等感官形式理解美，发现了美与事物本身特有形式的密切联系。近代之后，思想家们形成了主观论和客观论两种对立的美学认识论。主观论认为，美因人而异，是人的一种特殊的主观感觉和体验，而不是事物本身的属性。如休谟认为，美只存在于观赏者的心里，而不是事物本身的属性。客观论则把美理解为事物本身所具有的客观属性，这种属性能引起人的愉快情绪。如狄德罗认为，美是事物的一种特定关系，不管是否有人欣赏，它都客观地存在着，不会增减。主观论虽然承认美的主观因素，但却夸大了美的相对性，容易陷入相对主义或怀疑论的困境，而客观论则忽视了人们对美的鉴赏的差别性，容易引向人们无差别的美感的认识。康德在《判断力批判》中提出了自己的美学观，把美理解为沟通必然与自由、主观与客观的中介，他认为审美判断既离不开事物的形象或形式，又离不开主体对事物特定形式的发现以及由此而引起的主体的欢愉情绪。

"在他看来，在主体把握事物时，事物的形式合乎主体感性与知性的认识能力，使感性与知性、想象力与理解力和谐地合作，就会使主体产生愉悦的、美的情感。"① 黑格尔所理解的美是与主体的能动创造相联系的，认为只有通过心灵创造出来的且表现心灵完满性的作品才是真正美的东西。他把行动或实践作为联系主观和客观的中介，通过实践主体把心灵中的想法外化为自我关照的对象。在这种对象中，主体可以认识到内在无限的"自由的心灵"。虽然黑格尔看到了人的实践活动与美的联系，但他所理解的实践是精神的或观念的创造活动，主体与客体在他那里都是绝对精神的外化。

马克思在批判地继承以往的美学思想，特别是黑格尔美学思想的基础上，揭示了美的本质。一方面，他肯定了美的客观性，认为美离不开事物所特有的美的属性，因为不是所有事物都能引起人们美的感受，只有具有美的属性的事物才能激发人的美的感受；另一方面，他认为美也离不开人的主观感受，如果没有审美需要和美的情感，那么客观事物的属性是无所谓美或不美的；并且，通过实践活动，马克思把事物的美的属性和人的审美情感与需要结合起来，使美由抽象变为具体，由理论变为实在。此外，在审美方面，马克思认为对美的感受与人的存在状态密不可分，他说："动物只是按照它所属的那个物种的尺度和需要来进行塑造，而人则懂得按照任何物种的尺度来进行生产，并且随时随地都能用内在固有的尺度来衡量对象。所以，人也按照美的规律来塑造。"② 可见，马克思克服了以往美学思想脱离人的实践去探索美的本质的缺陷，揭示了要在实践活动和审美活动的相互关系中把握美的本质。马克思主要是从劳动的角度去理解实践的，他说"劳动创造了美"③，劳动作为人类最基本的实践活动，"既是由生存的必然性这种外在尺度、外在目的的规定要做的活动，又是人按照自由的审美态度这种内在的尺

① 陈晏清，王南湜，李淑梅．马克思主义哲学高级教程［M］．天津：南开大学出版社，2012：375.

② 马克思恩格斯文集：第1卷［M］．北京：人民出版社，2009：163.

③ 马克思恩格斯全集：第42卷［M］．北京：人民出版社，1973：93.

度、内在目的相统一的活动”①。人通过使用工具对自然的改造，实现了人生存发展的需要，这就使人摆脱了动物式的本能心理，形成人所特有的审美心境。审美活动能够陶冶人的情操，提高人的鉴赏能力，让人运用美的情感进行创造，逐渐产生审美的艺术活动，从而获得精神上的满足和享受，这也进一步说明美或者审美与实践活动密不可分。同时，美的情感是人追求自我发展、自我完善的情感，有利于人的个性的自由发展和人格的完善。

总之，人认识世界的求真活动、改造世界的求善活动和鉴赏世界的求美活动，其本质目的都是克服人类生活所面临的必然与自由的矛盾，使人获得自由。求真可以消除人对事物的盲目无知，获得理智上的自由；求善是人把意志体现到对象上，以获得行动上的自由；求美是人把自己的本质力量对象化，在对象中自我关照、自我欣赏，以获得情感上的自由。对真、善、美的追求，既是人类掌握客体世界的三种独立方式，又内在地统一于人类的活动之中，构成人类活动的总体。“在当今世界，人们的社会活动日益普遍化、各种基本活动样态的关系日益复杂化、社会活动效应日益整体化，从而造成了整个生活的日益一体化、社会进步的日益全面化。在这样的历史条件下，追求真善美的统一对于人的自由的意义至关重要，可以说，在现时代，人的自由只有通过达成这种统一才能真正确立。”②

第二节　中国特色社会主义自由价值观的价值诉求

自由是人类不懈的价值追求，也是当今世界意识形态斗争的焦点话题之一。当前，人类社会正处于百年未有之大变局，我们要用马克思主义自由观

① 陈晏清，王南湜，李淑梅．马克思主义哲学高级教程［M］．天津：南开大学出版社，2012：379.

② 陈晏清，王南湜，李淑梅．马克思主义哲学高级教程［M］．天津：南开大学出版社，2012：391.

和中华传统文化资源构建社会主义自由价值观。所以，社会主义自由价值观应该是对马克思主义自由观和对中华优秀传统文化的继承和发展，以从根本上超越西方自由价值观。尽管西方哲学对自由的研究和讨论持久且深入，并形成了关于自由理论的各种派别和认识，但是在中国社会，由于长期以来受到一定时代和观念的限制，对自由的研究和讨论并未受到足够的重视，甚至有些时期讳谈自由，这就形成了西方自由主义对我们自由观的话语霸权和我们对西方自由观的崇拜。“不可否认，改革开放以来，呈现出了相当多的旨在批判自由主义以彰显马克思主义自由观的唯物性、实践性、科学性的论著，然而仍未能有效地解除自由主义的思想魔咒。”① 但是，中国特色社会主义进入新时代，在大力推进民族复兴伟大事业和努力实现中华民族伟大复兴中国梦的今天，我们应该对比资本主义每况愈下的发展状况，以过去几十年来发展建设取得的辉煌成就为基础，重新审视自由价值，以马克思主义自由理论为指导，全面理解社会主义自由价值观，研究和构建有中国特色的自由价值观，让自由价值成为我国社会主义发展的精神动力。

党的十八大报告把“自由”与“平等、公正、法治”共同作为社会主义核心价值观社会层面的要求写入党纲，这是对自由价值的高度重视。我国社会主义自由价值观，一方面植根于中国传统文化，体现出中国传统文化的深厚意蕴，另一方面承接了马克思主义自由观的基本精神，是我国现阶段基本国情的客观反映，既高度体现了对人类文明发展成果和社会价值理想的积极承接，又高度弘扬了共产主义理想，是社会发展现实目标与理想目标的有机统一。因此，全面理解社会主义自由价值观的科学内涵，有助于对中国传统文化的传承，也有助于坚定共产主义社会理想，更有助于对中国特色社会主义核心价值观的全面理解和深刻把握。

---

① 谌林．两种自由的定义：社会主义核心价值观的自由和自由主义的自由的根本区别［J］．哲学研究，2015（4）：3-11，128.

一、社会主义自由价值的结构

自由问题是马克思主义全部理论的核心问题和最高命题，尽管马克思没有给自由以确切的定义，但马克思诸多相关思想中都贯穿着对自由的论述。马克思主义认为，自由是对必然的认识和对世界的改造，是合规律性和合目的性的统一，是将现实的个人的理想与实践融为一体的辩证统一的活动过程。构建我国社会主义自由价值观，就要以马克思主义自由观为基础，并将其作为社会主义的本质规定和最高理想。

我们知道，包括霍耐特在内的诸多思想家先后对自由进行过各种研究和阐述，从而使自由理论的内涵和外延极为丰富，所以，作为人类共同价值的自由，必然是由各种自由思想构成的有机整体，而不是个别人在某些领域、某个层次的价值追求。虽然自由在不同时代和不同社会总是具有千变万化的内容和形式，但这些内容本质上都是彼此联系、不断继承与发展，并最终统一于一个整体之中的。马克思早就有了关于自由的整体认识："自由的每一种形式都制约着另一种形式，正像身体的这一部分制约着另一部分一样。只要某一种自由成了问题，那么，整个自由都成问题。"① 所以，自由在本质上具有完整的结构和普世的价值，是古往今来人们普遍追求的一种理想生存状态。但是，长期以来，人们割裂了这种整体性，历史上大多数自由主义者认为一种自由应该比另一种自由更加重要或更高级，因而只讲其中的一种自由或自由的一个方面，甚至把自己的自由观强加于其他社会或民族之上，从而出现了各种各样的社会问题，如霍耐特的社会自由所表现出的缺陷那样，过分强调自由的政治道德诉求，而低估了生产力因素对自由的基础性作用。所以，社会主义自由价值观应该是一个整体，这种整体性主要体现在，它由经济自由、政治自由、文化自由有机构成。

（一）政治自由

亚里士多德说："人是政治动物。"政治活动是人在社会中的基本活动，

---

① 马克思恩格斯全集：第1卷［M］．北京：人民出版社，1995：201.

因此，政治自由也是人的基本价值追求。近代以来的政治哲学谈论最多的就是自由问题。从霍布斯、洛克、卢梭、休谟到康德、黑格尔，他们都对自由问题进行了研究并提出了自己的见解。政治自由的核心就是对人的政治权利的讨论，因而产生了我们前面提到的“消极自由”“积极自由”以及二者关系之争。马克思也从政治权利角度对政治自由进行肯定，他认为“自由是可以做和可以从事任何不损害他人的事情的权利。每个人能够不损害他人而进行活动的界限是由法律规定的，正像两块田地之间的界限是由界桩确定的一样”①。相比较之前的自由观，马克思是以唯物史观为基础去阐释权利问题，提出“权利决不能超出社会的经济结构以及由经济结构所制约的社会的文化发展”②，因为，根据历史唯物主义，经济基础决定上层建筑，以权利为核心的政治自由离不开经济基础的支撑。所以，马克思超越了消极自由和积极自由的抽象认识，从现实的社会关系入手谈论政治自由，把权利视为生活在一定社会条件之下的现实的人所共同享有的具体权利。

社会主义的自由观，其在政治方面最核心的内容也是个人权利，而且是个体最基本的政治权利。它也受社会主义经济基础的决定，是生活在一定社会条件之下的现实的人所共同享有的具体权利，这一权利是在法律规范下各种自由的有机联系。当代中国政治生活领域的自由价值，就是公民的政治参与自由，它既包括公民在形式上拥有的政治权利，还包括政治实践中的自由自主，并在这些政治实践中实现其自我发展和自我价值。这与霍耐特的社会自由中强调的民主的公众性相似，强调公民的政治自由，更鼓励公民主动关心政治、参与政治。

（二）经济自由

社会主义市场经济以产品的交换为基本形式，它是阐释经济自由的基本条件，马克思认为：“流通中发展起来的交换价值过程，不但尊重自由和平

① 马克思恩格斯文集：第1卷［M］. 北京：人民出版社，2009：40.

② 马克思恩格斯文集：第3卷［M］. 北京：人民出版社，2009：435.

等，而且自由和平等是它的产物，它是自由和平等的实现基础。”① 在市场经济中，经济自由是指个人可以在市场上进行各种经济活动的自由，这种自由不光是资本主义社会的个人自由。也同样是社会主义市场经济的个人自由，如罗尔斯所言：“尽管市场经济在某种意义上是最佳体系，这一观点是由所谓资产阶级经济学家仔细考察得出的，但自由市场与资产阶级的这种联系实属一种历史的偶然，因为至少从理论上说，一个社会主义政权自身也能利用这种体系的优点。”② 社会主义自由价值中的经济自由，其出发点和落脚点都是每一个经济主体，他要保障人的利益，追求人的全面发展。个人作为劳动者，享有劳动和获取劳动报酬的自由，以保障其获得最基本的生存权利；作为市场主体，享有市场交易和竞争的自由，以保证其有发展的自由和权利。今天我们深化经济体制改革，坚持公有制经济的主体地位，也鼓励各种非公有制经济积极发展，同时让市场在资源配置中起决定性作用，这正是对经济自由的制度保障。不过，霍耐特在谈论市场关系时，偏离了市场基本的交换自由，将重点放在了对市场中的道德性质的强调上，形成一种片面的认知。

（三）文化自由

按照《2004 年人类发展报告》的定义，文化自由是人们按照自己的愿望并有机会从自己拥有或者可能拥有的各种可选方案中做出抉择的能力之核心，指的是允许人们有选择自己身份的自由，并且享受他们认为有价值的生活，而不被剥夺其他重要的机会（如教育、医疗或工作机会）。③ 因为，作为社会性的存在，“人类的发展不仅需要健康、教育、体面的生活水平甚至政治自由，人类的发展还需要国家对文化的认同和推崇，人类必须有在不受

① 马克思恩格斯全集：第 31 卷［M］. 北京：人民出版社，1998：362.

② 罗尔斯 . 正义论［M］. 何怀宏，何包钢，廖申白，译 . 北京：中国社会科学出版社，1988：272.

③ 联合国开发计划署 . 2004 年人类发展报告［R］. 北京：中国财政经济出版社，2005：6.

歧视的情况下发表文化认同的自由”①。所以，文化自由对人的发展也至关重要。社会主义自由价值的构建自然也离不开文化自由。文化具有多元性，各民族文化各具特色，形成了丰富多彩的华夏文明，文化自由就是要体现文化的包容性，承认文化多样性，肯定每种文化存在的合理性并尊重其价值。当然，文化自由不光是巩固和传承已有的文化，而且还要随着时代的变化和与各种文化之间的交流不断丰富、创新文化内容和形式，形成与时俱进的具有时代特色的文化。所以，文化自由不是固守一种一成不变的文化习俗，也不是机械地捍卫传统或复兴传统，而是形成文化自觉。文化自觉要求我们一方面对自己的文化要有明晰的了解，对自身文化以及文化身份产生认同感和归属感，同时对其他民族的文化及其传统保持尊重和宽容；另一方面，我们还要站在整个人类文明发展的高度，对自己国家和民族文化在世界文明史中的地位和价值有正確认识，在全球化的交流、交融、交锋中能够正确地处理自身文化与其他文化的关系。从而使中国文化能够不断传承、创新和发展，并屹立于世界文化之林。

对个体而言，文化自由赋予每个公民对其文化身份的自我认同和自由表达，自由地选择自己的生活方式，而不受歧视和排斥，自由地发展自己，成为自己想要成为的人。当然，这种文化自由，需要高水平的个体文化认知，要在认知上脱离低级趣味，遵纪守法，遵循社会的公序良俗，做合格公民。此外，文化自由的构建更需要国家和社会的多元文化政策，使人们的行为有最基本的制度保障。

二、社会主义自由观的价值诉求

社会主义自由观在价值诉求上应是目的性自由与工具性自由的统一，也是权利、责任与义务的统一。

---

① 联合国开发计划署. 2004 年人类发展报告［R］. 北京：中国财政经济出版社，2005：5.

（一）社会主义自由是目的性自由与工具性自由的统一

马克思在谈到自由时强调，人的自由的本质就是人作为类本质而存在，而劳动就是人的类本质的根本体现，劳动自由就是自由的基础，在《1844 年经济学哲学手稿》中，马克思说："一个种的整体特性、种的类特性就在于生命活动的性质，而自由的有意识的活动恰恰就是人的类特性。"① 作为人的本质规定的劳动自由，就是人创造价值和财富的自由，其表现为工具性和目的性的统一。在资本主义社会，由于生产资料归资本家所有，工人一无所有，只有自己的劳动力可供支配。这时劳动自由仅仅体现为出卖自己劳动力的自由，这是在剥削制度下工人别无选择的一种工具性自由，而不是目的性自由，也不是劳动这一生命活动本身体现出的自由。真正的自由是合目的性与工具性统一的自由。自由的目的性是人们把自由作为一种价值目标去追求，如劳动从本质上来说，是人追求自由价值的一种基本手段，通过劳动创造财富，而实现自己的自由目标。

社会主义自由观是对马克思主义自由观的继承与发展，首先体现为人们把自由作为一种福祉和目标。其终极目标是实现每个人自由而全面的发展。从当前我们发展的阶段性现实来说，就是要实现个人基本的生存自由和发展自由而免于被侵犯。首先，基本的生存保障是自由的前提，我国社会主义建设从一开始就致力于保障公民最基本的生存自由，从生命健康权到受教育权。改革开放的伟大成就首先就体现为对个人自由价值的尊重和提升，我们通过发展经济、制度改革等各种形式不断提升人们的生存自由和生活质量，使每个公民都感受到作为社会主义一员的自由和权利。其次，在保证基本生存自由的基础上，我国社会主义建设致力于对每个公民个人能力的提升，从而保障人的发展自由。当人的生存需要得到解决之后，人就要发展自己，为社会创造价值。我们通过各种形式的教育和培训，不断提高全民族的教育文化水平，为每个人的发展创造基本条件，并提倡各尽其才、各尽所能，鼓励

① 马克思恩格斯文集：第 1 卷［M］. 北京：人民出版社，2009：16.

创新的人才观，争取使每个人都能在社会中发挥自己的能力，成为社会主义的建设者，让个人在劳动中实现自己的价值，在创造、创新中为社会贡献智慧和力量，从而实现每个人的发展自由。最后，实现平等基础上的自由。社会主义建设不光要体现个体自由目标的实现，更要体现社会平等的价值观。社会主义自由观，要体现全体人民的自由目标，这是一种广泛的平等的自由观。如果不解决自由权利的平等性问题，就不可能实现真正的自由。马克思与恩格斯揭露了资本主义社会标榜的自由，其实质是资产阶级为代表的少数人的自由，是以牺牲广大工人阶级的自由权利为基础的自由，因而是不平等的自由。即使是今天的资本主义，依然存在种族歧视、性别歧视、民族歧视、贫富差异和阶级阶层等各种不公正现象。而我国社会主义的发展，不断致力于全体人民共享发展的成果，实现共同富裕，提倡整个社会协调发展，从整体上把握社会发展，让全社会从整体上进步，让全民共享发展机会和发展成果。几十年的发展，已经极大地提高了全民族的物质生活水平，也促进了全社会精神文化的发展，为人们更高层次自由目标的实现奠定了坚实的基础。

（二）社会主义自由是权利、责任与义务的统一

现代社会生活的自由体现为一种权利，是人们在社会道德和法律规范允许的范围内，能够按照自己的意愿自由行事的权利，如马克思所言："自由是可以做和可以从事任何不损害他人的活动的权利。每个人能够不损害他人而进行活动的界限是由法律规定的，正像两块田地之间的界限是由界桩确定的一样。"① 在现实社会生活中，一些人行使自由权利会超出权利的界限从而侵犯他人利益或自由的情况，即把自己的自由理解为伯林所说的"消极自由"。这就需要对这种行为进行规范，因为，作为社会政治权利，自由不是绝对的、抽象的，而是具体的、现实的，是有边界约束的。

在资本主义社会，尽管许多哲学家、思想家讨论自由问题，但是他们都

① 马克思恩格斯文集：第1卷［M］．北京：人民出版社，2009：40.

是站在资产阶级的立场上理解自由的，因而自由被烙上阶级的烙印，自由就成为资产阶级的特权，他们在社会中占据生产资料和统治地位，从而享有社会财富和种种特权。而无产阶级的贫困处境被认为是他自己行为或出身的产物，而且整个社会也默认了这种阶级差别，大多数理论家都将个人的不幸遭遇归于个人责任，很少有人认为社会应该对这种阶级不公和大规模贫困承担责任。托克维尔将下层阶级的贫困生活归咎于他们“一切无节制的行为”以及“他们的毫无远见”。边沁则把穷人比作“野蛮人”，认为穷人的贫困不是“法律运行带来的结果”，而是“没有成功超越自然状态”的结果。20世纪以后，新自由主义逐渐强调自由与责任的关系问题，将责任视为自由的基本原则之一。如哈耶克认为，自由与责任密不可分，“自由不仅意味着个人拥有选择的机会并承受选择的重负，而且还意味着他必须承担其行动的后果，接受对其行动的赞扬或谴责”①。责任虽然被引入自由的范畴，而且新兴的思想家在理论上看到了责任对自由的规范作用，知道了自由与责任的对等性，但是，在现实中，理论并不代表实践，在标榜西方最“自由”的国家和社会中，资产阶级政府的责任和个人的责任也并没有与他们享有的自由对等起来。

相比之下，我国社会主义的自由观，在明确规定了每个人自由权利的同时也规定了每个人应尽的责任和义务。这些责任和义务就是自由权利的界限，它要求人们在享有权利、享受自由的同时必须明确自由的界限、履行自己的责任和义务。只有确定个人的权利、责任和义务等的边界，才能够保证个人在行使自身自由权利的同时不损害他人的利益和自由，才有利于建立和谐稳定的社会关系，减少社会矛盾，进而有效地保证每个人自由的充分实现。

（三）社会主义自由是个人自由与社会发展的统一

马克思主义认为，人的自由发展不只具有个体的意义，而且具有社会的

① 哈耶克．自由秩序原理：上［M］．邓正来，译．北京：生活·读书·新知三联书店，1997：83.

意义。在《共产党宣言》中，马克思和恩格斯明确指出："代替那存在着阶级和阶级对立的资产阶级旧社会的，将是这样一个联合体，在那里，每个人的自由发展是一切人的自由发展的条件。"① 实现每个人的自由发展，必须使一切人得到自由发展。个人自由发展的充分实现，是以社会的发展为前提的。因为只有在社会共同体中，个人才能获得全面发展其才能的各种条件。但是，并不是所有的社会都能给个人发展提供条件，只有真正的共同体才能有助于实现个人自由。在马克思所批判的资本主义那种以代表普遍利益为幌子的"虚假共同体"中，个人往往是被剥削和被统治的对象，那么，这种共同体就是与个人相对立的异己的存在。资本主义商品经济的发展，一方面形成了普遍的社会物质交换和全面的社会关系，促进了资本主义社会的发展，另一方面又将更多的劳动者置于资本的控制之下，个人的发展日益片面化和畸形化，最终失去个性发展的自由。而在真实的共同体中，由于消除了阶级对立，个人与共同体之间的异化对立也被消除，"一方面，在这样的联合体中，每个人不是特定阶级的成员，而是作为社会的个人，每个人都是平等的、自由的；另一方面，实现个人自由发展的各种条件被置于全社会的控制之下，每个人都可以在联合体内获得完全发展其才能的手段，从而实现自由"②。我国社会主义建设和发展就是全面的发展、全民的发展，在充分吸收人类历史上伟大文明成就的同时也在不断探求新的发展道路与发展方式，不断推进社会的全面进步与个体自由的充分实现。

个人自由的实现离不开社会的发展，社会发展所提供的各种条件是个人成长和发展的基础，但我们也不能因此而否认个人能动性和主体的选择性。对社会现实状况的认识、对各种条件的利用、对个人成长发展的自觉性的发挥以及个人的努力程度都影响着一个人的自身发展和自由的实现。所以，我们在促进社会发展的同时还要对个体进行思想教育和培养，激发个人的进取

---

① 马克思恩格斯选集：第1卷［M］. 北京：人民出版社，1995：294.

② 袁贵仁，杨耕. 马克思主义哲学基础理论研究［M］. 北京：北京师范大学出版社，2013：340.

精神、培养其创造精神、加强其集体观念，为个体自由而全面的发展做好准备。

第三节　社会主义自由观的实践路径

自由不是人们头脑中抽象的想象，也不是停留在书本上的理论教条，自由是具体的、历史的，是需要人们在实践中能够实现的。社会主义自由观的实践，是一个整体性的过程，它涉及整个社会发展的各个方面，自由的实现，既要通过经济领域的实质性发展，在生产力提升的基础上实现社会财富的增长，为人们美好生活的实现创造物质条件，也要通过全面深化改革，破除一切阻碍个人自由发展的束缚，还要通过积极培育社会主义核心价值观，进而促进人的个性全面发展。此外，在全球化发展的新时代，自由价值的实践，还要积极吸收其他民族和国家优秀的自由观念，并且加强社会主义自由观的对外传播，建立具有中国特色的话语体系，打破西方自由主义的话语垄断和意识形态霸权。

一、促进经济发展，为自由的实现提供坚实的经济基础

自由的实现首先需要充分的物质前提，社会主义自由价值观的实现需要经济基础的支持。我们要通过对内改革，推动经济发展方式转变，促进经济结构的调整和优化，提高生产力水平，为社会主义自由价值观的实现提供坚实的经济基础。因为，生产力是社会发展的最终决定力量，它直接决定着人类自由的发展水平。只有社会生产力不断发展，物质文明水平才能不断提高，人民的物质生活才能不断改善，从而才能为人的自由全面发展提供经济保障。当人的基本需要不能得到满足的时候，全面发展和自由都是不可能实现的。正如马克思所说："人们每次都不是在他们关于人的理想所决定和所

容许的范围之内，而是在现有的生产力所决定和所容许的范围之内取得自由的。"① 所以，生产力的发展情况决定着人的自由的实现状况。另外，生产力的发展离不开生产关系的协调发展。因为，人是社会关系的产物，人不能生活在社会之外，社会关系的合理与否，直接决定着人的需要的满足程度和人的能力的发挥状况。因此，我们还需要在发展生产力的同时加强生产关系的建设，使整个社会在生产中通过生产关系的普遍发展形成丰富、全面的社会关系，从而为人的全面发展奠定基础。

中国特色社会主义虽然已经进入新时代，但是我们还仍然处于社会主义初级阶段，还要以市场经济作为资源配置的手段。社会主义市场经济与资本主义市场经济的根本区别，在于它不是以压榨工人获得剩余价值和以资本增值为目的的，而是体现为对劳动者主体地位的保障。这就需要我们在经济建设过程中，继续深化经济体制改革，推动我国市场经济体制不断完善，持续地解放和发展生产力，充分满足人民群众的物质需求，特别要维护广大劳动者基本的就业权利，保障人民群众的劳动自由，合理调节收入分配，缩小贫富差距，为自由的实现奠定坚实的物质基础。另外，我们还要进一步提高对外开放的水平，实行更加积极主动和切实有效的开放战略，形成全面的开放格局，与世界更多国家和地区建立贸易关系，以形成广泛的社会物质交换，为最终实现人类的自由而全面的发展奠定物质基础、筑牢经济支撑。

二、加强政治建设，确保人民的政治主体地位

马克思认为，政治解放为实现人类解放准备了政治基础和必要条件，民主政治的运作会扩大和加深个人的自由，他说："政治解放当然是一大进步，尽管它不是一般人类解放的最后形式，但在迄今为止的世界制度的范围内，它是人类解放的最后形式。"② 对我们来说，要实现社会主义自由价值观，就

① 马克思恩格斯全集：第 3 卷 [M]. 北京：人民出版社，1960：507.
② 马克思恩格斯文集：第 3 卷 [M]. 北京：人民出版社，2009：32.

要加强政治建设。

第一，要坚持中国特色社会主义道路，这是实现社会主义自由价值观的基础和前提。只有坚持中国特色社会主义道路，才能保障人民的自由和权利，才能实现社会主义的公平和正义。因为，中国特色社会主义道路是中国共产党对现阶段纲领的概括，是中国人民的历史选择，是实现中国梦的必由之路。中国特色社会主义道路，就是在中国共产党领导下，立足基本国情，以经济建设为中心，坚持四项基本原则，坚持改革开放，解放和发展社会生产力，建设社会主义市场经济，发展社会主义民主政治和社会主义先进文化，促进社会主义和谐社会和社会主义生态文明建设，体现人的全面发展，逐步实现全体人民共同富裕，建设富强、民主、文明、和谐、美丽的社会主义现代化强国，实现中华民族伟大复兴。我们必须历史地看待坚持中国特色社会主义道路对实现中国梦的重大意义，明确实现中国梦必须坚持中国特色社会主义道路，理直气壮地反对改革开放中出现的或“左”或右两种错误思潮，坚定走中国特色社会主义道路的决心和信心。中国特色社会主义道路，是党和人民百年奋斗、创造、积累的根本成就，是引领中国进步、增进人民福祉、实现民族复兴的康庄大道，也是实现社会主义自由价值的必由之路。

第二，坚持人民主体地位，这是实现社会主义自由价值观的根本要求。“江山就是人民，人民就是江山”。只有坚持人民主体地位，才能保障人民的权利和尊严，才能实现人民的自由。社会主义自由价值观的实现，需要人民自主选择、自主行动，需要人民在政治、经济、文化等各个领域发挥主体作用。只有坚持人民主体地位，才能充分激发人民的积极性、主动性和创造性，实现社会主义自由价值观。具体来说，坚持人民主体地位，有助于保障人民的权利和利益，促进社会公平正义，推动经济社会发展；有助于加强民主制度建设，保障人民的基本权利和自由；有助于促进社会和谐稳定，增强人民的安全感和幸福感。这就要提高就业质量和人民收入水平。就业是最大的民生，要坚持就业优先战略和积极就业政策，实现更高质量就业和更充分就业。构建和谐的劳动关系，完善收入分配制度，促进收入分配更合理、更有序。与此同时，要加强社会保障体系建设，建成覆盖全民、城乡统筹、权责清晰、保障适度、可持续的多层次社会保障体系，使劳动者在就业、生活、医疗、居住等方面有全方位的保障，确保劳动者的主体地位。坚持人民主体地位，是实现社会主义自由价值观的根本要求，也是中国特色社会主义事业不断发展的必然要求。

第三，加强社会主义法治建设，这是实现社会主义自由价值观的重要保障。只有加强社会主义法治建设，才能保障人民的权利和自由，才能维护社会稳定和公平正义，让人民群众有更多的获得感和幸福感，为社会主义自由价值观的实现提供更加广泛的社会基础。

总之，我国社会主义民主是维护人民根本利益的最广泛、最真实、最管用的民主。加强民主政治建设，发展社会主义民主政治就是要体现人民意志、保障人民权益、激发人民创造活力，用制度体系保证人民当家作主。在发展中国特色社会主义的过程中，必须继续积极稳妥地推进政治体制改革，不断地发展更加广泛、充分的人民民主，切实保障人民的主体地位和政治参与自由。

三、加强文化建设，坚定文化自信，为自由的实现做好文化准备

文化是一个国家、一个民族的灵魂。马克思认为，文化是自由实现的一个必要条件，因为“文化上的每一个进步都是人类向自由迈进一步”①。因此，社会主义自由价值观的实现需要社会文化的支撑。先进科学的文化，可以指引人们朝正确的方向迈进以及破除各种错误思想。在文化建设过程中，要深化文化体制改革，推动文化事业的繁荣发展，促进文化产业的创新发展，为社会主义自由价值观的实现提供更加丰富的文化资源。首先，要牢固掌握意识形态工作领导权，推进马克思主义中国化、时代化、大众化，建设具有强大凝聚力和引领力的社会主义意识形态，使全体人民在理想信念、价

① 马克思恩格斯选集：第3卷［M］. 北京：人民出版社，1995：456.

值理念、道德观念上紧紧团结在一起。加强思想道德建设，提高全社会文明程度，广泛开展理想信念教育，深化中国特色和中国梦宣传教育，弘扬民族精神和时代精神，加强爱国主义、集体主义、社会主义教育，引导人们树立正确的历史观、民族观、国家观、文化观，旗帜鲜明反对和抵制各种错误观点，弘扬科学精神，抵制腐朽落后文化的侵蚀。

同时，要推进社会主义核心价值观建设，这是实现社会主义自由价值观的重要内容。只有推进社会主义核心价值观建设，才能凝聚人心、汇聚力量，才能保障人民的自由和权利。社会主义核心价值观是社会主义核心价值体系的内核，体现社会主义核心价值体系的根本性质和基本特征，反映社会主义核心价值体系的丰富内涵和实践要求，是社会主义核心价值体系的高度凝练和集中表达。首先，社会主义核心价值观是社会主义自由价值观的基础。社会主义核心价值观是社会主义意识形态的本质体现，是社会主义制度在价值层面的集中体现。只有坚持社会主义核心价值观，才能确保社会主义事业的正确方向，为社会主义自由价值观的实现提供根本保障。其次，社会主义核心价值观为社会主义自由价值观提供价值标准和价值导向。社会主义核心价值观倡导的自由、平等、公正、法治理念，是社会主义自由价值观的核心内容，为社会主义自由价值观提供了明确的指向和标准。最后，社会主义核心价值观建设是社会主义自由价值观的实践要求。社会主义核心价值观不仅具有理论意义，更具有实践意义。它为社会主义自由价值观的实现提供了具体的实践路径和行动指南。因此，推进社会主义核心价值观建设，是实现社会主义自由价值观的重要内容，是推动社会主义事业健康发展的重要保障。

最后，要批判地继承传统文化和西方文化的合理因子，以建设民族的、科学的、大众的社会主义文化，突出社会主义核心价值体系和中华民族共有的精神家园建设，推进文化创新，着力提升国家的文化软实力，不断促进人们获得思想文化自由。

四、实现社会交往的普遍发展，为个体的自由发展提供全面的社会关系

亚里士多德认为，“人天生是政治动物”，是社会关系的产物，人的自由发展离不开广泛的社会交往。“一个人的发展取决于和它直接或间接进行交往的其他一切人的发展。”① 人自由而全面的发展，必然包含着社会交往的普遍性。“扩大社会交往，自觉参与社会交往，这是人丰富自己的社会关系，扩展自己的发展舞台的重要途径，也是加强相互学习、相互交流，进而完善自己、发展自己的有效方式。”② 尤其在今天经济全球化的条件下，要促进人的自由而全面的发展，必须加强社会交往的普遍发展。马克思将人的发展过程概括为三个阶段。第一阶段是人的依赖关系占统治地位的阶段，在这一阶段，人没有独立性，直接依附于社会共同体。在其中，“无论个人还是社会，都不能想象会有自由而充分的发展，因为这样的发展是同（在个人和社会之间的）原始关系相矛盾的”③。这种社会关系形成的是统治和隶属的关系。第二阶段是以物的依赖性为基础的人的独立性阶段。这一阶段，人们虽然摆脱了人身依附关系，具有个体的相对独立性，但是由于商品经济的发展，人们形成了普遍的商品交换关系，从而人们的一切活动都要通过“物”的中介来表征，人的发展就受到物的影响和支配，马克思称其为“异化”状态。当然，这一阶段具有社会历史性，它在产生个人同自身和他人异化关系的同时，“也产生出个人关系和个人能力的普遍性和全面性”④，这为人的进一步发展创造了一定的物质条件。所以，这个阶段也是一个过渡阶段，必将被更高级的新的社会阶段所代替。第三个社会阶段就是“自由个性”发展阶段，马克思说这个阶段就是以“建立在个人全面发展和他们个体的社会生产能力成为他们的社会财富这一基础上的自由个性”⑤ 为特征的阶段。它与未来生

---

① 马克思恩格斯全集：第3卷［M］. 北京：人民出版社，1960：515.

② 袁贵仁，杨耕. 马克思主义哲学基础理论研究［M］. 北京：北京师范大学出版社，2013：349.

③ 马克思恩格斯全集：第46卷上［M］. 北京：人民出版社，1979：485.

④ 马克思恩格斯全集：第46卷上［M］. 北京：人民出版社，1979：109.

⑤ 马克思恩格斯全集：第46卷上［M］. 北京：人民出版社，1979：104.

产力高度发达的共产主义社会相适应。在这一阶段，社会关系已经消除了异化现象，不再支配人，人们将在公有制的基础上进行自主生产和自由交换，从而建立起丰富而全面的社会关系，并在其中获得自由而全面的发展，成为具有自由个性的人。

总之，个体的人的发展状况是同社会发展相适应的，随着社会的进步和生产力的提高，人类社会分别经过三个发展阶段，而个体也在社会变迁中不断形成新的社会关系，由不自由状态逐渐进入自由而全面发展的理想阶段。当然，阶级社会由于阶级的对立性，人的真正自由是没法实现的，“真正自觉地把人的全面发展作为追求的目标和行动的纲领，还是从社会主义开始的”①。我国社会主义发展正是以实现每个人的自由而全面的发展为目标的。

五、积极培育社会主义自由价值观

社会主义自由价值观的实践，还要求从内在认知上积极培育公民自由价值观念。经济、政治、文化和社会关系的完善是社会主义自由价值观实现的外在条件，在此基础上，我们还要从内在培育积极的自由价值观，不但要将社会主义自由价值观念融入国民教育全过程，而且要发挥中华优秀传统文化的涵养作用，为自由价值注入民族魂魄，使其深入人心，成为每个人自觉的价值追求。

首先，将社会主义自由价值观融入国民教育全过程。百年大计，教育为本，要使社会主义自由价值观得到广泛的认知和实践，必须通过学校教育进行科学的教育和引导。通过对课程、教材科学合理的设计，将共产主义理想信念教育、爱国主义教育、社会主义自由价值教育等具体内容渗透到大、中、小各种学校，体现在学生学习生活的各方面，以共产主义引领学生对自

① 袁贵仁，杨耕．马克思主义哲学基础理论研究［M］．北京：北京师范大学出版社，2013：350.

由价值的追求。大力开展爱国主义教育，爱国主义是中华各族人民共同的精神支撑，是引领中国人民团结奋斗的一面旗帜，是我国社会历史前进发展的巨大推动力。通过学习和教育，促进学生对集体利益和个人利益及其关系有正确的认知。同时，开展自由价值教育，培育学生独立的个体品格和自由的个性。马克思提出社会发展的三阶段学说，他认为第三阶段就是自由个性发展阶段，是建立在个人全面发展和他们共同的社会生产能力成为他们的社会财富这一基础上的自由个性阶段。而这一阶段，不是自动实现的，它必须通过教育不断促进人的个性的自由发展。社会主义自由价值观教育，其实质是一种自由教育，它通过一定的知识传递，使学生获得对自由价值的充分认知，要让他们在现实生活过程中领悟自由的真谛，慢慢形成自由价值，形成自主的人格品质和独立思考的能力。同时，鼓励学生对自由价值的进一步思考，提升其价值判断能力和价值选择能力，逐渐引导个体走向成熟和独立，成为个性和才能全面发展的自由人。

其次，以中华优秀传统文化涵养社会主义自由价值观。如前所述，我们知道对自由的定义多达几百个，其原因是每个时代、每个国家和民族、每个阶级和阶层对自由的理解都不一样。所以，我们发展和践行社会主义自由价值观，也必须立足于我们的文化传统，同中华优秀传统文化相结合，从中获得深厚的价值涵养和理论资源。党的二十大报告指出："中华优秀传统文化源远流长、博大精深，是中华文明的智慧结晶，其中蕴含的天下为公、民为邦本、为政以德、革故鼎新、任人唯贤、天人合一、自强不息、厚德载物、讲信修睦、亲仁善邻等，是中国人民在长期生活中积累的宇宙观、天下观、社会观、道德观的重要体现，同科学社会主义价值观主张具有高度契合性。"① 中华优秀传统文化具有丰富的思想和深厚的人文根底，蕴含着古代中国对自由的精神追求，它必然成为涵养社会主义自由价值观的重要源泉。所以，我们要大力挖掘和弘扬传统文化中自由思想的优秀成分，建立完善的思

① 习近平．习近平著作选读：第1卷［M］．北京：人民出版社，2023：15.

想价值体系，使之符合本民族人们的思维认知，并成为社会主义自由价值观的重要内容。此外，我们必须对传统优秀文化进行创造性转化和创新性发展，使传统文化与时代精神相融合，既要尊重历史，也要立足发展，使之与时俱进，更加切合新时代人们的精神需求和思维习惯。习近平强调："对历史文化特别是先人传承下来的价值理念和道德规范，要坚持古为今用、推陈出新，有鉴别地加以对待，有扬弃地予以继承，努力用中华民族创造的一切精神财富来以文化人、以文育人。"① 中华传统文化中的自由观念，其内容包含宽容、节制、正义、责任等精神品格，今天我们就要在新的历史条件下不断为这些内容注入新的时代特色，赋予其中国特色社会主义的新内涵，并通过中华优秀传统文化教育，增强人们对中华优秀传统文化的认知认同和自信自觉。

最后，形成社会主义自由价值观的现代传播体系。今天，在信息技术和网络传播日益普遍化的时代，我们构建社会主义自由价值观就应该形成现代化的传播体系。具体来说，要充分利用广播电视、网络媒体、社交平台等各种传播渠道，广泛宣传社会主义自由价值观，加强对社会主义自由价值观的阐释和解读，确保其能够正确、客观地传播同时，鼓励社会各界更多的人参与到社会主义自由价值观的传播中来。而且，要建立一套完整的传播效果评估体系，对社会主义自由价值观的传播效果进行评估，加强对自由价值观的引导，防止出现极端化、片面化的理解。只有这样，才能更好地宣传和践行社会主义自由价值观，推动社会主义自由价值观深入人心。

---

① 习近平．把培育和弘扬社会主义核心价值观作为凝魂聚气强基固本的基础工程[N]．人民日报，2014-02-26.

结　语

自由作为哲学中一个重要而永恒的话题，从古至今，人们对它的研究与讨论从未停步。同样，追求自由是人类的最高理想和生活的内在价值动因，自由作为每个人追求的理想生活状态，在不同的历史时期受到不同的关注。如果说哲学是时代精神的精华，那么，自由就是哲学精神的精华。一切体现时代精神的哲学思想与文化，都最终要落脚到对人类自由问题的沉思与探索中。当今世界正处于全球化的变迁时代，当代中国正经历着现代化的历史转型，而在资本主义与社会主义两种制度的竞争中，人的生存、发展与自由都体现出了时代的特点，既要作别于以往的生活方式与态度，又面临着新的彷徨与迷茫。时代发展的脚步与人类社会面临的基本问题的交织产生的机遇与挑战催生了人们对自由的呼唤与沉思。所以，对自由问题的探索，既是哲学的传统，也是我们这个时代的主题。

霍耐特以主体间的相互承认理论为基础，通过对自由的历史的研究，从现实社会实践入手，分析当今时代的人们在追求自由的过程中遇到的种种问题。霍耐特将社会自由作为实现正义的一个机制，这是对马克思主义的自由思想的一种创新和推进，也是对法兰克福学派批判理论的一种充实。霍耐特的自由理论是对黑格尔思想的重新阐释，其社会自由的主题将黑格尔的思想推进了一步，而且所关注的问题也更为集中，即利用主体间的相互承认这个工具，批判了传统的自由思想，论证了社会自由的理论。这一点表明社会自由思想是霍耐特自觉地介入当代哲学主题的结果。

今天，中国特色社会主义已经进入新时代，全面建成小康社会以及实现中华民族伟大复兴的必然要求给我们提出了新的时代课题。自由是社会主义核心价值观的一个重要方面，也是社会主义社会所追求的一个重要理想目标。这就要求我们站在当下中国发展的新形势下，带着对美好生活的期盼，探讨自由的内涵及其实现途径，对自由进行新的全面的认识。而霍耐特的社会自由理论对我们来说无疑具有重要的借鉴意义。因为，他对自由的认识深刻而全面，能够深入自由史中，去分析自由的发展历程及其对各个时期社会发展的影响。同时他也揭示了不同社会人们争取自由的方式及其结果，最重要的是他对当代西方资本主义世界中社会自由在各个领域的表现研究得细致入微，这些为我们研究中国社会中的自由问题开阔了视野，提供了研究思路。而且，霍耐特对社会自由的探索方式，体现出了马克思的历史唯物主义的实践特色。因此，研究霍耐特的社会自由思想，不仅有利于我们把握当代社会批判理论的发展动向，也有利于拓展我们对马克思历史唯物主义的认识视域，从新的角度理解马克思的自由观。另外，霍耐特本人对中国的发展也异常关注，他说："这个有着令人难忘的五千年历史的民族，今天又正走在成为一个世界强国的道路上。在这个国家智慧、经济和社会的觉醒时刻，而我却能够希望自己的思想在这个肥沃的土壤中扎根生长，仅仅是这种希望就必然会使每个作者都激动，并陷入紧张的期待中。使我感到高兴的另一个更重要的原因是，我自己的感觉告诉我，我的这部书确实能在中国当代的现代化进程中为政治和道德的自我启蒙做一些贡献。"①

随着全面建成小康社会的建成，我国人民对自由的新的要求必将强烈地凸显出来。如何能够在国家富强民主的基础上，使全社会的每一个个体体验到社会自由，又能够避免重演西方现代化过程中社会自由发展的困境，从而真正实现人的解放，这是我们目前面临的一个重大的时代课题。尽管我们有

---

① 霍耐特．自由的权利［M］．王旭，译．北京：社会科学文献出版社，2013：中文版前言．

五千年的悠久历史以及独特的民族传统，同时，社会制度和现实国情都决定了中国道路的独特性，但是，全球化的发展，使得任何一个国家在世界格局中都不能独善其身，所以，西方世界所经历的现代性和后现代性的社会发展过程以及人们对这种社会发展本质的深入反思，应当值得我们在思考中国社会发展及人们对自由的追求时认真对待。霍耐特的社会自由理论对现代性发展问题进行了理性反思和时代诊断，尤其是对现代人追求自由的过程进行了全面剖析。所以，他的社会自由理论为我们践行社会主义核心价值观的自由精神提供了一定的启示。

霍耐特面对西方的资本主义现状和中国的社会主义的发展事实，他很客观地认识到两种社会的差异性，也发现了二者所面临的共同问题。霍耐特从对消极自由和积极自由的分析与比较开始，以批判的眼光审视了当前资本主义社会中人们对这两种自由发挥的现实状况，发现了种种社会病理现象。他所描述的这些状况，在当下的中国社会中也是难免的。同时他对这些社会病理的诊断也是一针见血的，直接找到了这些社会问题的症结所在。霍耐特对社会自由的分析以对前面两种自由的批判为依据和起点，从历史与现实、个人与社会的关系入手，在个人生活、市场经济、民主政治这三个重要领域中去研究社会自由理论构建的时代状况。所以，我们在分析社会现状、构建社会主义自由价值理论时，也应该借鉴他的方法，深入社会生活实际，善于发现各种社会问题，更要对这些问题进行缜密的分析，才能客观全面地判断我们社会的时代特征，为社会主义自由价值观的建构提供可靠的理论依据。自由价值观建设的核心是人的存在与发展，马克思主义的辩证唯物主义和历史唯物主义就是在为人的生存和发展寻找哲学依据，而马克思和恩格斯他们毕生都在为全世界最广大人民的自由与解放寻找出路，以共产主义的实现为目标，为人的自由而全面的发展提供理想依归。今天，现代化的进程不断加快，整个世界都在感受发展带来的日新月异的变化，当我们沉浸在个人物质欲望的满足中时，许多人忘却了马克思当年的追求及其对我们的忠告。萨特责备一些马克思主义者早就把人丢掉、抛弃或消融了，认为这些马克思主义者缺乏对人的研究，特别是缺乏对个人的研究，以至于“马克思主义今天是一个无人地带”①。因为，萨特看到，我们有时候仅仅把马克思主义视为“宏大叙事”，而忽略了马克思主义视野中的关于“人”的丰富思想的观点，他以其特殊的方式揭示了现代社会发展过程中人的存在样式问题以及由人的发展所凸现出来的社会自由与正义问题。人的自由与社会的发展是密不可分的。人的自由发展也有赖于人与人之间的平等承认。而霍耐特以主体间的相互承认为基础的社会自由理论，其实质就是对现代社会中人的生存和发展的理想状态的一种生动阐述。他以主体间性做出的时代诊断，契合了现代社会多元化和异质化的现实需要，这也正是我们的社会发展所需要借鉴的一种优势理论。

自由是社会发展的基本价值原则，而社会自由与个体自由的发展是互为条件和相互补充的。平等、公正和法制等其他价值观的实现亦在于自由的实现。在中国特色社会主义新时代的大背景下，自由社会的建设有赖于社会中每一个主体的努力。首先，要求每一个主体要有一种对自由意识的自觉，个体的自由意识是其对社会和制度进行认同和肯定的基础，同时，个体自由意识的提升有赖于社会能提供一种关于社会成员的权利与义务关系的正当的制度性安排。其次，自由是为建立、维护、扩展主体良好的社会关系和相互承认的社会机制提供一种价值保障。所有公民的自由权利要求与相应的社会公共文化精神互惠承认与和谐共处，一个自由的社会就是要能够保证个人自由地表达自己合理的利益诉求，同时能够有权利对这种社会制度进行监督和问责。这样，个体的自由就能在社会中得到充分的实现。所以，对自由的追求应当是现代性社会公民的一种新型的社会精神与人格特质。而一个自由的社会就是要确保公民的这种人格特质的充分展现。

当然，如霍耐特所言，要想在现代各自由领域之间建立机制性的平衡关系是相当艰难的，并且在实现自由的过程中，这种复杂关系随时都有失去平

---

① 资产阶级哲学资料选辑：第1辑［M］. 上海：上海人民出版社，1964：10.

衡的危险。但是，我们可以借鉴他的社会自由理论，以此来比较我们在社会现代化进程中为个体的自由和解放所做过的努力，以便清晰地观察我们如今的社会主义自由价值观的构建所处的阶段和位置，并反思我们自己的现代化进程中，哪些形式的自由机制还需要我们继续努力去建构。

参考文献

一、中文文献

（一）著作类

［1］阿多尔诺．否定的辩证法［M］．张峰，译．重庆：重庆出版社，1993.

［2］阿克顿．自由与权力［M］．侯建，等，译．南京：译林出版社，2014.

［3］阿利森．康德的自由理论［M］．陈虎平，译．沈阳：辽宁教育出版社，2001.

［4］阿梅龙，狄安涅．法兰克福学派在中国［M］．刘森林，主编．北京：社会科学文献出版社，2011.

［5］安东尼·吉登斯．现代性的后果［M］．田禾，译．南京：译林出版社，2000.

［6］柏拉图．柏拉图全集：第1卷［M］．王晓朝，译．北京：人民出版社，2015.

［7］柏拉图．法律篇［M］．张智仁，何勤华，译．上海：上海人民出版社，2001.

［8］保罗·利科．承认的过程［M］．汪堂家，李之喆，译．北京：中国

人民大学出版社，2011.

[9] 伯恩斯坦．社会政治理论的重构 [M]. 黄瑞祺，译．南京：译林出版社，2008.

[10] 达巍，王琛，宋念申．消极自由有什么错 [M]. 北京：文化艺术出版社，2001.

[11] 迪特·亨利希．在康德与黑格尔之间：德国观念论讲座 [M]. 乐小军，译．北京：商务印书馆，2013.

[12] 费希特．费希特著作选集：第2卷 [M]. 北京：商务印书馆，1994.

[13] 弗洛姆．逃避自由 [M]. 刘林海，译．上海：上海译文出版社，2015.

[14] 高兆明．黑格尔《法哲学原理》导读 [M]. 北京：商务印书馆，2014.

[15] 贡斯当．古代人的自由与现代人的自由 [M]. 阎克文，刘满贵，译．上海：上海人民出版社，2003.

[16] 贡斯当．论社会制度与政治 [M]. 石磊，译．北京：中国商业出版社，2016.

[17] 顾肃．自由主义基本理念 [M]. 北京：中央编译出版社，2005.

[18] 哈贝马斯．包容他者 [M]. 曹卫东，译．上海：上海人民出版社，2002.

[19] 哈贝马斯．交往行动理论 [M]. 洪佩郁，蔺菁，译．重庆：重庆出版社，1994.

[20] 哈贝马斯．认识与兴趣 [M]. 郭官义，李黎，译．上海：学林出版社，1999.

[21] 哈贝马斯．现代性的哲学话语 [M]. 曹卫东，译．南京：译林出版社，2004.

[22] 哈贝马斯．作为“意识形态”的技术与科学 [M]. 李黎，郭官

义，译．上海：学林出版社，1999.

[23] 哈耶克．自由秩序原理［M］．邓正来，译．北京：生活·读书·新知三联书店，1997.

[24] 黑格尔．法哲学原理［M］．范扬，张启泰，译．北京：商务印书馆，2014.

[25] 黑格尔．黑格尔政治著作选［M］．薛华，译．北京：中国法制出版社，2008.

[26] 黑格尔．精神现象学［M］．贺麟，王玖兴，译．北京：商务印书馆，1979.

[27] 黑格尔．哲学史讲演录：第3卷［M］．北京：商务印书馆，1996.

[28] 霍布斯．利维坦［M］．黎思复，黎廷弼，译．北京：商务印书馆，1985.

[29] 霍克海默，阿多诺．启蒙辩证法［M］．曹卫东，译．上海：上海世纪出版集团，2006.

[30] 霍耐特．不确定性之痛［M］．王晓升，译．上海：华东师范大学出版社，2016.

[31] 霍耐特．承认：一部欧洲观念史［M］．刘心舟，译．上海：华东师范大学出版社，2021.

[32] 霍耐特．分裂的社会世界：社会哲学文集［M］．王晓升，译．北京：社会科学文献出版社，2011.

[33] 霍耐特．理性的病理学［M］．谢永康，金翱，译．上海：上海人民出版社，2022.

[34] 霍耐特．权力的批判［M］．童建挺，译．上海：上海人民出版社，2012.

[35] 霍耐特．时代的活体解剖［M］．梁乐睿，译．上海：上海人民出版社，2023.

[36] 霍耐特．为承认而斗争［M］．胡继华，译．上海：上海世纪出版

集团，2005.

[37] 霍耐特．我们中的我：承认理论研究 [M]．张曦，译．南京：译林出版社，2022.

[38] 霍耐特．再分配还是承认?：一个政治哲学对话 [M]．周穗明，译．上海：上海人民出版社，2009.

[39] 霍耐特．自由的权利 [M]．王旭，译．北京：社会科学文献出版社，2013.

[40] 卡西尔．人论 [M]．甘阳，译．上海：上海译文出版社，1985.

[41] 凯文·奥尔森．伤害+侮辱：争论中的再分配、承认和代表权 [M]．高静宇，译．上海：上海人民出版社，2009.

[42] 康德．康德著作全集：第 5 卷 [M]．李秋零，译．北京：中国人民大学出版社，2013.

[43] 康德．康德著作全集：第 4 卷 [M]．李秋零，译．北京：中国人民大学出版社，2013.

[44] 康德．康德著作全集：第 3 卷 [M]．李秋零，译．北京：中国人民大学出版社，2013.

[45] 卢卡奇，本泽勒．关于社会存在的本体论：下 [M]．白锡堃，张西平，李秋零，等，译．重庆：重庆出版社，1993.

[46] 卢梭．爱弥儿 [M]．李平沤，译．北京：商务印书馆，1978.

[47] 卢梭．论人类不平等的起源和基础 [M]．李常山，译．北京：商务印书馆，1996.

[48] 卢梭．社会契约论 [M]．李平沤，译．北京：商务印书馆，2011.

[49] 洛克．政府论：下 [M]．叶启芳，瞿菊农，译．北京：商务印书馆，1964.

[50] 马尔库塞．单向度的人：发达工业社会意识形态研究 [M]．刘继，译．上海：上海译文出版社，1989.

[51] 马尔库塞．理性和革命：黑格尔和社会理论的兴起 [M]．程志民，

等，译．上海：上海人民出版社，2007.

[52] 马克思恩格斯文集：第1卷［M］. 北京：人民出版社，2009.

[53] 马克思恩格斯选集：第3卷［M］. 北京：人民出版社，1995.

[54] 马克思恩格斯选集：第4卷［M］. 北京：人民出版社，1995.

[55] 马克思恩格斯选集：第2卷［M］. 北京：人民出版社，1995.

[56] 马克思恩格斯选集：第1卷［M］. 北京：人民出版社，1995.

[57] 马克思．1844年经济学哲学手稿［M］. 刘丕坤，译．北京：人民出版社，1979.

[58] 马克思．资本论：第1卷［M］. 北京：人民出版社，2004.

[59] 诺齐克．无政府、国家与乌托邦［M］. 北京：中国社会科学出版社，1991.

[60] 萨特．存在与虚无［M］. 上海：上海三联书店，1987.

[61] 萨特．存在主义是一种人道主义［M］. 周煦良，汤永宽，译．上海：上海译文出版社，1988.

[62] 石元康．当代自由主义理论［M］. 台北：经联出版事业公司，1995.

[63] 涂尔干．职业伦理与公民道德［M］. 渠东，付德根，译．上海：上海人民出版社，2001.

[64] 托克维尔．论美国的民主：下卷［M］. 董果良，译．北京：商务印书馆，1988.

[65] 王凤才．承认·正义·伦理：实践哲学语境中的霍耐特政治伦理学［M］. 上海：上海人民出版社，2017.

[66] 王凤才．从公共自由到民主伦理［M］. 北京：人民出版社，2011.

[67] 王凤才．蔑视与反抗［M］. 重庆：重庆出版社，2008.

[68] 王凤才．批判与重建：法兰克福学派文明论［M］. 北京：社会科学文献出版社，2004.

[69] 王晓升．为个性自由而斗争［M］. 北京：社会科学文献出版

社，2009.

［70］韦尔默．后形而上学现代性［M］．应奇，罗亚玲，编译．上海：上海译文出版社，2007.

［71］伍德．黑格尔的伦理思想［M］．黄涛，译．北京：知识产权出版社，2016.

［72］西塞罗．老年·友谊·义务：西塞罗文集［M］．高地，张峰，译．上海：上海三联书店，1989.

［73］习近平．习近平著作选读：第1卷［M］．北京：人民出版社，2023.

［74］修昔底德．伯罗奔尼撒战争史［M］．谢德风，译．北京：商务印书馆，1960.

［75］薛鹏．强权与公理的较量：弗朗兹·纽曼思想初探［M］．石家庄：河北人民出版社，2014.

［76］亚里士多德．尼各马可伦理学［M］．廖申白，译．北京：商务印书馆，2004.

［77］亚里士多德．政治学［M］．颜一，秦典华，译．北京：中国人民大学出版社，2003.

［78］应奇．从自由主义到后自由主义［M］．北京：生活·读书·新知三联书店，2003.

［79］袁贵仁，杨耕．马克思主义哲学基础理论研究［M］．北京：北京师范大学出版社，2013.

［80］约翰·罗尔斯．正义论［M］．何怀宏，何包钢，廖申白，译．北京：中国社会科学出版社，2009.

［81］约翰·罗尔斯．政治自由主义：批评与辩护［M］．万俊人，等，译．广州：广东人民出版社，2003.

［82］约翰·密尔．论自由［M］．程崇华，译．北京：商务印书馆，1959.

［83］赵仲英．近代西欧必然与自由学说史［M］．昆明：云南大学出版

社，2006.

[84] 资产阶级哲学资料选辑：第 1 辑［M］. 上海：上海人民出版社，1964.

[85] J. B. 伯里. 思想自由史［M］. 周颖如，译. 北京：商务印书馆，2012.

（二）论文类

[1] 陈良斌. 承认、制度与心理：皮平教授访谈录［J］. 马克思主义与现实，2017（6）.

[2] 陈良斌. 后传统背景下的共同体重建：兼论霍耐特承认政治学的理论意蕴与现实意义［J］. 学海，2009（3）.

[3] 陈良斌. 霍耐特的自由观及其批判［J］. 马克思主义与现实，2015（5）.

[4] 邓晓芒. 康德和黑格尔的自由观比较［J］. 社会科学战线，2005（3）.

[5] 邓晓芒. 什么是自由？［J］. 哲学研究，2012（7）.

[6] 贺翠香. 论霍耐特的社会自由概念及其正义论构思［J］. 哲学研究，2016（4）.

[7] 贺来. "相互承认"与"人类团结"社会批判规范基础的范式转换［J］. 社会科学战线，2006（3）.

[8] 黑格尔. 论自然法［J］. 程志民，译. 哲学研究，1997（3）.

[9] 霍耐特. 承认的哲学：一种社会批判：阿克塞尔·霍耐特访谈［J］. 胡云峰，译. 世界哲学，2012（5）.

[10] 霍耐特. 承认与正义：多元正义理论纲要［J］. 胡大平，陈良斌，译. 学海，2009（3）.

[11] 霍耐特. 从为承认而斗争到多元正义构想：阿克塞尔·霍耐特访谈［J］. 马克，谢静，译. 当代国外马克思主义评论，2009（12）.

[12] 霍耐特. 交往理性的不和谐音：维尔默与批判理路［J］. 谢永康，

译．马克思主义哲学研究，2016（1）．

[13] 霍耐特．理性的社会病理学：论批判理论的思想遗产 [J]．侯振武，译．谢永康，校．天津社会科学，2016（4）．

[14] 霍耐特．伦理的规范性：黑格尔学说作为康德伦理学的替代性选择 [J]．王凤才，译．学习与探索，2014（9）．

[15] 霍耐特．完整性与蔑视：基于承认理论的道德概念原则 [J]．赵琰，译．世界哲学，2011（3）．

[16] 霍耐特．作为社会分析的正义理论：《自由的权利：民主伦理大纲》导论 [J]．王晓升，译．学习与探索，2013（8）．

[17] 李和佳，高兆明．社会批判理论的范式演进：从福柯、哈贝马斯到霍耐特 [J]．哲学研究，2008（5）．

[18] 凌海衡．走向承认斗争的批判理论：法兰克福学派第三代领导人阿克塞尔·霍内特理论解析 [J]．国外理论动态，2004（5）．

[19] M. 马奈利．康德、黑格尔和马克思的自由概念 [J]．敬石，译．哲学译丛，1981（3）．

[20] 亓同惠．法权的缘起与归宿：承认语境中的费希特与黑格尔 [J]．清华法学，2011，5（6）．

[21] 让·菲利普·德兰．作为一种唯物主义方案的承认伦理学 [J]．余永林，译．当代国外马克思主义评论，2007（11）．

[22] A. 瓦里斯基．论马克思的自由概念 [J]．顾伟铭，译．哲学译丛，1983（1）．

[23] 汪行福．批判理论与劳动解放：对哈贝马斯与霍耐特的一个反思 [J]．马克思主义与现实，2009（4）．

[24] 王才勇．承认还是再分配?：从霍耐特到弗雷泽 [J]．马克思主义与现实，2009（4）．

[25] 王才勇．从哈贝马斯到霍耐特：批判理论的现代转型 [J]．毛泽东邓小平理论研究，2009（5）．

[26] 王凤才．从语言理论到承认理论：霍耐特对哈贝马斯交往理论的反思与重构 [J]．山东大学学报（哲学社会科学版），2007（3）．

[27] 王凤才．霍耐特承认理论思想渊源探析 [J]．哲学动态，2006（4）．

[28] 王凤才．平等对待与道德关怀：霍耐特的政治伦理学构想 [J]．马克思主义与现实，2009（4）．

[29] 王凤才．"社会病理学"：霍耐特视阈中的社会哲学 [J]．中国社会科学，2010（5）．

[30] 王凤才．"为承认而斗争"：霍耐特对黑格尔承认学说的重构 [J]．马克思主义与现实，2010（3）．

[31] 王凤才．作为社会分析的正义论：霍耐特对《法哲学原理》的诠释与重构 [J]．复旦学报（社会科学版），2016，58（6）．

[32] 王冠群，师泽生．自由理论研究现状述评 [J]．华中师范大学学报（人文社会科学版），2010，49（2）．

[33] 王南湜．马克思的自由观及其当代意义 [J]．现代哲学，2004（2）．

[34] 王晓升．"自由的权利"还是"自由的法"：关于霍耐特"Das Recht der Freiheit"一书的译名问题 [J]．哲学动态，2014（12）．

[35] 谢永康．自由观念：从康德、黑格尔到马克思 [J]．学海，2009（6）．

[36] 薛鹏．霍耐特思想的前奏：纽曼之自由观 [J]．现代哲学，2016（2）．

[37] 阎孟伟．个人主义、个人自由与自由秩序：简评哈耶克自由理论与马克思自由理论的原则区别 [J]．新视野，2009（4）．

[38] 杨·亨特．马克思与黑格尔的自由论 [J]．杨贤勇，译．现代哲学，2005（1）．

[39] 张新国．真实的自由如何可能：霍耐特自由观及其意义 [J]．道

德与文明，2015（1）.

［40］张元立．西方马克思主义的阶级定义及“中间阶级”问题［J］．天津师范大学学报（社会科学版），1999（3）.

［41］赵汀阳．关于自由的一种存在论观点［J］．世界哲学，2004（6）.

［42］周明泉．书评：Axel Honneth，《自由的法权》［J］．台北：哲学与文化，2016（4）.

［43］周穗明．N. 弗雷泽和 A. 霍耐特关于承认理论的争论：对近十余年来西方批判理论第三代的一场政治哲学论战的评析［J］．世界哲学，2009（2）.

（三）报纸类

［1］丁三东．欧盟实践的困境与康德思想［N］．中国社会科学报，2016-10-18.

［2］习近平．把培育和弘扬社会主义核心价值观作为凝魂聚气强基固本的基础工程［N］．人民日报，2014-02-26.

（四）报告类

［1］联合国开发计划署．2004 年人类发展报告［R］．北京：中国财政经济出版社，2005.

二、英文文献

（一）著作类

［1］HONNETH A. The Critique of Power：Reflective Stages in a Critical Social Theory［M］. BAYNES K，Trans. Cambridge，Massachusetts：The MIT Press，1985.

［2］HONNETH A. The Fragmented World of the Social：Essays in Social and Political Philosophy Edited by Charles W Wright. Albany［M］. New York：State

University New York Press, 1995.

[3] HONNETH A. Disrespect: The Normative Foundations of Critical Theory [M]. Cambridge: Polity Press, 2007.

[4] HONNETH A, FRASE N. Redistribution or Recognition?: A Political-Philosophical Exchange [M]. GOLB J, INGRAM J, WILKE C, Trans. London, New York: Verso, 2003.

[5] HONNETH A. Disrespect: The Normative Foundations of Critical Theory [M]. Cambridge: Polity Press, 2007.

[6] CIAVATTA D V. Spirit, the Family, and the Unconscious in Hegel's Philosophy [M]. New York: State University of New York Press, 2009.

[7] PIPPIN R B. Interanimations: Receiving Modern German Philosophy [M]. Chicago: The University of Chicago Press, 2015.

（二）期刊类

[1] ALLEN J. Decency and the Struggle for Recognition [J]. Social Theory and Practice, 1998, 24 (3) .

[2] KALYVAS A. Critical Theory at the Crossroads: Comments on Axel Honneth's Theory of Recognition [J]. European Journal of Social Theory, 1999 (1) .

[3] LAITINEN A. Jean Philippe Deranty, Beyond Communication. A Critical Study of Axel Honneth's Social Philosophy. Critical and Social Theory. A Critical Horizons Book Series [J]. Journal of Moral Philosophy, 2015, 12.

[4] HONNETH A. A Physiognomy of the Capitalist Form of Life: A Sketch of Adorno's Social Theory [J]. Constellations, 2005, 12 (1) .

[5] HONNETH A. Democracy as Reflexive Cooperation: John Dewey and the Theory of Democracy Today [J]. Political Theory, 1998, 26 (6) .

[6] HONNETH A. Recognition and Justice Outline of a Plural Theory of Justice [J]. Acta Sociological, 2004, 47 (4) .

[7] BOER K. Beyond Recognition? Critical Reflections on Honneth's Reading of Hegel's Philosophy of Right [J]. International Journal of Philosophical Studies, 2013, 21 (4).

[8] BOHMAN J. Beyond Distributive Justice and Struggles for Recognition [J]. European Journal of Political Theory, 2007, 6 (3).

[9] ZURN C E. Anthropology and Normativity: a Critique of Axel Honneth's "Formal Conception of Ethical Life" [J]. Philosophy and Social Criticism, 2000, 7 (1).

[10] ZURN C E. Identity or Status? Struggles over "Recognition" in Fraser, Honneth, and Taylor [J]. Constellations, 2003, 10 (4).

[11] ZURN C E. Recognition, Redistribution, and Democracy: Dilemmas of Honneth's Critical Social Theory [J]. European Journal of Philosophy, 2005 (1).

[12] ARENTSHORST H. Towards a Reconstructive Approach in Political Philosophy: Rosanvall and Honneth on the Pathologies of Today's Democracy [J]. Thesis Eleven, 2016, 134 (1).

[13] IKAHEIMO H. On the Genus and Species of Recognition [J]. Inquiry, 2001 (45).

[14] STRAZZERI I. Critical Theory Between Tradition and Innovation: Axel Honneth and the New Paradigm of Recognition [J]. Sociology Study, 2011, 1 (3).

[15] DERANTY J P. The Loss of Nature in Axel Honneth's Social Philosophy: Rereading Mead with Merleau Ponty [J]. Critical Horizons, 2005, 1 (6).

[16] RRNDELL J. Imaginary Turns in Critical Theory [J]. Critical Horizons, 2001, 2.

[17] HARTMANN M, HONNETH A. Paradoxes of Capitalism [J]. Constellations, 2006, 13 (1).

[18] FRASER N. Rethinking Recognition: Overcoming Displacement and Reification in Cultural Politics [J]. New Left Review, 2000 (3) .

[19] LYSAKER O. Institutional Agonism: Axel Honneth's Radical Democracy [J]. Critical Horizons, 2017, 18 (1) .

[20] CLAASSEN R. Social Freedom and the Demands of Justice: A Study of Honneth's Recht Der Freiheit [J]. Constellations, 2014, 21 (1) .

[21] CELIKATES R. The Working Sovereign: A Conversation with Axel Honneth [J]. Journal of Classical Sociology, 2023, 23 (3) .

致 谢

本书系陕西省社会科学基金项目“霍耐特社会自由理论向马克思主义的回归及其启示研究（2021A028）”的结项成果，是在我博士论文《霍耐特社会自由理论研究》的基础上修改完善而成的。研究霍耐特的思想，缘于八年前考博复试后导师谢永康教授与我的第一次交流，谢老师让我在入校前先了解一下法兰克福学派，尤其是霍耐特的一些著作，以此作为学习西方马克思主义的准备。于是，我先从《自由的权利》开始，慢慢地走进了霍耐特的理论世界，逐渐地与其思想结下了不解之缘。读博三年，我几乎每天都在霍耐特思想的“关照下”慢慢进步。其间，有初识其思想时的迷茫与困顿，有不懂时的痛苦与焦虑，也有柳暗花明的喜悦与收获。霍耐特延续了法兰克福学派的学术传统，以社会批判理论为指导，以主体间性的承认理论为核心，广泛研究了当今资本主义社会中的种种社会现象，对诸多的社会问题与发展困境做出了独特的解释，同时也提供了自己的解决方案。而其中，他的社会自由理论吸引了我，霍耐特对自由的认识，游刃于古典与现代、传统与未来之间，尤其是他的思想中随处可见的对黑格尔思想的真知灼见和对现代社会自由状况的入微体察，彰显了他哲学思想的厚重，也表征了他对社会发展的担当。自由作为人类社会与生俱来的一种价值追求，也是现代哲学中一个重要的理论命题，研究霍耐特的社会自由理论，让我体会到人类社会追求自由步伐的曲折艰辛，更让我认识到自由价值的博大精深。这对我们思考和建构我国社会主义自由价值观有很好的启发作用。

我对霍耐特社会自由理论的研究，融入了导师的智慧与心血。导师对西方马克思主义的发展脉络、思想内涵和理论前沿了然于胸，而且能够抓住其中一些关键的问题让我进行思考。同时，像苏格拉底一样，导师总是以启发的方式引导我对一个个哲学问题的思考走向深入，训练我独立解决问题的能力，让我在学习上少走弯路。从我这篇论文的选题方向到框架结构再到动笔写作，他都与我反复讨论，不断给我新的思路，从而使我的整个写作过程比较顺利。同时，导师天才般的哲学智慧和学无止境的钻研精神以及循循善诱的教学风格，使我体会到他为学为教踏实进取、负责认真的人格魅力。初识导师，我感到自卑与渺小，因为他与我同龄却已出类拔萃、成果斐然。当了解了导师后，我又感到幸运与释然，他的鼓励与包容深深地激励着我，我的问题，他从不推托，总是积极尽力解决，他的严谨与勤奋已然成为我进步的动力和学习的榜样，导师的为人、为师、为学的楷模形象，都将伴我继续前行。在此，首先道一声感谢，没有导师的指导，就没有这部作品，也就没有我这几年的持续进步，而且，毕业后到现在，导师也依然将我收入他的学术圈子，鼓励我继续从事对霍耐特的研究。

在漫长曲折的求学生涯中，如果没有家人的理解、鼓励和支持，我也不可能走得这么远。感谢年迈的父母，是他们多年来对我的关心、支持和默默的付出，才让我能够坚定决心不断学习；感谢哥哥、姐姐和姐夫这些年对我生活上的关照，有了他们的帮助，我的生活不再沉重。更重要的是，感谢我的爱人付安娜，是她这几年一如既往的陪伴给了我精神上的安慰，也感谢她的任劳任怨和无私付出，使我感到家庭的幸福和温暖，最后还要感谢儿子何泓廷，是他给了我学习的动力，更增添了我人生的快乐。希望我以后的努力能够补偿亲人们的付出！

“允公允能，日新月异”，难忘在南开大学那三年的学习时光。感谢南开大学给我们营造的优越的学习环境和和谐的生活空间，在这里我见到了大师，学到了真知，也赢得了人生，这段学习经历使我深刻，让我骄傲，我将永远铭记。也感谢当下的工作和生活给我不断地激励与磨砺，使我在学术研究上获得更多的启发和灵感，从而能够持续研究霍耐特的思想，并且立项并出版。我将继续努力！

何海涛
2023 年 12 月于西安